中公新書 2634

小島庸平著

サラ金の歴史

消費者金融と日本社会

中央公論新社刊

まえがき

アコム、プロミス、レイク、武富士、アイフル。

一九九〇年代から二〇〇〇年代にかけて、消費者金融企業の名前は、毎日のように目あるいは耳に入ってきた。テレビではCMが繰り返し流され、町には派手なデザインの広告や看板が林立。至るところにティッシュ配りの社員が立っていた。あの頃、ポケットティッシュを買う必要はほとんどなく、サラ金各社からもらえばそれで十分だった。

一定の年齢以上の読者なら、サラ金がやたらと目に入る都市部の光景は、記憶の片隅に残っているのではないか。一九八二年に東京で生まれた筆者は、通勤・通学の道すがら、なぜこんなにも多くの消費者金融サービスが存在するのかと、よく疑問に感じたものである。

だが、二一世紀生まれの学生に聞くと、サラ金がポケットティッシュを配るところなど、全く見たことがないという。確かに、街頭でティッシュをもらう機会は、格段に減った。これは、サラ金業界による広告の自主規制強化や、無人店舗の増加に伴うティッシュ配り要員の減少などが原因である。深々と頭を下げてポケットティッシュを差し出し、「いってらっしゃいませ！」と声を張り上げるサラ金社員の姿は、すでに過去の存在となっている。

二〇〇六年一二月に制定され、二〇一〇年六月から完全施行された改正貸金業法は、サラ金業界に極めて大きな影響を与えた。この法改正により、利息制限法と出資法との間に存在した法定上限金利の差（いわゆるグレーゾーン金利）が明確に否定され、金利は最高でも年二〇％に引き下げられた。過去に払いすぎた金利は「過払い金」として取り戻せることが広く知られるようになり、各社の経営は著しく悪化した。

現在、アイフルを除く大手は、軒並み銀行の傘下に入っている。主要企業が加盟していた日本消費者金融協会（ＪＣＦＡ）も、二〇一四年に解散。長く業界最大手だった武富士は、紆余《うよ》曲折《きょくせつ》の末、二〇一七年に会社更生の手続きを終えて倒産し、過払い金の返還を停止している。

かつて、サラ金各社は、毎年のように法人所得ランキングの上位に食い込み、創業者一族が高額納税者番付に数多く名を連ねていた。その一方で、利用者はしばしば深刻な多重債務に陥り、苛烈な取り立てによって少なくない人びとが破産や自殺に追い込まれた。華やかな経済的成功に彩られながら、膨大な数の被害者を生んだサラ金とは、一体何だったのか。なぜ急速な成長の後、一転して挫折と停滞を余儀なくされたのか。

本書では、一九六〇年代に生まれたサラ金の歴史を、その前後の時期も含めてたどってみたい。対象とするのは、一九一〇年代から二〇二〇年までの約百年間である。

この百年あまりの間で、金融機関は極めて簡単に個人へ金を貸すようになった。現代の日本では、生活費の確保に苦しむ貧困層でさえ、簡単に金を借りられる。たとえば、日本弁護士連合会（日弁連）は、生活費の不足から多重債務に陥り、ホームレスとなった大阪府の横山克郎さん（仮名）について、次のように報告している。

「フルタイムで働いても家庭を維持するだけの収入を維持することが困難であった横山さんが最初に頼ったのは、公的扶助ではなくて消費者金融であった。横山さんにとっては、消費者金融のみが自分の窮状を救ってくれる存在だったのである。」（日本弁護士連合会二〇〇七）

こうした事実に基づいて、日本の公的扶助の不十分さはしばしば批判される。生活保護をはじめとするセイフティネットがきちんと整備されていないから、貧困に苦しむ人びとがサラ金を利用せざるをえないのだ、だから公的扶助を拡充するべきである、と。

確かに、窓口で申請者を追い返すことが推奨されるような生活保護行政は、是正されねばならない。しかし、ここでは少し問い方を変えてみたい。そもそも、なぜサラ金は、横山さんのような低所得者に金を貸したのだろうか。営利を目的とするサラ金だけが、貧困に陥った個人の窮状を救ってくれる存在だったというのは、よく考えてみると相当に奇妙な事態ではないか。

言うまでもなく、貧しい人ほど借金の返済能力は低い。返済能力が低ければ、債務不履行のリスクが高いと判断されるので、どうしても貸し手に敬遠されてしまう。貧困に陥った個人が金融機関から金を借りるのは、本来なら極めて困難なはずである。

発展途上国を対象とする開発経済学では、望んでも金を借りられない貧困層に対し、金を貸して所得を増やす機会を提供することを「金融包摂（financial inclusion）」と呼び、重要な論点としてきた。金融包摂の成功事例として注目を集めたのが、バングラデシュのグラミン銀行である。同銀行は、貧困者を五人グループにまとめて資金を貸し付け、返済の連帯責任を負わせることで円滑な貸金回収を実現した。金利は年二〇％だったから、現在の大手サラ金よりも高利である（ユヌス二〇〇七）。

だが、この方式を編み出した創設者のムハマド・ユヌスは、貧困削減への貢献を理由に、二〇〇六年にノーベル平和賞を受賞している。貧困者に無担保で少額の資金を貸し付けること（これをマイクロ・クレジットと呼ぶ）は、成功すればノーベル賞が与えられるほど、困難な事業だったのである。

にもかかわらず、日本のサラ金は、フルタイムで働いても家計を維持できなかった横山さんに金を貸し付け、金融的に包摂していた。なぜ純粋な営利企業であるはずのサラ金が、貧困層を金融的に包摂するに至ったのか。サラ金がセイフティネットを代替するという「奇妙な事態」が生まれた歴史的な背景を、本書では考えてみたい。

具体的には、次の二つの視点からサラ金の歴史を振り返る。

第一に、金融技術である。金融技術とは、金融取引の確実性と効率性の向上に関わる技術全般を指す。近年は、金融 finance と技術 technology を組み合わせた「フィンテック」とも呼ばれている。

金融技術は、フィンテックという言葉から想像されるようなIT技術を駆使した新たなサービスや、高度で複雑な計算に基づく金融商品の開発だけを意味しない。それは、現金勘定、帳簿の整備、契約文書の作成などの基本的な事務作業から、信用審査、資金調達、債権回収といった、金融に関わる多様な業務を含んでいる。あたかも職人が腕を磨くように、金融機関は自らの金融技術を鍛え、事業を効率化し、収益を最大化するべく努力を積み重ねている。

かつて、高度経済成長期に生まれたサラ金は、資金力が乏しく、優良な企業と取引を行うのは難しかった。そのため、銀行や信用金庫以上に金融技術を磨き、リスクの高い零細多数の個人を顧客とせねばならなかった。必要に迫られたサラ金各社は、これまでに幾度も金融技術の「革新」を実現している。その技術水準は、一九七〇年代に巨大な外資系消費者金融が日本に上陸した際、これと対抗し、駆逐しうるほどの高さに達していた。

本書では、サラ金企業による金融技術の革新のプロセスを、当時の時代背景や社会情勢といった歴史的文脈の中に置き直しながら、ほぼ時系列に沿って整理する。そうした作業によってはじめて、サラ金が貧困層のセイフティネットを代替するという「奇妙な事態」の来歴を明らかにできるだろう。

第二に、「人」の視点である。日本で初めて個人に金を貸すための効率的な金融技術を編み出したのは、他ならぬサラ金の創業者たちだった。彼らはどのような歴史の上に立って登場し、何を目指して自らの企業を成長させたのだろうか。また、サラ金の従業員たちはどのように働き、利用者たちはいかなる事情から金を借りねばならなかったのか。業界に関わる一人ひとりのあり方にも踏み込んで、サラ金の歴史をたどってみたい。

「サラ金」と言うと、何やら恐ろしく、いかがわしいもののように感じる読者もいるかもしれない。しかし、そもそもサラ金とは、戦後日本で最も一般的な労働者とされる「サラリーマン」の金融を意味しており、想像以上に身近な世界で生まれたビジネスである。

日本の経済史上、最も浮沈の激しい業界の一つだったサラ金の歴史には、近現代の日本社会が経験したダイナミックな変化が鮮やかに反映している。その画角の広がりは、金融技術だけに留まらず、人びとの働き方や消費のあり方、家族関係やジェンダーといった、過去を生きた一人ひとりの身近な労働と生活の世界をも捉えるはずである。サラ金という切り口だからこそ見えてくる日本近現代史の新たな一面を、読者とともに切り拓いてみたい。

なお、史料を引用する際には、読みやすさを考慮し、句読点などを補い、一部現代語訳した。また、巻末には人びとの平均的な労賃水準の推移を付表として掲げた。本書で言及する労賃額の典拠は、特に断りのない限り、すべて同表である。各時期の物価水準や金額の多寡を判断する一助とされたい。

目次

サラ金の歴史

消費者金融と日本社会

序章　家計とジェンダーから見た金融史

サラ金と家族・ジェンダー

「消費者金融」という言葉が意味するところは広い。『広辞苑（第六版）』によれば、「消費者金融」は単なる消費資金の貸付だけでなく、分割払いの割賦《かっぷ》販売も含み、その担い手は質屋から銀行までと多岐にわたる。

本書では、主な検討の対象を、無担保で金を貸す専業の消費者金融企業に限定する。具体的には、日本消費者金融協会（ＪＣＦＡ）の中心的なメンバーだったアコム・プロミス・レイク・武富士・アイフルの大手五社を頂点とする、いわゆるサラ金である。

「まえがき」でも触れたように、サラ金とは、サラリーマン金融の略称である。一九六〇年代に生まれたサラ金は、当初は利用者としてサラリーマン、つまり雇われて働く男性を主な対象とする金融だった。その後、一九七〇年代に入ると、サラリーマンの妻たる主婦層をも融資先として取り込むようになり、男女両性を含む「消費者金融」という呼称が一般的になっていく。

「サラ金」という言葉には、しばしば危険で怪しい負のイメージがつきまとう。特定の価値判断を持ち込みかねないという点で、学術的にはやや問題のある表現かもしれない。だが、本書ではあえて「サラ金」の語を用いる。この言葉が持つ独特な含意を重視したいからである。

サラ金が誕生した高度経済成長期は、家計の主たる所得を夫だけが稼ぐ「男性稼ぎ主モデル」が大衆化した特異な時期だった（斎藤二〇一三）。戦後日本の都市部では、男性はサラリーマンとして家の外で稼ぎ、女性は専業主婦となって子どもを二人程度もうけて家事や育児を担当するのが、最も支配的な「生き方モデル」だった（多賀二〇一一）。こうした男女が形成する家族が「普通」であるとみなされたため、「家族の戦後体制」と呼ばれることもある（落合二〇一九）。

本書で詳述するように、アコムやプロミスなどのサラ金は、「家族の戦後体制」に寄り添いながら大きく成長した。「サラ金」という独特な消費者金融の呼称は、サラリーマンである夫とその妻という、家族とジェンダー（性差）の視点の重要性を示唆している。

日本金融史に関する分厚い研究蓄積の中で、サラ金に関する歴史的な分析は極めて乏しい。現状の研究者による概説を除けば、わずかに渋谷（一九七九）が、サラ金の歴史的な発展過程に論及しているに過ぎない。渋谷は、サラ金の急成長を法規制の不備という外的要因から説明しており、あまりに近い過去だったためか、サラ金そのものの歴史的検討はほとんどなされなかった。

こうした研究蓄積の薄さのためか、世間やネット上には、サラ金の歴史に関する誤った情報が、あまりにも多く氾濫している。それらは、不正確であるばかりではない。終章で触れるように、ときに社会にとって有害でさえある。サラ金の歴史を、サラリーマンとその家族の視点から可能な限り実証的に検討することは、研究の穴を埋める以上の社会的な意義を有していると筆者は考えている。

以下、序章では、改めて消費者金融に関連する研究を整理し、家族とジェンダーに注目する本書の方法的な立場を明らかにすることで、議論の出発点を定めたい。

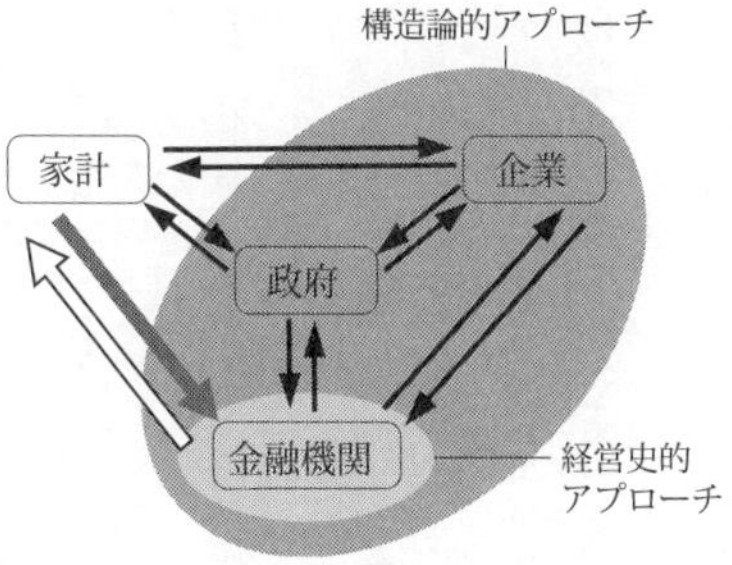

図Ｐ-１　経済主体と取引関係　出典：筆者作成

金融史の家計アプローチ

一般に、経済学では、個人や家族を「家計」として把握する。図Ｐ-１は、教科書などでもよく見る経済主体間の関係を整理した概念図である。

大多数の家計は、労働力を企業に提供する見返りに賃金を得る。その賃金を使って企業からモノを買い、政府に税金を納め、残余を貯蓄ないし投資する。金融機関は、家計の預貯金を原資の一部として企業に金を貸し、政府は税金を用いて各種のインフラを整備することで、経済活動を促進させる。家計は、投資の元手となる資金（預金・税金）の提供者として、企業や金融機関・政府と並び、極めて重要な役割を担っている。日本の高い貯蓄率が戦後の高度経済成長を支えたことについては、すでに多くの指摘がある（橋本二〇一〇など）。

にもかかわらず、従来の金融史研究では、家計を長らく視野の外に置いてきた。そのことを鋭く指摘したのが、経済史家の伊牟田敏充《いむたよしみつ》だった（伊牟田一九九六）。

伊牟田によれば、金融史研究には二つのタイプがあるという。一つは金融機関と企業・政府の関係や金融機関同士の結びつきに注目する「構造論的アプローチ」、もう一つは個別金融機関それ自体を検討する「経営史的アプローチ」である。しかし、これら二つのアプローチだけでは、図P-1の右半分にある金融機関・政府・企業だけが対象となり、家計はすっぽりと抜け落ちてしまう。そこで、伊牟田が第三の方法として提唱したのが「預金者アプローチ」だった。

一九二七年に発生した金融恐慌では、大銀行を含む多くの金融機関が破綻した。当時、預金保険制度は存在しなかったから、預貯金者たちは自分の預けた金が失われるのではないかと不安に駆られ、口座から金を引き出そうと銀行の窓口に列をなして並んだ。いわゆる取り付け騒ぎである（図P-2）。

伊牟田は、必死の思いで列に並んだ預金者一人ひとりの視点から、金融恐慌を再検討する重要性を指摘する。それが預金者アプローチである。これは、預金者＝家計の視点を明示的に組み込んだ、金融史研究における極めて重要な問題提起だった。

本書では、伊牟田の預金者アプローチを継承・拡張し、金融史の「家計アプローチ」を導入したい。取り付け騒ぎの際、自らの預金を守るために列に並んだ人びとは、金融機関から見れば確かに「預金者」だった。だが、預金者一人ひとりが日々金を使い、生活を営んでいることを考えれば、預金者はより広く「家計」として把握される必要がある。

家計は、金融機関に金を預けるばかりではない。時には金融機関から金を借りることもある。戦前期の日本では、家計は現在ほど信用されておらず、金融機関が家計や個人に金を貸すのは稀《まれ》だった。伊牟田が預金者に注目したのも、家計に対する貸付のウエイトがあまりに小さかったことが一因だろう。

図P－2　1927年３月の金融恐慌の取り付け騒ぎ　提供：読売新聞社

しかし、戦後になると、日本経済の急速な発展に伴って家計は十分な返済能力を持つ経済主体とみなされるようになり、金融機関は家計向けの貸付を着実に増やしていった。サラ金の歴史をたどることは、家計と金融機関との関係を総体的に検討することに他ならない。そこで求められるのが、金融史の「家計アプローチ」である。

高度経済成長にブレーキがかかった一九七〇年代以降、貸付先の減少に苦しむ金融機関は、中小企業向け融資や、個人を対象とするリテール（小売り）部門を拡大した。中でもサラ金は、銀行などに先行して零細な個人に金を貸すための金融技術を蓄積しており、長く他の金融機関の追随を許さなかった。サラ金こそが、多数の家計に無担保で金を貸すための効率的な金融技術を、日本で最初に編み出した金融機関だった。

本書では、戦後に大きく変化する金融機関と家計との関係を、家計の金融的包摂のパイオニアであるサラ金の視点から跡づけてみたい。

金融史の家計・ジェンダーアプローチ

もっとも、右で述べた金融史の家計アプローチには、大きな難点が残されている。それは、個人ではなく「家計」を単位とすることの問題である。

家政学者の御船《みふね》美智子は、貧困や失業といった生活問題が世帯・家族の問題とされてきたため、「家計や世帯内はブラックボックスとして、家計内の経済的不平等を不問に付してきた」と批判している（御船一九九九）。家計は、老人や成人・子ども、男性と女性、働く者とそうでない者といった、様々な属性を持つ個人によって構成される。にもかかわらず、家計としてひとまとめにすると、構成員間の経済的な不平等が見えにくくなってしまう。家計構成員の多様性と関係性を踏まえた「家計の内部構造」に立ち入らなければ、生活問題の検討は不十分なものに留まらざるをえない。それが御船の批判だった。

「家計の内部構造」に注目する御船の主張は、本書にとっても重要な視点である。中鉢《ちゅうばち》（一九七二）は、戦後の都市サラリーマン世帯で家計の資金配分を決定するのは、「主婦の家政管理機能」であるとし、「夫の外食費、飲酒費、交際費といえども、この配分配慮の外におかれるものではない」と述べている。やや俗っぽい表現で言えば、「妻がわが家の大蔵大臣」といったところだろうか。

いくら会社のつきあいのためとはいえ、夫の小遣いの範囲を超えた飲酒費や交際費の支出は、妻によって厳しくチェックされる。戦後のサラリーマン家計では、主婦たる妻が家計を管理する責任を担っており、夫もその統制に服さねばならなかった。戦後の「消費者」としては、主に労働と切り離された女性が想定されており（原山二〇一一）、この時期の都市家計で主婦が担った役割の大きさとその力量は、近年の消費史研究でも高く評価されている（フランクス・ハンター二〇一六）。

だが、戦後の主婦が家計管理の力量を有していたからといって、彼女らが家計のすべての経済行動を決定していたわけでは当然ない。野球観戦のためにテレビを買うのか、それとも家事労働負担を軽減するために洗濯機を買うのか。貯金するために夫の小遣いを減らすのか、それとも妻の内職やパートを増やすのか。家族で使える収入や労働力には限りがあるから、家計の経済行動は、世帯構成員間のせめぎあいのなかで、しばしば妥協的に決定される。家計の内部構造には、世帯を構成する個人間の、時に緊張を孕《はら》む複雑な関係が反映している。

家計を構成する個人間の力関係については、経済学でも多くの議論が積み重ねられてきた。

ノーベル経済学賞を受賞したアマルティア・センは、家計内部でせめぎあう構成員間の関係を「協力を志向する対立（cooperative conflict）」と喝破している（村松二〇〇五）。開発経済学では、世帯メンバーが同一の選好を持つと考える「単一モデル」を批判し、世帯内部における配分決定の交渉プロセスに焦点を当てた「集合体モデル」に基づく研究が蓄積されつつあり（上山・黒崎二〇〇四）、開発援助におけるジェンダー視点の重要性はすでに広く知られている。

家計の視点から金融史に接近する上でも、右のようなジェンダーと家計構成員間のせめぎあいの問題は無視できない。社会学者の宮坂（二〇〇八）は、二〇世紀末から二一世紀初頭の多重債務問題の実相には、明白な男女差が存在したと指摘している。

本書で詳述するように、サラ金が誕生した一九六〇年代から七〇年代においても、男女間で消費者金融の利用の実態は大きく異なっていた。サラリーマン男性は、接待や会社のつきあいのため、ときに妻に内緒でサラ金から金を借りていた。一方、サラリーマン世帯の主婦が金を借りるのは、生活費の穴埋めといった家計のやりくりが主な目的だった。当時の都市家計の中軸を担ったサラリーマン世帯の妻と夫は、家計内部の性別役割分業と深く関わりながらサラ金を利用していたのである。

借金という金融行動に見られる男女間の差異を踏まえて、本書では、金融史の「家計アプローチ」をさらに拡張し、金融史の「家計・ジェンダーアプローチ」を導入したい。家計の内部における夫と妻のせめぎあいが、消費者金融の盛衰にも強く作用していると考えるからである。

サラ金の歴史に関する研究蓄積が乏しい現時点では、伊牟田の言う「構造論的アプローチ」や「経営史的アプローチ」に基づく検討が必要であることは言うまでもない。これらに加え、新たに「家計・ジェンダーアプローチ」を導入し、家計の内部にまで立ち入ってサラ金の歴史を明らかにしたい。マクロな金融構造、サラ金企業の経営の実態、そして家計とジェンダーの視点を踏まえて、サラ金の歴史をトータルに検討することが、本書の目的である。

第1章　「素人高利貸」の時代――戦前期

日本のいわゆる高利貸は、古代律令制度に定められた私出挙《しすいこ》（貸稲）に始まる長い歴史を持っている。近代以降に限っても、日本昼夜《ちゅうや》銀行のサラリーマン貸付や三井財閥の社員貸付制度が、しばしばサラ金の先駆けとして言及される（たとえば日本クレジット産業協会一九九二など）。

だが、従来の理解と異なり、サラ金の源流は、顔見知りの間で行われる個人間金融にあった。サラ金が登場するまでは、親戚や知人・友人との信頼関係に支えられて、個人間の資金貸借が盛んに行われていた。サラ金は、人と人との顔の見える結びつきの中から生み出されたと考えるのが、本書の立場である。

右の主張には、しかし、次のような反論があるかもしれない。サラ金は、人間関係が希薄化したからこそ、大きく成長したのではないか。そもそも金を貸してくれる知人や友人がいれば、サラ金が生まれる余地など存在しないのではないか。

確かに、人間関係の希薄化と、ドライに金を貸し付けるサラ金のイメージは容易に結びつく。

だが、よくよく調べてみると、サラ金の創業者たちは、知人や友人に金を貸し付ける中で自らの金融技術を鍛え上げており、個人間金融こそが現在のサラ金のゆりかごだった。逆説的ではあるが、サラ金は人と人との濃密な関係性の真っ只中から生まれたのである。

以下、サラ金誕生までの経緯を明らかにするために、まずは戦前の個人間金融の実態から書き起こすことにしたい。

個人間の資金貸借とサラ金

戦前期の日本では、個人と個人の間の資金貸借は、現在と比較にならないほど活発だった。大阪市社会部（一九四二）によれば、調査対象となった中小商工業者による二七三件の借金のうち、親戚・知友人からの借入が九三件と最多で、これに金貸（八九件）と営利質屋（七三件）が続いていた。二七五五人のサラリーマンを対象とした京都市社会課（一九三七）の調査でも、全六六三件の負債のうち、銀行からの借入はわずか一七件（二・六％）に過ぎず、親戚・知友人などからの借入は三八四件（五七・九％）と、半数以上を占めていた。当時の都市住民の多くは、銀行などの金融機関から金を借りたくても借りられないという信用制約に直面しており、資金の過不足を調整するには個人間の相互融通に依存せざるをえなかった。

こうした親戚や知人・友人との間の金の貸し借りは、基本的には無利子であると想像される。親しい人から利子を取ることに多かれ少なかれ抵抗感を覚えるというのが、現代人の一般的な感覚ではないだろうか。

しかし、意外なことに、戦前期には親戚や知人・友人からのわずかな借金であっても、しばしば利子が要求された。しかも、その利率は、法定上限金利を超えた利息を取る高利貸も顔負けの高水準であることが少なくなかった。

実際のデータを確認してみよう。表1-1には、親戚・知友人から金を借りる場合の利子率を、金貸と比較しつつ整理した。こうした調査は戦前期にはごくわずかで、管見の限り、親戚・知友人からの借入利率が判明するのは、この二系列の史料しかない。

本表によれば、親戚・知友人からの借入であっても、そのすべてが無利息というわけではなかった。たとえば、一九三三年に調査された東京府の集団細民地区（貧困層が多く住む地区）では、月契約の短期借入の場合、親戚・知友人からの借入五一口のうち、無利息は皆無だった。最も多いのは月利五〜一〇％の層で、年利に直せば六〇〜一二〇％。一八七七年に制定された旧利息制限法の上限利率が年利一五％、現在のサラ金の金利が一八％程度であることを考えれば、相当な高利である。さすがに年契約の長期借入の場合には無利息が七六・四％を占め、件数としては二〇四口と最も多かったが、それでも残りの約四分の一弱は有利子の貸し付けで、金貸並みの利息を取る者も少なくなかった。

また、同表右側の一九四一年に実施された大阪市生業資本借入者（大多数が商工業者）の旧債調査では、月契約だけしかわからないが、こちらも親戚・知友人からの借入のうち、無利息

調査地		東京府下集団細民地区				大阪市生業資本借入者旧債			
調査年月		1933年6月～8月				1941年9月			
種別	利率（%）	金貸		親戚・知友人		金貸		親戚・知友人	
		口	%	口	%	口	%	口	%
月利	無利息	0	0.0	0	0.0	0	0	39	41.9
	0.4-1.0	0	0.0	1	2.0	1	1.1	6	6.5
	1.0-3.0	3	3.9	8	15.7	11	12.4	29	31.2
	3.0-5.0	9	11.7	11	21.6	26	29.2	8	8.6
	5.0-10.0	20	26.0	18	35.3	41	46.1	11	11.8
	10.0-20.0	39	50.6	12	23.5	10	11.2	0	0.0
	20.0-	6	7.8	1	2.0	0	0.0	0	0.0
	計	77	100.0	51	100.0	89	100.0	93	100.0
年利	無利息	0	0.0	204	76.4				
	2.0-5.0	0	0.0	6	2.2				
	5.0-10.0	2	8.3	15	5.6				
	10.0-15.0	9	37.5	30	11.2				
	15.0-30.0	8	33.3	11	4.1				
	30.0-60.0	3	12.5	1	0.4				
	60.0-	2	8.3	0	0.0				
	計	24	100.0	267	100.0				

表1－1　利率別・借入先別借入口数　出典：東京府学務部社会課『細民金融に関する調査』1935年、大阪市社会部『庶民金融事情調査』1942年より作成

注：比率（%）は四捨五入しているため、合計値の計算が合わないことがある。以後の表でも同様

は全体の半分以下（四一・九％）に留まり、六割近くが有利子だった。月利三％（年利三六％）以上の高利の貸付も全体の約二割に及んでおり、親戚・知友人であっても、金貸に匹敵する利息を取る比率は、決して低くはなかった。

なぜ、戦前期の日本では、親戚や友人のような親しい間柄であっても高利を取る場合が少なくなかったのだろうか。結論を先取りすれば、その理由は、副業として親戚・知友人に金を貸し、利息制限法以上の高利を取る「素人高利貸」が数多く存在したからである。そして、素人高利貸が「玄人」化していく過程で誕生したのが、サラ金だった。

第1章では、「素人高利貸」をキーワードに、サラ金の源流を戦前の「貧民窟」とサラリーマンの世界に探り、あわせて戦前の金融機関による個人向け融資の実態を確認しておきたい。

1　「貧民窟」の素人高利貸

賀川豊彦と「貧民窟」新川

一九世紀末、日本の本格的な工業化が始まる頃から、都市部の「貧民窟」（以下、カッコ略）に取材したルポルタージュが登場する。東京の「府下貧民の真況」（一八八六年）や、大阪の「大阪名護町貧民窟視察記」（一八八八年）などが最古の部類である。その後、松原岩五郎《まつばらいわごろう》『最《さい》暗黒之《あんこくの》東京』（一八九三年）や横山源之助《よこやまげんのすけ》『日本之下層社会』（一八九九年）といった、現代にも読み継がれる作品が相次いで刊行されている。中でも、貧民窟の金融について最も生き生きとした観察を残したのが、賀川豊彦《かがわとよひこ》（一八八八〜一九六〇）の『貧民心理の研究』（一九一五年）である。

賀川は、キリスト者として貧困問題に強い関心を持ち、神戸神学校在学中の一九〇九年から、神戸市葺合《ふきあい》区新川《しんかわ》（現在の中央区南本町通）の貧民窟に住み込んで伝道に従事した。神学校卒業後は新川で一膳飯屋「天国屋」を開業し、貧民窟の人びとと親しくつきあっている。その経験を踏まえて著したのが、『貧民心理の研究』である。

幕末に開港場となった神戸には、仕事を求めて様々な人びとが押し寄せ、「神戸港はみな裸」と言われるほど、裸一貫の人びとが多く集まっていた（落合一九八九）。中でも市内東部に位置する葺合区の人口増加は市中心部よりも急激で（神戸市役所一九二四）、とりわけ賀川が住んだ新川の人口増加率は異常に高かった（布川一九九三）。

まだ田園風景を残していた生田川東岸の新川は、木賃宿の集中移転地域に指定され、長屋の建築に対しても規制が加えられなかったため、二〇世紀に入る頃から貧しい人びとが大量に流入し、貧民窟が形成されている。賀川が新川に移住したのは、貧民窟が形成されだしてから一〇年ほどが過ぎた時期だった。以下では、貧民窟・新川における金融のあり方を、賀川が言うところの「素人高利貸」に注目して検討してみたい。

図1－1　貧民窟の賀川豊彦（写真中央左）
出典：『賀川豊彦写真集』

伊達と任侠の資金貸借

賀川によれば、貧民窟で喜んで金を貸す男は、「男伊達《だて》」あるいは「侠客《きょうかく》」と呼ばれた。酒と喧嘩《けんか》が好きな前科九犯の元泥棒は、賀川から金を借りてまで他人に貸しており、前科十数犯という男も、下水掃除に働きに行っては同僚に向かって「俺のところへ来たまえ、金はいつでも貸してあげるから」と言って「威張って」いたという。

社会的・経済的な上昇の見込みをほとんど持てなかった貧民窟の男性労働者たちは、世間からしばしば否定された自己の価値を他者に認めさせるため、ほら話に近い自慢話や武勇伝、場合によっては喧嘩＝暴力によって優位を示そうとした。彼らは、下層社会を生きる疎外感と劣等感とを抱え込んでおり、そうであるがゆえに強烈な承認願望を有していた（藤野二〇一五）。

そんな男たちにとって、金を貸すという行為は、利子を取って儲《もう》けられるだけでなく、借りる側に自らの優越を認めさせる絶好の機会だった。賀川の言葉を借りれば、「彼等に一度金を借りたが最後、もう頭が上がらないのだ」。

そうであればこそ、前科を持つ札付きの男たちは、多少の無理をしてでも他人に金を貸し、「男伊達」たらんとしてい

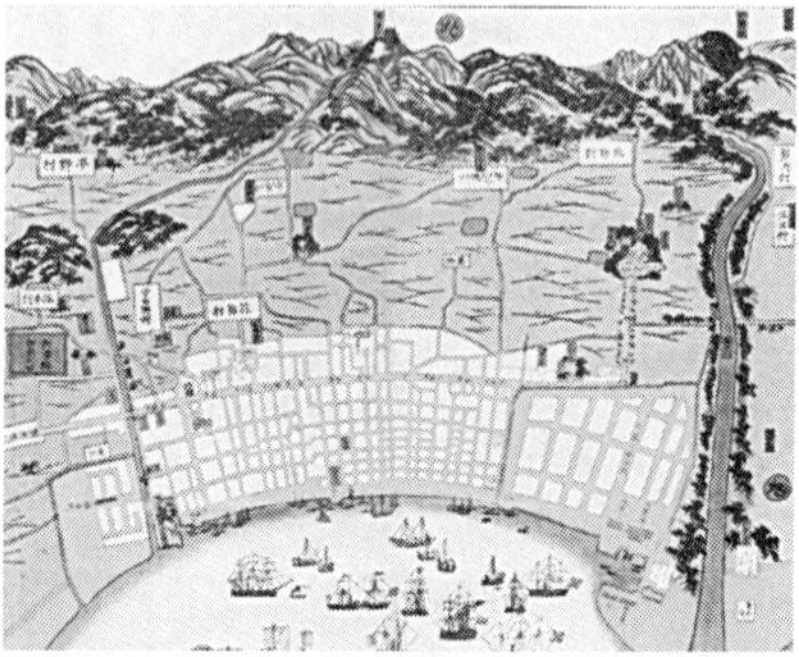

図1－2　1868年の神戸港（右端の生田川東岸が新川）　出典：『KOBECCO』2017年2月号

たのだろう。賀川は、こうした押し付けがましい資金貸付を、「義侠心の圧制」と呼んでいる。貧民窟に住む男性日雇労働者たちは、義侠心や度胸の有無、義理人情の厚さなどといった、下層男性労働者に特有な「「男らしさ」の価値体系」（前掲藤野）の中で序列づけられており、彼らの資金貸借もまたそうした価値体系から決して自由ではなかった。

　貧民窟の金融に特有な性格を端的に表しているのが、「親分取り」と「兄弟分の縁結び」である。賀川によると、貧民窟の男性たちは、金に詰まると適当な人物を選んで親分を取るか、兄弟分の縁を結んだ。親分たる者は子分を救う義務があり、兄貴は舎弟を助けねばならない。親分、兄貴となって金を貸せば義侠心を誇れるから、「「男らしさ」の価値体系」の中で自らの地位を顕示できた。子分・舎弟となって金を借りる側も、社会的に要請される「仁義」を通し、擬似的な家族関係を取り結べば、借金に伴う「恥」の感情が軽減された。

　さらに、藤野（二〇一五）が明らかにしているように、親分子分・兄弟分のネットワークは、土木工事などで大量の労働力を動員する際にも重要だった。したがって、金銭の貸借と仕事の紹介とが重なる場合も少なくなかったと考えられる。

資金と労働力といった複数の生産要素や財が複合して行われる取引は、「インターリンケージ取引」と呼ばれる（黒崎二〇〇一）。親分から借りた金を返さなければ、新たな仕事を回してもらえなくなるかもしれないので、子分は必死に返済する。労働力と資金が複合（インターリンク）して取引されれば、債務不履行のリスクが低減され、信用力の低い困窮した子分や舎弟でも金を借りることができた。

また、資金貸借に伴って発生するある種の上下関係を逆手にとって、金を貸すよう強要する「借り込み」も行われた。労働市場の中でも最下層の男性たちは、少しでも金を持っている者をみると、押しかけては相手が無一文になるまで金を借り倒したという。金があるのに貸さないのは義理人情に反し、男として恥ずべきである。「「男らしさ」の価値体系」に照らせば反論しがたい「借り込み」を恐れて、あえて自宅を清潔に保とうとしないこともあった。「美しくしていると損だ、無い金でも有るように思われて」というのが、当人たちの説明である。貧民窟に貯蓄を持つ者が皆無に近いのも、こうした「借り込み」の回避が一因であろうと賀川は推測している。

右のような貧民窟の金融の現実は、勤勉に働いて節約に努めることで貯蓄を増やし、不測の事態には可能な限り自力で対処するという、当時の農家や商家で一般的に見られた「通俗道徳」（安丸一九七四）とは、極めて大きな隔たりがある。しかし、一見すると奇異にみえる「義侠心の圧制」や親分取り、さらには「借り込み」も、貧民窟を生きる男性労働者たちにとっては、「男らしさ」の価値体系」から逸脱せずに日々の生活をしのぐための、苦心の工夫だった。

長谷川（二〇一四）は、物乞いや売春、窃盗などといった、貧民が生存を維持するための様々な努力を、「メイクシフト・エコノミー」（「弥縫策《びほうさく》」、あるいは「その場しのぎの経済」）として検討する欧米圏の研究動向を紹介している。無秩序に思われる貧民窟の金融も、「男らしさ」の価値体系」に拘束された男性労働者たちのメイクシフト・エコノミー的実践として位置づけることで、それなりに合理的な営為として理解できる。

好まれた「素人高利貸」

顔の見える関係に根ざした貧民窟の資金貸借は、時に極めて高い利払いを要求した。賀川によれば、神戸の貧民窟で最も一般的な高利貸は、毎日返済する小口の日掛《ひがけ》金融だった。日掛であれば、回収の際に毎日顔を合わせるから、債務者の管理がしやすい。手間はかかるものの、リスクの高い人びとに金を貸すには、毎日少額ずつ返済させる日掛金融が最も確実だった。

一方、月に一度だけ返済を行う月掛《つきがけ》金融は、一回当たりの返済額が大きく、こまめに回収を行うわけでもないため、相当に信用を持つ者にしか利用できなかった。また、貧民窟の人びとも、月掛金融を「会社の金」と呼び、敬遠していたとされる。「ちょっと面倒で証人も仲々やかましく、督促も随分うるさい」からである。

これに対して日掛であれば、「いくら督促がうるさくても差押《さしおさえ》をする様なことは無いから、この種の素人高利貸を貧民は悦《よろこ》（傍点引用者）」んだという。日掛金融は、零細な個人が営む「素人高利貸」なので、差し押さえといった法的手段を利用して取り立てを行う能力には乏しい。もし仮に裁判に訴えたとしても、元金はわずかだから訴訟費用の方が大きくなってしまう。素人高利貸の日掛金融は、国家による債権保護制度とは無縁の世界で活動していた。制度的な保護や規制の対象とならないインフォーマルな日掛金融だからこそ、貧しい人びとには馴染《なじ》みやすかった。

ところで、なぜ賀川は日掛金融業者を「素人高利貸」と呼んだのだろうか。その問いに答えるために、以下では、貧民窟の日掛け金融の仕組みを、最も一般的な一口一円（＝一〇〇銭）の貸付を例にとって確認しておこう。

ここで一円の貸付といっても、日掛金融業者は一円を満額で貸し付けるわけではない。事前に二〇銭の利子と六銭の手数料を合せた二六銭が天引きされるので、借り手の手元に残るのは七四銭になってしまう。返済時には一日五銭ずつ二〇日間にわたって支払い、総額一円に達した時点で完済となる。天引きされる利子と手数料を合わせれば、単純計算で利率は二〇日で二六%、つまり一〇日で一三%なので、実質的にはトイチ（一〇日で一割）よりも高利となる。年利換算すると四七四・五%。相当な高利である。

賀川によれば、貧民窟の日掛金融は、二〜三層の分業関係によって成り立っていた。図1-

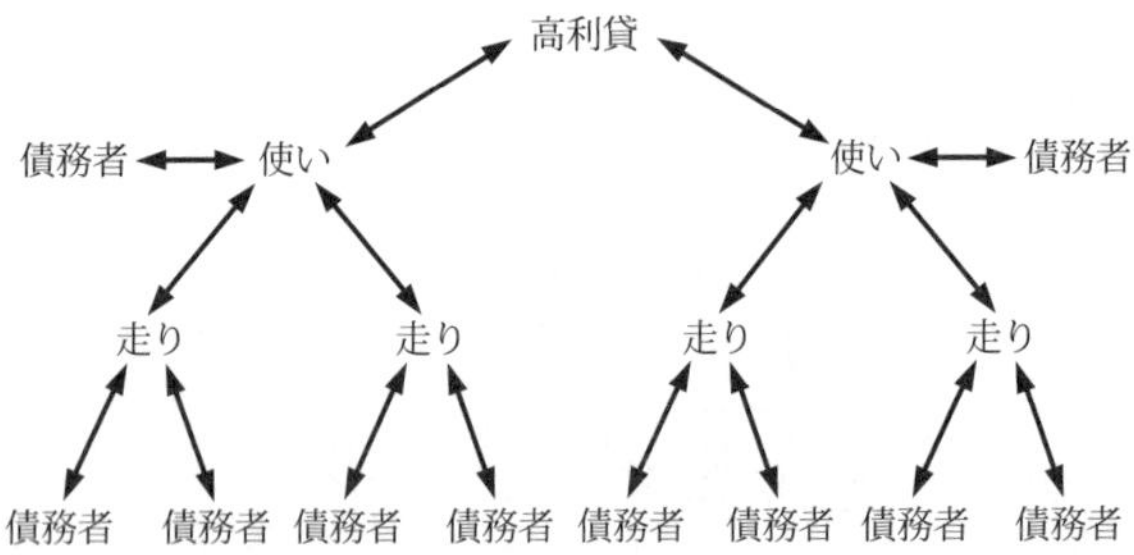

図1－3　貧民窟の高利貸の分業体系　出典：筆者作成

3は、その重層的な関係を模式的に示したものである。頂点にいるのが「高利貸」で、顧客と直接やり取りを行うのは、その下にいる「使い」と「走り」だった。「使い」は高利貸の代理人、「走り」は「使い」のそのまた代理人である。

高利貸の分業体系の下層に位置する「使い」と「走り」の主な収入源は、金利ではなく手数料だった。先に挙げた日掛金融の場合、一円の貸付額に対し六銭の手数料が徴収される。この六銭が「使い」と「走り」の取り分になった。手数料と引き換えに、「使い」は高利貸に対して貸金回収の責任を負い、さらに孫請けの「走り」は借主の保証人となって「使い」に対して責任を負う。一人の高利貸から多数の借主までの間に「使い」や「走り」が介在することで、借金踏み倒しのリスクは下位の代理人に転嫁され、上位にいる高利貸はほとんどノーリスクで金を貸せた。

したがって、ここでいう「高利貸」は、ほとんど資金を出すだけの金主といってよい位置にある。最も多くの金を持つ者が最も安全に儲けられるという意味では、むき出しの弱肉強食の世界である。

一方、「使い」や「走り」は、一円の借入を希望する債務者を一人連れてきても、せいぜい手数料の六銭しか稼げない。一九一五年の日雇い人夫の日給は五五銭程度だったから、手数料収入だけで生活を維持するのは相当に困難だろう。おそらくは他に本業を持ち、片手間のアルバイト感覚で金融仲介を行う「素人」に近い人びとが、債務者と直接向き合っていたと考えられる。

しかし、片手間とはいえ、高利貸の「使い」や「走り」たちは、リスク転嫁の対象に留まらない重要な役割を担っていた。新たな顧客の審査と選別、そして紹介である。やや専門的に言えば、「使い」や「走り」は、借入を希望する顧客の信用情報を収集し、貸付の可否を審査した上で高利貸に紹介するという、ある種の情報生産機能を有していた。

具体的に説明しよう。たいていの高利貸は、原則として担保をとらない信用貸を行う。相手の人柄と返済能力を信用して金を貸すから、見ず知らずの人間をおいそれと客にはできない。そこで利用されたのが、「使い」や「走り」が個人として持っている人脈だった。彼／彼女らの友人・知人のネットワークの中から、信用できそうな借主を選別・紹介させるのである。貧民窟で一定の返済能力を持つ融資相手を見つけるには、「使い」や「走り」のような素人に近い人びとの持つ人脈を利用するのが最も手っ取り早い。言うなれば、「使い」や「走り」は、自らの人脈を換金して、わずかばかりの収入を得ていたのである。

一方、借り入れる客の側の認識としては、「使い」や「走り」は多くの場合すでに顔見知りだったから、金を借りたとしても、相手はあくまでも知人あるいは友人であって、貸金業者から金を借りたという認識は乏しかったと推測される。こうした金融が、表1－1で見た知人・友人からの有利子の借入として、少なからず捕捉されていたのだろう。

そして、最末端の「走り」は、信用できると判断した顧客に借入契約を結ばせる際、前述したように自らが保証人となって回収に責任を負わねばならなかった。保証人になれば、返済が滞った場合には借金の弁済を求められるから、日常的に顔を合わせるような相手でなければ怖くて紹介などできない。そんな事情も、「使い」や「走り」に、親戚や知人・友人を貸付相手に選ばせる動機となったはずである。金主の位置にある貧民窟の高利貸は、「使い」や「走り」が持つ知人・友人ネットワークを動員することで、融資の対象をねずみ算式に拡張し、リスクを転嫁しつつ資金を運用できたのである。

もちろん、こうした重層的な分業関係には危険が伴う。「使い」や「走り」が金を持ち逃げしたり、借主と結託して不正を試みたりするような、裏切りのリスクが払拭しきれない。そうした危険を制御するためには、「使い」や「走り」の人選と管理を慎重に行わねばならず、規模拡大には自ずと限界があった。

また、「使い」や「走り」が自らの知人・友人の人脈を使い果たしてしまえば、さらにリスクをとって面識のない相手に金を貸さざるをえなくなり、貸し倒れの危険が大きくなる。素人高利貸の最大の弱点は、現実の人間関係の有無によって貸付の範囲が限定されてしまう点にあった。

とはいえ、資産運用の選択肢が限られていた当時の貧民窟では、高利貸となって金を貸すのが相対的に有利な利殖の方法だったことは間違いない。「使い」や「走り」を使いこなすだけの才覚がある小金持ちにとって、代理人の重層的な関係に支えられた日掛金融は、リスクを抑えながら資産を増やす上で、有力な方法の一つだった。

成功モデルとしての高利貸

一方、「使い」・「走り」となって稼ぐのは、決して容易ではなかった。賀川によれば、「使い」や「走り」の中には、自分の世話した借主にたびたび逃げられて苦しんでいる者が少なくなかったという。「金主は損をすることは決して無いが、「使い」の中に倒れるものは随分ある。そして「使い」は人々に憎まれ、喧嘩も買われる。また愛想もよくなくちゃならぬし、気がきいておらねばならず、又貧民の経済状態を知っておらねばならぬ」。

高利貸の「使い」や「走り」は、保証人としてリスクを背負うばかりか、手間をかけるほど人から恨みを買い、喧嘩をふっかけられるような危険を伴う仕事だった。

にもかかわらず、賀川は、「貧民の多くは金貸屋になりたいと思っているであろう。それでなくてもちょっと小才のきく男は、みな高利貸の「使い」になりたいと思っているようである」と観察していた。なぜ「ちょっと小才のきく男」までもが高利貸の下で働きたがるのか。

その理由の一つは、金を貸す行為それ自体が持つ魅力だろう。先にも触れたように、債権者となることは、債務者に対して決定的に優位に立つチャンスだった。劣等感・疎外感と裏腹の強い承認願望を持っていた貧民窟の男性労働者たちにとって、金主から融通を受けて知人や友人に金を貸す素人高利貸の仕事が相当に魅力的だった可能性は、十分に想像できる。

もう一つ、より重要な理由として考えられるのが、高利貸の実利的なメリットである。もし「走り」から「使い」を経て、金主である高利貸の地位に到達できれば、貧民窟では異例なほど多くの収入を期待できた。

実際、新川では「元乞食をしていたものが四人ばかり今は高利貸をして裕福に暮らして」おり、そのなかには「盲目乞食」だった者さえ含まれていた。素人高利貸は、ハンディキャップを背負い、「乞食」の境涯にまで身を落とした者であっても、一発逆転を狙える数少ない職種の一つだった。高利貸として裕福に暮らす人びとは、貧民窟の住人に対して、最も手近な成功モデルを提供していたのである。

藤野（二〇一五）は、下層男性労働者は社会的上昇が困難であるにもかかわらず、「大いなる野望」を抱いて日々を暮らしており、若年層ほど飛躍的な上昇願望を有していたと指摘している。そうした非現実的な夢想から距離をとれた「ちょっと小才のきく男」であれば、高利貸になるという地に足のついた「野望」を抱いたことだろう。高利貸を目指す人びとにとって、「使い」や「走り」になることは、友人・知人に対して優位に立ち、日掛金融の技術を実地に学べる点で魅力的だった。貸金の六%の手数料で自らの人脈を換金し、経済的に成り上がろうとする素人高利貸の存在が、貧民窟の日掛金融を支えていた。

重い負担と妻の収入

こうした素人高利貸から高利で金を借りれば、言うまでもなく返済が苦しくなる。そこで重要だったのが、妻の稼ぎだった。貧民窟の男性戸主の賃金は、やっとのことで家族が食べていける程度に過ぎない。そのため、「実際日掛は妻女の内職賃にて支払われる例」が多かったという（八濱一九一三）。

布川（一九九三）は、長屋住まいであっても一戸を構えて女房・子どもを養うことは、新川の住民にとっては大変な「名誉」だったと述べている。この時期の都市下層は、ようやく家族を形成しつつあり、家計は妻の内職に代表される追加的な就業や、食費の切り詰めといった「生活構造上の緊張」によって辛うじて維持されていた（中川一九八五）。妻の収入が借金返済の原資になったという事実は、結婚し、家族を作ることが、都市に暮らす貧困層の生活を維持する上で切実な意味を持っていたことを物語っている。

とはいえ、さらに借金が膨らめば、妻のわずかな追加的収入で返済が間に合うはずもない。賀川の知人だったある飴屋は、正月に三円くらいの借金の返済に悩んでいたところ、年の暮れには五〇円にまで膨れ上がり、夜逃げを企てざるをえなかった。先に触れた横山源之助『日本之下層社会』も、日掛の高利貸（日済屋《ひなし》）に追われる人びとを、次のように観察している。

「一年三百六十五日、日済屋に金を払うために稼ぎつつあるように見える者は少なくない。たとえあちらこちらより日済を借りないまでも、一度だけの取引で日済屋と関係を絶った者はなく、月の初めに一円を借りれば、月の半ばに至ってさらに五十銭を借りてしまう者が大多数である。それゆえ、日済屋と関係を作っている者は、おおむね一年前か二年前より貸借を長く続けている者と見て間違いない。読者よ、貧民を見てただ怠惰のためだと言い捨ててはならない。ひとたび身を貧民の群に落とせば、思い通りにならない事情が日済の借金を誘い、酒に魅せられ、一生平和に暮らすことはできないのだ。誠に憐れむべきではなかろうか」（現代語訳）

極めて高い金利をとる日掛金融を利用すれば、つきあいはズルズルと長期化し、貧民窟からの脱出はますます困難になってしまう。日掛の素人高利貸は差し押さえの危険がなく、友人から借りるような感覚で気軽に利用できたとはいえ、年利にして四〇〇%を超えるような高水準の利子負担は、利用する側に重くのしかかっていた。

貸し手と借り手の流動的な関係

以上のことから、賀川の見た貧民窟における金融の最大の特徴は、貸す者と借りる者との距離の近さにあったと言える。親分や兄貴として金を貸す者は、子分や舎弟と同じ貧民窟の住人であり、高利貸として成功した者のなかにも、物乞いのような貧民窟の最下層にまで沈み込んだ経験のある者が少なからず存在した。貧民窟の人びとは、銀行や信用組合といったフォーマルな金融機関を利用できず、日々の資金需要を具体的な人的関係に依存して不十分ながらも充足しようとしていた。そこでは誰もが債務者となり、債権者となる可能性があった。搾取する側とされる側とを固定的に論じられない複雑で流動的な関係性の中で、広く資金貸借が行われていた。

そして、貧民窟で日掛金融の貸し手の側に立つことは、社会的・経済的に上昇を図る上で、有力な選択肢の一つだった。高利貸は、しばしば卑しい者が従事する「賤業《せんぎょう》」とされる。しかし、「義侠心の圧制」のエピソードからもうかがえるように、金を貸すことは他者に対して自己の優位を顕示する絶好の機会だった。素人高利貸として活動することは、「男らしさ」の価値体系」と矛盾することなく成り上がるための、数少ない突破口の一つだった。

こうした素人高利貸は、貧民窟にとどまらず、第一次世界大戦期以降、層をなして登場するサラリーマンの世界でも重要な役割を果たすことになる。次に、戦前のサラリーマンの世界にも存在した素人高利貸の実態を確認しておこう。

2　サラリーマンと素人高利貸

エリートとしてのサラリーマン

多賀（二〇一二）によれば、サラリーマンという用語が一般的に用いられだしたのは、第一次世界大戦前後のことである。それまでは、俸給生活者、勤め人、あるいは月給取りなどという呼び方が一般的だった。明治維新後、給料をもらって生活するサラリーマンの大多数は士族出身者で、多くが官公庁に勤めていた。そのため、弁当を腰に下げて登城する江戸時代の武士になぞらえて、「腰弁」などとも呼ばれていた。

二〇世紀に入ると、大学・専門学校などの卒業生がサラリーマン化し、士族サラリーマンにとって代わるようになる。一九一七年には東京・京都の両帝国大学卒業生の間で民間企業に就職する者の数が官公庁就職者数を上回り（松成ら一九五七）、第一次大戦期の好景気によって民間企業の賃金が上昇したため、官公庁から会社への転職が続出した（梅澤一九九七）。戦前のサラリーマンは、「インテリ」や「知識階級」と呼ばれる教育エリートであり、官公庁や一流企業のような恵まれた職場で働ける、特権的とさえ言ってよい少数派だった。

少数のエリートであるだけに、サラリーマンは人からうらやまれる職業だった。商人・職人や日銭を稼ぐ労働者たちは、休めばその分だけ実入りが減ってしまう。しかし、月給取りのサラリーマンであれば、毎月一定の収入が保障されているから、多少休んでも問題はない。就業時間中も、ともかく出勤していれば給料が支払われるから、こんなに楽な商売はない。一九二八年に『サラリマン物語』を刊行した前田一《まえだはじめ》は、「乞食と給料とりは三日したらやめられない」という言葉さえ書き留めている。日雇い労働者や中小の商工業者たちの多くが、サラリーマンを気楽でうらやむべき職業とみなしていた。

サラリーマンに対する信用評価

とはいえ、たとえ大企業に入社できたとしても、一九二〇年代にはすでに中級以上のポストは高等教育修了者によって占められていたから、昇進のスピードはゆっくりとしたもので、多額の教育投資を回収するには相応の時間がかかった。庶民がまだ和服で過ごしていた時代に、洋服を身にまとったサラリーマンは、外見こそモダンな特権階級に見えたが、急激な物価の高騰に見合うだけの給料を得るのは難しく、「洋服細民」などと呼ばれて経済的に苦しい生活を送ることもしばしばだった（梅澤一九九七・多賀二〇一一）。高度な教育を受けた者として高い社会的待遇を期待する気持ちが、体面を気にする生活行動を取らせ、収入以上に膨らんだ支出が彼らの生活を圧迫していた（市原二〇〇一）。

そのため、戦間期のサラリーマンには、銀行はおろか貸金業者さえ容易に金を貸そうとはしなかった。特に、大恐慌の只中にあった一九三〇年頃には、質屋や金貸も慎重に客を選別しており、金策に苦労するサラリーマンが多かった。金を借りたくても借りられない人びとに向けて書かれた時事新報社経済部（一九三一）『小口金融の利用法』は、次のような観察を残している。

「安月給を貰っている会社員や官庁の雇などは、重役や課長の眼の光りようで、いつバッサリやられるか分からぬもの、このくらい危なっかしい地位はない。また、家庭に行って見ても大して目ぼしい道具もなく、転々として借家から借家へ、水・草を追って暮らす遊牧の民よりもなお心細い生活である。したがって市中の金貸業者は、むしろ小商人の方の金融を主にして、勤め人のそれはなるべく敬遠しようとする傾向がある」

戦間期の貸金業者は、「安月給を貰っている」サラリーマンを敬遠し、小商人を貸付先として重視していた。貸金業者向けのマニュアル本である中沢（一九二四）『金の貸方取立方――損害予防有利契約』でも、「借倒れを喰わされぬ用心」として、「容易に商売換え・住所換えの出来ぬ者を選んで貸す」のが重要であり、「信用貸金については主として商人を選ぶ」よう推奨していた。

サラリーマンは、職場と自宅が分離しており、通勤圏内であればどこにでも住むことができる。戦前期の住宅ローンは高嶺《たかね》の花で、大多数が借家に住んでいたから、容易に転居できた。

サラリーマンは、日雇い労働者などと同じく、借金の返済に詰まれば夜逃げしてしまう危険性が相対的には高く、信用しにくい職種であると認識されていた。

一方、商人は一定の地域を商圏とし、そこに固定客を持っている。一度商売をはじめればそう簡単には引っ越せず、夜逃げのリスクはサラリーマンより格段に低い。さらに、商人は商売道具や商品、場合によっては店舗を持っているので、仮に借金の返済が滞ったとしても、店にある財産や店そのものを差し押さえて貸金を回収できる。

そんな商人と比べれば、サラリーマンは身軽で大した資産も持たず、首切りの危険さえあった。一見するとエリートのようでも、当時のサラリーマンは、金を貸すにはリスキーな存在とみなされていた。

サラリーマンの素人高利貸

貸金業者からさえ敬遠されてしまうサラリーマンにとって、親戚・知友人からの借入は、たとえ有利子であっても貴重だった。サラリーマンの世界で素人高利貸に関する記録を残したのが、当時の日本を代表するエコノミストの一人、小汀利得《おばまとしえ》である。

小汀は、中外《ちゅうがい》商業新報（現：日本経済新聞）の主筆として、東洋経済新報社の石橋湛山《いしばしたんざん》などとともに論陣を張り、戦後は日本経済新聞社の社長も務めた。彼のエッセイ『漫談経済学』（一九三二）では、「三年前の金解禁以来の急激な不景気で一番目立って殖《ふ》えたのが勤め人向きの素人高利貸」だとして、次のように述べられている。

「これは昔からあるやつで、大きい役所なら少なくとも各局、各部に一人以上、銀行諸会社から新聞社に至るまで数段階のいわゆる「素人」高利貸がいる。彼等は役所なら古顔の属官、雇いから中には小使まであって、世の表面に花々しく立って行ける望みを失った彼らの人生観は、金色夜叉に出る貫一のように普通の人間のそれとは一変してしまう。そこで食べるものも食べないで一生懸命給料を貯める。そうして段々貯まると、自分の周囲の金使いの荒い、そして人柄のよさそうなのに融通を始める。（中略）極く利息の安いので月三分、まず質屋並みの利息である」

図１－４　小汀利得　出典：小汀（1971＝2001）

職場の同僚に有利子で金を貸す素人高利貸は、現代でも身近にいるかもしれない。二一世紀のフィクションだが、ヤミ金業者の丑嶋馨《うしじまかおる》をダークヒーローとして描く漫画『闇金ウシジマくん』には、タクシー運転手が月六％の金利を取って同僚に金を貸す描写がある（図１－５）。「同業者だからこの金利なんだ」というセリフは、素人高利貸の本質を突いていると言ってよい。職場の同僚なら毎日顔を合わせるし、給料日もはっきりしている。だから、金を貸しても取りはぐれる危険が小さく、金利も多少は抑えられる。身近な同僚だからこそ安心して金を貸せるわけである。

話を戦前に戻すと、一九二九年の大恐慌の影響で、銀行や郵便貯金の預貯金金利は低下する傾向にあったから、同僚に有利子で金を貸すことは、当時のサラリーマンにとって資産運用の有力な選択肢の一つだった。先に見た親戚や知人・友人からの借入で、決して安くはない利息が取られていたのは、こうした素人高利貸からの借入であった可能性が高い。つまり、貧民窟の「使い」や「走り」と並んで、職場の同僚に片手間で金を貸すサラリーマン素人高利貸の存在もまた、表1－1で見た知人・友人からの高利の借入に対応しているのではないか、ということである。

図1－5　タクシードライバーの素人高利貸　真鍋昌平『闇金ウシジマくん』© 真鍋昌平／小学館第14巻第136話

素人高利貸のすすめ

こうした素人高利貸の存在を強く示唆しているのが、戦前期に数多く出版された貸金業のマニュアル本である。そこでは、サラリーマンの手軽な副業として、貸金業が広く推奨されていた。

たとえば、『人力か金力か――致富能率』（一九二七）を著した斎藤恵蔵《さいとうけいぞう》は言う。サラリーマンは、常に上司や雇い主の鼻息を窺い、勤め先で不平・屈辱・不愉快等を感じることがあっても、生活を維持するために恥を忍び、無念の涙を飲みながら会社の椅子に齧《かじ》りつかねばならない。もし収入増加の道を講じなければ、一生うだつの上がる見込みはなく、貧苦の生涯を終わるのみである。だからこそ遠慮会釈はいらない。「生存の目的を果たさんためには、猛然としてあらゆる手段方法を講じなければならぬ」。サラリーマンこそ副収入を持たねばならないのであり、斎藤はその有力な方法として、貸金業を強く推奨している。

また、『不安と安定――俸給生活』（一九二五）を著した井上貞一《いのうえていいち》は、一九二二年に締結されたワシントン海軍軍縮条約の煽《あお》りを受け、海軍を少佐で退役した。退役後の生活の道を模索する中で、貸金業ほど割のよい商売はまたとあるまいとの結論に達し、軍人や役人の副業、あるいは隠居仕事として貸金業を推奨している。

さらに、並木信政《なみきのぶまさ》『最新金の貸方と諸債権取立法――誰にでも出来て利殖頗る多き』（一九二一）は、次のような強い調子で貸金業のメリットを説いている。

「世人は勤倹貯蓄の美徳を実行する上において、銀行や郵便局へ金を預ける事は極めて結構な事であるが（中略）一ヶ年一千円を貯金しても六十円の利子は取れない。ところが、この金を堅い商人や回収確実と見た人を選択して貸すと（中略）、一年貸せば元が取れてしまって、さらに倍額の資本になる。もし日掛なし崩しで小額の金を貸した日には、利率も高く、手数（料）も取れて、年に二、三十割の利殖が見られる、銀行への貯金ごときは蓋《けだ》し利殖の道を知らざる愚者の業《わざ》である（カッコ内引用者）」

信用できる人物に金を貸せば一年で元手が倍になり、日掛金融なら年利二〇〇％から三〇〇％も夢ではない。そんな運用も可能なのに銀行に金を預けるのは「愚者の業」である。「勤倹貯蓄の美徳」を突き詰め、資産をさらに増やそうとすれば、素人高利貸となって利殖の道に入るのも不思議ではなかった。

もちろん、貸金業は簡単な商売ではない。石井（一九一四）は、契約通りに返済する債務者は半分に過ぎず、多くは踏み倒すので、地方から出て来て貸金業をはじめた者はたいてい失敗に終わると警告している。

だが、素人高利貸が顔見知りの知人・友人との取引を中心に活動していたことを考えれば、都市部に十分な人脈を持たない地方出身者が貸金業に失敗するのは、当然といえば当然である。先に引用した小汀（一九三二）は、素人高利貸の利用者は融資さえ受ければよいので細かい利息などはほとんど眼中になく、高利を取っても相当に儲けられたため、「これはうまい、とつい本職になってしまうというのもある」と述べている。

サラリーマンの賃金がそれなりに上昇していた一九二〇年代以降なら、自分が事情をよく知る職場の同僚などを顧客に選び、慎重にことを運べば、貸金業は有利な副業どころか本職となる可能性さえあった。やがて素人高利貸で味をしめ、本職となった者のなかから、今日のサラ金の基礎を築く人びとが現れることになる。

3 金融機関による小口信用貸付

日本昼夜銀行のサラリーマン金融

ここまで見てきたように、信用制約に直面した戦前のサラリーマンにとって、素人高利貸は資金の借入先として極めて重要な存在だった。とはいえ、フォーマルな金融機関が、サラリーマンを完全に無視していたわけではない。戦後へと筆を進める前に、従来の研究でしばしばサラ金の源流とみなされてきた、戦前期の金融機関による小口信用貸付を一瞥《いちべつ》しておこう。

戦前の庶民金融機関といえば、現代人にはあまり馴染みのない無尽会社や貯蓄銀行が挙げられる。これらは一定の預金を積むか掛金を払い込み、それを担保に融資を受けるもので、戦間期の貸付金額は一口あたり平均で約八〇〇円だった（藤野一九二七）。当時の男性労働者の日給が二円程度だったことを考えれば相当に高額で、庶民的なサラ金にそのままつながるものではない。

サラ金の直接の源流として重要なのは、日本昼夜銀行の「サラリーマン金融」である。

日本昼夜銀行は、名前が示すように昼だけでなく夜遅くまで営業する独自の窓口サービスを展開しており、夜間に現金の出入りがある商人や飲食店との取引が多かった。当時の五大銀行（第一、住友、安田、三井、三菱）の一つである安田銀行の系列だったこともあり、一九二七年の金融恐慌の際にも取り付け騒ぎは起きていない。むしろ、安田系の日本昼夜銀行なら安全で取引に便利だからと、一九二八年以降は預金が増大している。

しかし、せっかく預金が増えても恐慌下の顧客は借入金の返済に懸命で、銀行は貸し付ける相手をなかなか見出せなかった。日本昼夜銀行に限らず、金融恐慌を無傷で乗り切った信用ある都市銀行の多くは、遊資、つまり遊んでいる金を持て余していた。

そこで、日本昼夜銀行が遊資を活用するために一九二九年に発案したのが、サラリーマン金融だった。貸付の条件は次の通りである。

①満二五歳以上の既婚者。
②東京市および周辺町村所在の官庁または相当なる会社に二年以上勤務し、将来も勤務の見込みがある者。
③連帯保証人二名以上を、雇い主・上役・高級同僚者、または相当信用と資力のある満二五歳以上の男子たる親戚の中から立てること。

こうして見ると、借入資格はなかなかに厳しい。対象は公務員か「相当なる会社」に勤める上層のサラリーマンに限定され、申込者と同等かそれ以上の階層の連帯保証人を複数立てねば

用途	口数		金額		一口当り金額
	口	%	円	%	円
旧債償還	516	26.9	189,418	36.4	367.1
医薬治療入院費	561	29.2	132,167	25.4	235.6
家庭経済増進	156	8.1	63,650	12.2	408.0
冠婚葬祭費	167	8.7	44,088	8.5	264.0
出産費	174	9.1	30,980	6.0	178.0
衣服費	89	4.6	24,751	4.8	278.1
教育費	99	5.2	18,995	3.7	191.9
転宅費敷金	48	2.5	6,277	1.2	130.8
保険料	55	2.9	5,987	1.2	108.9
定期券買入費	41	2.1	2,200	0.4	53.7
税金賦課金	13	0.7	1,690	0.3	130.0
計／平均	1,919	100.0	520,203	100.0	271.1

表1－2　日本昼夜銀行の使途別小口信用貸出（1933年6月現在）出典：経済時代社編輯局（1933）

ならなかった。その分、貸出利率は年八％と低く、当時としては異例の低利率だった。そのため、申込者が続々と増え、当初の貸出目標額三〇万円は一九三二年に軽々とクリアし、回収成績も極めて良好だったと報じられている（『大阪朝日』一九三二年三月二七日付）。

表1－2は、日本昼夜銀行のサラリーマン金融の貸付額を、資金の使途別に見たものである。口数では「医薬治療入院費」が二九・二％と最も多い。出産費と合わせれば三八・三％となり、親戚や知友人から同情を集め、比較的借り入れやすいと思われる費目がトップに立っている。年利八％程度なら、親戚・知友

人の素人高利貸を頼るより、日本昼夜銀行を利用した方が得になる場合が少なくなかったのだろう。

一方、金額では「旧債償還」が三六・四％と最多を占めていた。上層のサラリーマンでさえ高利の借金に苦しむことがあり、旧債務の償還、つまり多くの借り換え需要が存在したのである。同行のサラリーマン金融の試みは概《おおむ》ね好評で、各種のメディアも前向きに報道している。

ただし、この頃の日本昼夜銀行の総貸付額は五〇〇〇万円前後で推移していたから、合計貸付額五〇万円程度のサラリーマン金融の比率は、ごくわずかなものに過ぎなかった。顧客となるエリート・サラリーマンの層自体が薄かったことに加えて、厳格な審査によって融資の対象を絞り込んでいたことが、小規模に留まった要因だろう。日本昼夜銀行のようなフォーマルな金融機関の融資対象からはこぼれ落ちる人びとが数多くいたからこそ、素人高利貸が活動する余地が存在したと考えられる。

戦時期の庶民金庫

日本昼夜銀行の小口信用貸付は、同行が一九四三年に安田銀行へ吸収合併されたのを機に廃止された（『安田保善社とその関係事業史』編集委員会一九七四）。これと入れ替わるようにサラリーマン向け貸付を行ったのが、一九三八年に大蔵省が主導して設立した庶民金庫だった。

庶民金庫の設置目的は、金融の円滑化を図り、国民の事業の繁栄と生活の安定に資することとされた。貸付業務の中心は、中小の産業者と勤労所得者に対する小口の信用貸付で、貸付金の限度額は一世帯につき一〇〇〇円以内、借入金使途は産業資金・生計資金・旧債償還の中から自由に選べた。連帯保証人二名を立てる必要はあったが、利率は年八％以内と日本昼夜銀行並みの低利だった。

貸付件数がピークを迎えた一九四三年下期には、約一六・八万件、七二二四万円の融資残高があり、うち約一一・五万件（六八・五％）、二八七五万円（三九・八％）が勤労者向けの貸付だった（国民金融公庫調査部一九五九）。戦時期には、日本昼夜銀行の貸付額よりも遥かに巨額の金が、社会政策的な配慮によって個人に無担保で融資されていたのである。

ただし、融資の内実は、勤労者の生活安定目的から、徐々に戦争遂行のための国策に順応した使途へと移っていった。それを端的に示しているのが、庶民金庫の特別貸付制度の拡充である。渋谷（二〇〇二）によれば、その内容は次の三つが代表的なものだった。

第一に、優生結婚資金貸付である。これは、国家総動員法と国民優生法（一九四〇年五月制定）に呼応して人的資源の確保・育成への寄与を目的とし、結婚資金三〇〇円以内を貸し付けるものだった。申し込みは厚生省優生結婚相談所または保健所で受け付け、国民優生連盟による審査に合格することが貸付の条件だった。出産があった場合には少額の祝い金も支給されたという。少子化は兵力・戦力の低下に直結するから、戦時期には金融的な裏付けを持つ結婚・出産奨励が行われており、庶民金庫はその一環に組み込まれていた。

第二に、産業報国会との連携貸付である。産業報国会は、解散を余儀なくされた労働組合に代わって全国の労働者を組織化し、戦時統制に組み込むための重要な組織だった。その評価は研究者の間でも分かれているが、労働争議への参加率を低下させ、労働生産性を高める上で一定の効果を持ったことが確認されている（岡崎二〇〇五）。庶民金庫との連携貸付では、産業報国会を組織した会社、工場、鉱山、事務所と特約を結び、その従業員に対して小口の資金が貸し付けられた。金融の便宜を提供することで産業報国会の結成を後押しし、戦時体制下の労使関係安定化と生産力増強に貢献するという、国策に沿った貸付メニューだった。

第三に、戦災ならびに一般被災者に対する特別貸付である。この制度は戦災の激化に伴って段階的に拡充され、一九四四年七月には「生計応急資金貸付」が新設された。既存の基準と手続きでは、空襲被害などの急場に対応するのは難しい。そのため、罹災した日から一ヵ月以内に限り、警察署長、町会長または隣組長の罹災証明書を持つ者は、保証人なしで五〇〇円までを年利三・六％で借りられることになった。焼け野原からの生活再建のための資金という性質上、極めて簡便かつ低利の貸付だった。

これらの特別貸付は、一般の貸付に代わって徐々に増大し、庶民金庫の性格は戦時色を強めていった。同時に、戦時末期には戦災に伴う国民生活の崩壊によって貸付基盤が大幅に縮小し、庶民金庫の活動は鈍化していく。

敗戦後の一九四九年、庶民金庫は国民金融公庫へと再編された。後に国民生活金融公庫となり、現在は日本政策金融公庫に統合されている。設立直後の国民金融公庫は、主として中小企業向け融資に取り組み、一般勤労者向けの貸付はごくわずかだった。敗戦直後の激しいインフレの中で不用意に個人に金を貸せば、手にした金で皆がモノを買おうとするから、さらなる物価上昇を招きかねない。物価抑制が求められた時代の状況下で、戦時期の庶民金庫が担った個人向け貸付の機能は、戦後の国民金融公庫へ直ちに引き継がれることはなかったのである。

第2章　質屋・月賦から団地金融へ――一九五〇〜六〇年代

1　前提としての質屋と月賦

前章で見たように、庶民の細々《こまごま》とした資金需要は、大恐慌期にスタートした日本昼夜銀行のサラリーマン金融や、戦時期の庶民金庫によっても、十分には満たせなかった。その間隙を縫って活動していたのが、本職の貸金業者や、知人・友人を相手にした素人高利貸だった。

ところで、戦前戦後を通じて庶民金融機関の代表格として忘れてはならないのが、質屋である。「質屋よさようなら、サラ金よこんにちは」。そんな見出しが『週刊読売』二一巻五号に躍ったのは、一九六二年二月のことだった。サラ金は、直接的には質屋を代替する形で成長していく。

加えて、戦後になると月賦《げっぷ》販売が本格化し、人びとは事実上の借金をして家電などの耐久消費財を購入するようになっていた。月賦という言葉は最近あまり聞かなくなったが、要するに月単位での分割払い（割賦）である。テレビショッピングなどで金利・手数料が無料になると謳《うた》われる分割払いは、たいてい月に一度の支払いなので、典型的な月賦と言える。序章冒頭で引いた『広辞苑』の定義にもあったように、これも広義の消費者金融の一つである。戦後の消費者金融は、月賦・割賦などの販売信用面でも成長しつつあり、サラ金と一定の関連を持っていた。

本章では、サラ金が登場する直前の質屋と月賦信用を取り上げ、そこからサラ金の前身である団地金融が誕生し、消滅するまでの過程を扱いたい。

庶民金融の代表格としての質屋

質屋は、中世以来の古い歴史を持ち、長く個人向け金融機関の中心だった。質屋では、質草と呼ばれる担保を取って金を貸す。担保を取れば、仮に貸金が返済されなくても質草を売ればよいので、貸し倒れのリスクは大幅に低下する。そのため、借り手が貧困でも問題はなく、前章で見た戦前期の貧民窟・新川でも質屋は盛んに利用されていた。

貧民たちが質に入れたのは、主に衣類や日用品だった。なかには朝に鍋釜を質に入れて半纏《はんてん》を請け出して仕事に行き、夕方に半纏を質に入れて鍋釜を請け出すといった利用もなされていた（『読売』一九三〇年一月五日付朝刊）。貧しい人びとが少額の資金を調達する際、質屋は欠かせない金融機関だった。

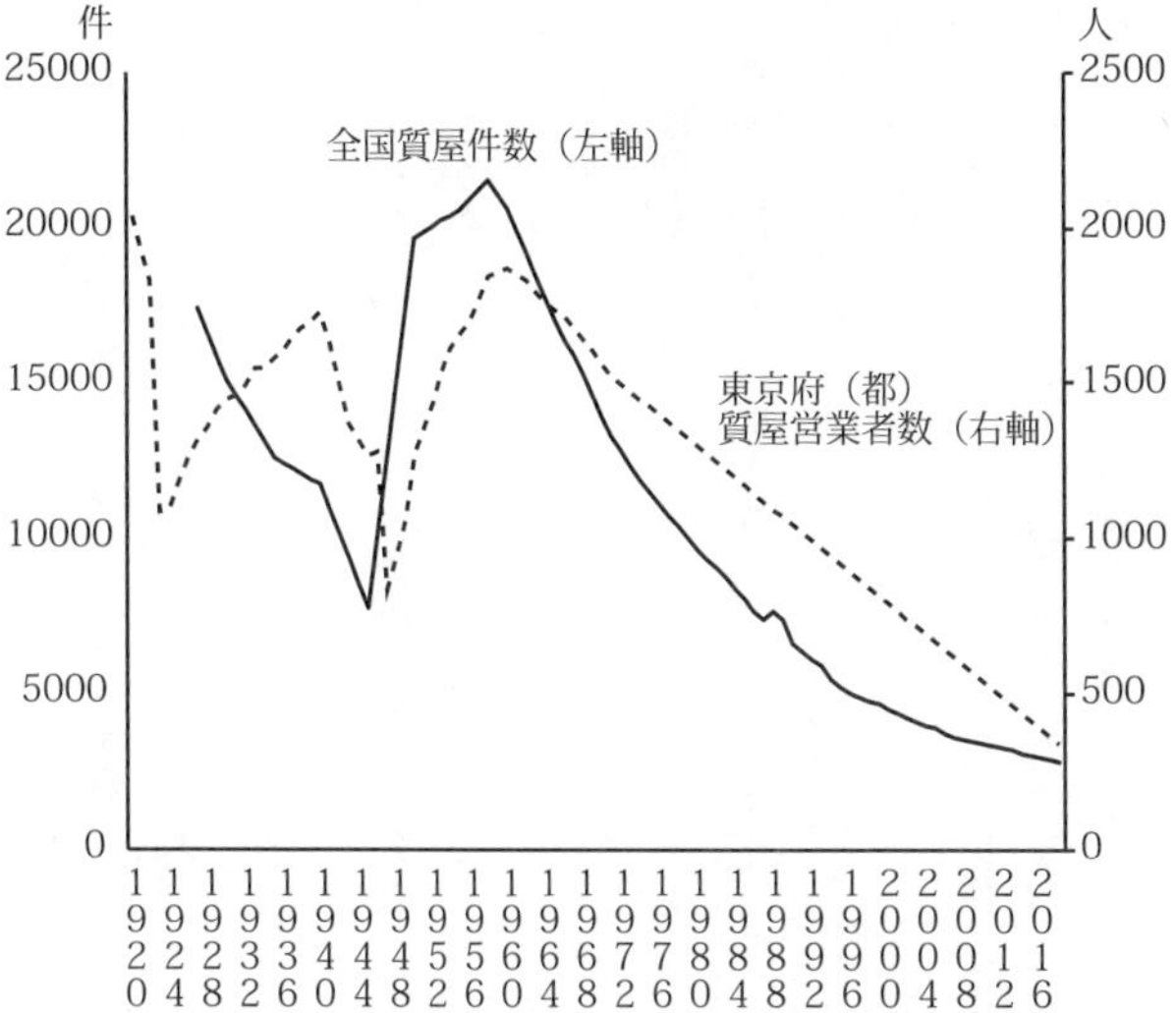

図2-1　質屋の盛衰（1920-2018年）　出典：全国は『犯罪統計書』各年、東京府（都）は1940年まで『東京府統計書』各年、1941年から1971年までは東京質屋協同組合（1972）を参照。1971年から2018年までは、東京質屋協同組合ホームページを参照し、線形補間を行った

図2-1は、全国と東京の質屋件数の推移を見たものである。質屋は、一九二三年の関東大震災後から、公益質屋との競合や大恐慌に伴う物価低落などを原因として減少傾向にあり、戦時期には金融統制と戦災のためにさらに数を減らしていた。

しかし、戦後になると急速に増加し、一九五〇年代後半には戦前水準を上回っている。敗戦後の日本では、圧倒的なモノ不足により、物価が激しく上昇していた。激しいインフレの下で、質草の価格は元の貸金以上に上昇したから、万一踏み倒されても質流れ品を売れば逆に儲かることさえあった。人びとがモノ不足に苦しんだ敗戦後の困難な時代は、質屋にとっては黄金時代だった。

だが、復興が進んでモノ不足が解消されると、質屋は斜陽化した。モノが溢《あふ》れる時代になれば、質入れした品物よりも、もっと便利で新しい商品を入手したいという欲望が支配的となる。その後、質屋は金融業としての側面を後退させ、古物商としての性格を強めていった（片山二〇〇五）。

質屋件数のピークは、全国的には一九五八年、東京では一九六〇年である。後に詳述する団地金融が登場したのも、一九六〇年のことだった。質屋は、新たなスタイルの消費者金融と入れ替わるようにして、ゆるやかに衰退していく。

主婦の質屋通い

戦後の質屋を利用する人びとの男女比について、興味深いデータがある。表2－1は、石川島播磨重工業の社宅に住む主婦の生活調査（一九六一年実施）から、夫と妻とに分けて借金の借入先を掲げたものである。

この表によると、「借金あり」世帯の借入主体は、夫が五〇件に対して妻が四二件と、ほぼ拮抗《きっこう》していた。さらに、質屋を利用する夫は皆無なのに対し、妻は八件。質屋から金を借りてくるのは、ほとんどが妻だった。家計にちょっとした不足を生じた際、この時期のサラリーマン世帯では、家計管理の責任を担う妻が質屋に行って金を借り、その穴を埋めていた。

N=287	夫が工面			妻が工面		
借金あり（単回答）	借入先	件	%	借入先	件	%
		50	-		42	-
借入先（複数回答）	親戚	23	35.9	親元	21	36.2
	組合	14	21.9	親戚	14	24.1
	会社	9	14.1	質屋	8	13.8
	友人	5	7.8	近所	6	10.3
	上役	2	3.1	その他	9	15.5
	知人	2	3.1			
	その他	9	14.1			
	計	64	100.0	計	58	100.0

表2-1　石川島播磨重工業社宅居住者の借入先別・夫婦別借金　出典：国民生活研究所（1963年）より作成

この辺の事情をよく物語っているのが、津端《つばた》英子《ひでこ》のエピソードである。英子は、一九二八年に愛知県半田市で生まれた。夫は、多摩平団地や阿佐ヶ谷住宅、高蔵寺《こうぞうじ》ニュータウンなどの全体設計に関わった建築家の津端修一《しゅういち》（一九二五〜二〇一五）である。二人の晩年の暮らしは、自宅の菜園を中心とした落ち着いたもので、二〇一七年公開の映画『人生フルーツ』に魅力的に記録されている。そんな豊かな老後とは裏腹に、若い頃は家計が苦しく、英子は質屋通いの常連だった。

英子が婚約した一九五五年時点では、修一は坂倉準三《さかくらじゅんぞう》建築研究所に勤めており、月給は二万八〇〇〇円だった。同年のボーナスを除いた平均月給額は一万五七四一円だから、修一の給料は決して少なくはない。

しかし、修一は設立直後の日本住宅公団に勤

図２－２　津端英子と修一　© 東海テレビ放送

め先を変えたため、月給は二万八〇〇〇円から一万四〇〇〇円に半減してしまった。結婚したばかりの英子は、このうち五〇〇〇円を家賃として支払わねばならず、手元に残った九〇〇〇円では、どうやりくりしても足りなかった。子どもが生まれるとミルク代にも困るようになり、ついに質屋通いをはじめた。

「いまだに、あのときの心境を覚えていますけど、初めての質屋に行く前の晩は、緊張してとても眠れなかったの。彼はモーレツに働いていましたから近寄りがたくて、お金の相談なんかとんでもないという感じで、私はいつも一人で悩んで。それで、もうしょうがないと質屋の大きな門を、子どもの手を引きながらくぐりました」（つばた・つばた二〇一二＝二〇一八）

英子にとって、初めて質屋へ行く際のためらいは大きかった。サラリーマンの夫は「モーレツに働いて」おり、家計に関する相談はとてもできるような雰囲気ではなく、英子は「いつも一人で悩んで」いた。

久保（一九五九）は、当時の「内助の功」に対するイメージとして、次のようなサラリーマンの声を紹介している。「僕は内助の功などというより、妻の分担している仕事をきちんとやってくれることが何よりだと思います」（銀行員）。「家計、育児、交際、そういった妻の領分は、一人で判断して適当に処理してくれることがなによりの内助です」（商事会社人事課長）。

家計のやりくりは妻の責任であり、妻が「一人で判断して適当に処理」せねばならない。そうした妻への期待が存在した時代の雰囲気の中で、英子は夫に相談せずに質屋通いを決断した。利用してみると店員の対応は慣れたもので、すっかり安心して足繁く通うようになった。

英子は言う。「質屋に入れたものは、お給料が入ると出して、家計が苦しくなるとまた入れての繰り返し。それでいつの間にか「困ったら、また、質屋に行けばいいわ」というくらいになっていましたよ」。

夫に相談できず、やりくりに苦労した英子にとって、質屋は極めて重宝な存在だった。

「妻の無能力」規定と借金

英子のように、妻が夫に無断で金を借りる。そんなことは、過去や現在を問わず、世間にありふれたことだと思われるかもしれない。実際、近世の日本では、都市でも農村でも女性がしばしば金融活動の担い手になっていたことが知られている（吉田二〇二〇）。

だが、近代の日本では、既婚女性が単独で金を借りるのが特に困難だった時期が、半世紀ほど存在する。一八九八年に施行され、一九四七年に改正されるまでの民法（第一編総則）では、妻は禁治産者や未成年者に準じた「限定無能力者」（松波ら一八九六）とされていたからである。この時期の民法では、「夫婦間の共同生活を円満に行はしめんが為め」（我妻《わがつま》一九三〇）という理由で、妻による一部の法律行為には制限がかけられており、借金はその制限された法律行為の一つだった。

法律の条文に関わるので読みづらいかもしれないが、重要なポイントなので丁寧に確認しておこう。かつての民法第一四条では、「妻が左に掲げたる行為を為すには夫の許可を受くることを要す」と定められており、「左に掲げたる行為」のうちには、同法第十二条の「借財又は保証を為すこと」が含まれていた。妻が金を借りるには、「夫の許可」が必要だったのである。加えて、もし妻が夫の許可なく金を借りる契約を結び、それを後から夫が知った場合、その契約は取り消すことができた（第一四条）。

この妻「無能力」規定は、当時から評判が悪く、文言通りに法律が運用されたかどうかは留保が必要である（奥山二〇一八）。実際、戦間期の東京には、主婦を専門に金を貸す業者も存在した。夫に貸すと「えい飲んでしまえ、何とかなるだろう」という調子で酒に費消してしまうのに対し、主婦に貸せば「それ程の度胸もないから、思い切った事もしない」ので、かえって安全に運用できたという（『東京朝日』一九二五年一〇月一六日付朝刊）。

だが、民法の規定を根拠に、妻が夫の許可なく借り入れた金であれば弁済義務はないとする判決が下されたこともある（難波一九一二）。そのため、既婚女性に金を貸す際には、夫の承諾書を取るか、夫婦連帯借用とするよう推奨された（斎藤一九二七）。戦前期には、夫の許可なく借金を申し込む既婚女性に金を貸すことは、事後的に契約を取り消されかねない危険を孕んでいた。

質屋でも事情は同様である。既婚女性が質屋と取引を開始するためには、夫の許可を得て夫の名義で通帳を作るのが一般的だった。戦前の東京市芝区（現：港区）三田の質店史料を分析した三科仁伸《みしなまさのぶ》氏によると、女性名義の通帳は全体の七・五％に過ぎず、その多くが未婚と思われる芸娼妓《しょうぎ》や髪結の女性によるものだった。質屋も含めて、戦前の妻が家計の赤字を夫に無断の借金で穴埋めしようとした場合、民法は一つの障壁だった。

しかし、戦後の民法改正は、新憲法の男女平等の理念に則《のっと》って、妻を夫と対等な法律行為の主体とした。占領下の改革によって、妻は夫の許可なしに金を借りられるようになったのである。妻「無能力」規定の廃止は、戦後の女性たちにとって、ある意味では一つの「解放」だったと言えるかもしれない。

もちろん、大多数の農村地域では、戦後になっても家計を管理する権利は姑《しゅうとめ》が持ち、農家の嫁たちは、小遣いはおろか自分名義の貯金口座さえ満足に持てなかった（大門二〇〇六）。法制度面の大きな変化に対して、実際の生活でどこまで既婚女性の経済的な自由が拡大したのかは、慎重に評価されねばならない。

とはいえ、夫婦＋子どもという核家族が主流を占める都市サラリーマン世帯の妻は、相対的には自由度が高く、自律的に行動できた。とりわけ、家計支出の裁量が妻に委ねられたことは革新的ですらあり、主婦たちの自負と熱意は高まっていた（倉敷二〇一三）。戦後改革に伴う法制度面での男女平等化と、家計担当者としての自負と責任意識が、夫に相談せずに独断で金を借りるという金融行動を、津端英子のような戦後の主婦たちに選び取らせていた。

月賦と主婦

法律的に独立した経済主体となった戦後の主婦たちは、ときに借金もしながら旺盛な購買意欲を見せるようになる。経済の成長が戦災復興を原動力としていた時代が終わり、「もはや戦後ではない」と言われたのが一九五六年。翌五七年から五八年にかけて、一世帯当たりの電気器具への支出額は約一・六倍も増加した。経済企画庁（一九五九）は、これを「消費革命」と呼んでいる。とりわけ財布の紐《ひも》を握る主婦の力は相当に強力で、炊飯器のような家事労働の負担を劇的に軽減する電化製品の導入には積極的だった（マクノートン二〇一六）。

経済企画庁は、消費革命の背景を、①デモンストレーション効果、②価格低下、③月賦販売の普及の三点から説明している。本書にとって特に重要なのが、③の月賦販売である。

日本における月賦販売は、一九〇一年の自転車販売から本格化し、一九三四年にはすでに一九六〇年代後半と同程度にまで発達していた（満薗《みつぞの》二〇〇四）。同じく戦前期に始まる通信販売が商圏を空間的に拡大したのに対し、月賦販売は資金力のない階層の人びとに分割払いを許すことで顧客を広げる原動力となった（満薗二〇一四）。中でもミシンの販売では、アメリカ式の月賦販売法が戦前期から導入されており、月賦と女性は当初から深い関係にあった（ゴードン二〇一四）。

その後、月賦販売は一九三九年の物価統制令により一時中断するが、戦後になって本格的に復活する。一九六一年には割賦販売法が制定され、取引を円滑化するための環境が整えられた。この頃に普及した電気冷蔵庫・電気洗濯機・白黒テレビという「三種の神器」は、かなりの割合が月賦を通じて購入されている。

たとえば、一九六三年の東京都区内では、電気冷蔵庫の五四・一％、電気洗濯機の四三・〇％、テレビの五三・八％が割賦による購入だった（東京都一九六七）。三種の神器が五万円前後という物価水準だった当時、消費革命は「五万円革命」とも呼ばれている（桝潟一九九四）。五万円は当時の大卒初任給の二ヵ月分を超える金額だから、高価な電化製品を買うのに現金払いとはいかなかったのだろう。満薗（二〇一九）は、割賦販売がとりわけ一九六〇年代に重要な役割を果たしていたと指摘している。高度経済成長期の家電普及を促進する上で、月賦販売は極めて重要な意義を持っていた。

しかし、なぜ当時の人びとは月賦というローンを組んでまで電化製品を購入しようとしたのだろうか。高度経済成長下で家電の購入を急ぐ家庭が少なくなかった理由として考えられるのが、先に経済企画庁が挙げた①のデモンストレーション効果である。

デモンストレーション効果とは、ある人の消費が他の人の購買行動を刺激する効果を指す。「○○ちゃんとこ電気冷蔵庫あるよ」と子どもに聞かされ、対抗意識をかき立てられるというのが典型だろう（石井一九六〇）。高度経済成長期の人びとは、平均的な消費水準の上昇と生活様式の変化に追随し、歩調を合わせねばならないという「義務感とでもいうべき発想」を持っていた（中村一九八〇）。中でも電化製品は、中流階級の「幸福な生活」を演出するための道具立てとして不可欠なモノであり、大衆消費の過程で人びとの消費スタイルは均質性を高めつつあった（天野・桜井二〇〇三）。一九五〇年代後半に始まる急速な電化製品の普及は、人並みでいなくてはならないという「義務感」に支えられており、多少の金利負担を厭《いと》わない月賦方式での購入が、広く受け入れられていった。

団地族と割賦販売

家電製品の導入にとりわけ積極的な層は、いわゆる「団地族」の専業主婦だと言われていた。一九五五年、敗戦後の深刻な住宅不足を解決するために、日本住宅公団（現：UR都市機構）が設立された。同公団によって郊外に次々と建設された団地は、密集した下町の住宅と違って日当たりがよく、内風呂やシリンダー錠といった最新の設備を備えたモダンな住まいだった。それだけに入居するには家賃の五倍以上の月収が必要で、厳しい審査を受けねばならなかった。

倍賞千恵子《ばいしょうちえこ》主演の映画『下町の太陽』（一九六三年公開）では、郊外の団地に住みたいと恋人に語る若い男性や、団地で豊かな生活を享受しながら葛藤を抱える新妻が、印象的に登場する。若いカップルにとって、団地に住むことは一つの憧れであり、ステータスだった。

日本住宅公団（一九六五）が描く当時の団地入居者の平均像は、次のようなものである。「夫婦だけか夫婦と幼児だけで世帯を構成し、年令は三三歳程度、大学か高専を卒業しており、月収五万四千円程度で、比較的安定した企業において中堅職員として勤務している人々」、「社会の中堅層であり、比較的高度の文化的生活を欲求し、子女の教育に強い関心を示し、比較的教養の高い、そして比較的生活に余裕のある人」。

団地に住む人びとは、家族構成や年齢・職業だけでなく、生活に余裕があり、「高度の文化的生活」を要求するという、消費のあり方まで似通っていた。この頃の団地は、社会の中堅層として高い購買力を持ち、比較的均質な消費性向を持つ新婚・子育て世代が集住する、かなり特殊な場だった。

そのため、東京都区部の団地に居住する世帯の電化製品普及率は、全世帯平均と比較して二倍前後も高く、関西では大手家電メーカーが団地居住者に向けて凄《すさ》まじい広告合戦を展開していた（原二〇一二）。「団地の場合、ある世帯にテレビのアンテナが立つとみるみるうちにその棟にテレビのアンテナが立ち並ぶ」と言われ、そこでは「一種の虚栄と競走《ママ》心がまざり合って無言の戦い」が繰り広げられていた（岡本一九五九）。団地では、世間以上に強烈な義務感や競争意識に支えられて、多少の無理をも厭わない耐久消費財の購入が、しばしば見受けられたのである。

一九六〇年度版の『国民生活白書』は、右のような購買行動をとる団地族を、割賦販売に影響された生活意識の変化が最も顕著にあらわれている人びとだとみなしていた。高度経済成長期の初期段階にあって、団地は最新の消費スタイルが花開く特異な場所であり、そこに暮らす団地族の旺盛な購買意欲を支えたのが、割賦販売という消費者への信用供与（与信）だった。同白書では、団地族が持つ「勤倹貯蓄をすることよりも、合理的で文化的な生活を楽しもうとする生活態度」が、月賦や割賦といった借金に対する抵抗感を薄くしていたと観察されている。

そもそも「消費」という経済行動は、経済の駆動力となる一方で、貯蓄・倹約や環境保護などといった道徳的通念としばしば対立する（ギャロンほか二〇〇六）。この頃の割賦利用による消費は、家計の計画的なやりくりの中で倹約・貯蓄とバランスをとるべきものとされ、合理性と計画性を持って文化的生活を享受する「かしこい消費者」こそが、大量生産と大量消費をつなぎ、消費と貯蓄の両面で経済成長を支えるものと期待された（満薗二〇一九）。勤倹貯蓄という通俗道徳から相対的には自由で、「合理的な文化生活」を志向する団地族が、この時期の割賦販売の隆盛を支えていた。

割賦販売は代金支払を一時的に先延ばしするから、家計に対する一種の資金貸付と言える。したがって、割賦販売の隆盛は、家計が一定の「信用」を獲得したことを意味していた。戦後改革によって労働三権（団結権・団体交渉権・団体行動権）が保障され、雇用が安定化したため、都市サラリーマンに対する信用度は着実に向上した。いつクビにされるかわからない不安定な職種というイメージは、戦後になって大きく変化していた。

こうした都市家計の成長を背景に、岩戸景気に沸く一九六〇年には、都市銀行間で「銀行の大衆化」を目指した新たな金融商品の開発競争が加速した。まず住友銀行がプリンス自動車と提携して自動車購入資金貸付を発表し（住友銀行一九七九）、三和銀行が初めての有担保の消費者金融「ドリームローン」を発売（三和銀行一九八三）、富士銀行もやや遅れて耐久消費財を購入するための消費者ローンを売り出している（富士銀行一九八〇）。

金融行政の姿勢と金融機関

戦前から一九五〇年代までは、ほとんどの銀行が家計を預金者としてのみ捉えていた。しかし、一九六〇年頃からは、家計を貸付相手としてもみなすようになっていたのである。高度経済成長が始まる前後の時期に、家計は耐久消費財の購入資金の借り手として、存在感を大きくしつつあった。

だが、銀行の消費者向け融資に対して、大蔵省や日本銀行は警戒的だった。たとえば、当時の日銀総裁である山際正道《やまぎわまさみち》は、「市中銀行はこれまで不急不要融資はなるべく抑えることにつとめており、消費者金融もやはりこの部門に入る」と述べ、「現状では市銀は生産金融で手一ぱいであり、消費者金融を行う余地はまだないはずだ」との見解を明らかにした（『朝日』一九六〇年四月七日付朝刊）。日銀は、当面の間は生産拡大のための融資を優先し、市中銀行が消費者金融を手がけるのは好ましくないと判断していた。

さらに、一九六二年一二月に入り、銀行が再び住宅・自動車を中心とする消費者向け融資に積極的な動きを見せると、日銀・大蔵省は、「過度に個人消費を刺激して再び消費ブームを招くような事態は好ましくない」として、住宅金融以外の消費者金融に対しては慎重な姿勢を堅持する方針を表明した（『朝日』一九六二年一二月一日付朝刊）。

一九六〇年代前半までの金融政策では、マクロレベルの貯蓄不足から、電力・海運・鉄鋼・石炭の四重点産業に対する資金配分が優先されていた（岡崎ら二〇〇二）。まずは主要産業の成長が優先され、消費者金融は一貫して後回しとされていたのである。

後に、サラ金が社会問題化した際、その原因は銀行が個人向け融資に消極的で「怠慢」だったからだと指摘されたことがある（上田一九八二）。しかし、銀行の「怠慢」は、基本的には右のような金融政策の方針に従った結果であり、行政もまた責任の一半を負っていた。

サラ金と団地金融の創業者たち

当時の金融当局の方針に制約されて、銀行や信用金庫のようなフォーマルな金融機関が、消

	氏名	企業名	生年	出身地	学歴	主な職歴	創業年
1	森田国七	森田商事	1930	熊本	川内工業学校	農業・製塩業 →運転手 →神戸製鋼	1951
2	田辺信夫	日本CC	1922	-	早稲田大学	貿易商社	1960
3	木下政雄	アコム	1910	兵庫	神戸工業学校中退	呉服店・材木店・質屋経営	1936
4	神内良一	プロミス	1926	香川	木田農学校	農試・農林省 →福祉法人職員 →不動産金融業	1962
5	浜田武雄	レイク	1938	鹿児島	牧園高校	自衛隊 →日本CC	1964
6	武井保雄	武富士	1930	埼玉	明戸小学校	建設関連 →パチンコ店 →ヤミ米行商 →金融業	1966
7	福田吉孝	アイフル	1947	京都	西院中学校	金融業	1967

表2－2　主要消費者金融企業の経営者　森田（1984）、『婦人生活』（20巻1号、1966年）、『日外アソシエーツ（2010）』日外アソシエーツ（2010年）、溝口（1983）、『東商信用録』1983年版、各社有価証券報告書より作成。注：表中の「CC」はクレジットセンターの略

費者金融に本格的に取り組むのは難しかった。その結果、銀行を中心とする金融システムの外側で、個人向け融資が拡大する。

画期となったのは、銀行が消費者への貸付に関心を示し、それを金融当局が制止した一九六〇年である。この年以降、強烈な個性を持つ企業家たちが次々に登場し、新たな消費者金融ビジネスを立ち上げていく。

表2－2には、業界

大手のサラ金企業の創業者の性格を整理した。表中3のアコム以下は、二〇世紀末には巨大企業に成長した大手主要各社で、おなじみの顔ぶれだろう。このうち武富士を除けば、二〇二一年時点でも紆余曲折を経て事業を継続しているか、少なくともブランド名を残している。

これに対して、表中1の森田商事と2の日本クレジットセンターについては、その名を知る人は現在では少ないのではないか。しかし、一九六〇年代から七〇年代前半の段階では、両社は消費者金融業界の「東西の両横綱」と並び称されており、アコムやプロミスよりも先発の企業として大規模に事業を展開していた。

次節では、現在のサラ金の直接の源流である森田商事の森田国七《もりたくにしち》と、日本クレジットセンターの田辺信夫《たなべのぶお》という、二人の特異な企業家が手がけた団地金融について見てみたい。

2　団地金融の誕生と創業者

団地金融の創業者①森田国七

関西で大手団地金融業者となった森田国七は、『人生何に賭けるか』（一九八四）という私家版の自伝を残している。

同書によれば、森田は一九三〇年に熊本県天草郡御所浦《ごしょうら》町（現：天草市）の半農半漁の家に四男として生まれた。七歳で郷里を離れ、鹿児島県の川内《せんだい》工業学校を卒業後、自動車運転手を経て二一歳のときに神戸製鋼に入社している。同社の初任給は八〇〇〇円だった。このときまでに金融に興味を持ち、関連書籍を一〇〇冊あまり読破していたという。

森田は、神戸製鋼に入社して早々、親しい上司に「サラリーマン金融は会社の勤務時間に支障なく営業できるので副業としてやってみたい」と相談した。上司はこれを許し、森田は入社三ヵ月後の一九五一年一〇月に経済協力社を設立、貸金業者として届け出ている。設立に要した資本金二〇万円のうち、一〇万円はこの上司から出資を受けた。別に出資した人事畑の上司は、森田を「大変頭の回転の速い努力家」と評し、「創意工夫のすばらしさは実に天才的であると申しましても過言ではありません」と太鼓判を押している。

図2-3　森田国七（1967年）　出典：『アサヒグラフ』2245号、1967年

右の上司たちの見込み通り、森田の事業は順調に成長した。会社の同僚を中心に貸付相手は一〇〇人を超え、給料の数倍もの利益を上げるに至った。会社の同僚に有利子で金を貸す。これはまさに、小汀利得が記録した戦前の典型的な素人高利貸そのものである。

だが、素人高利貸で成功した森田は、さらに別の上司から何度か呼び出され、「どっちが本職なんだ」と吊るし上げられてしまった。会社勤めに嫌気が差した森田は、一九五四年に神戸製鋼を退職し、新たに森田商事を立ち上げて本格的に金融業の道に入っている。

団地金融の創業者②田辺信夫

一方、団地金融の創始者である田辺信夫の生い立ちは、史料が少なく不明な点が多い。

田辺自身の語るところによると、早稲田大学政治経済学部に在学中、学徒出陣で戦地に赴き、復員後は都内の貿易会社に勤務した。入社と同時に結婚し、妻とともに倹約に努め、一九六〇年に退社するまでの一〇年間で約三〇〇〇万円を貯めた。一九五一年の森田の初任給が八〇〇〇〇円、一九六〇年の平均月収が二万四〇〇〇円余りだったことを考えれば、三〇〇万円は大金である。

図2-4　田辺信夫（1962年）　出典：前掲『週刊読売』21巻5号

田辺夫妻のモットーは、「まちましょう」、「やめましょう」、「我慢しましょう」の三つだった。二人は収入の二割を天引き貯金して絶対に手をつけず、支出を克明に記録して毎日反省し、無駄な出費をなくすことを徹底した。結婚してから五年間は「金がかかるから」という理由で子どもを作らない約束をし、計画通り五年待ってから二人の子どもをもうけた。

田辺は、あらゆる機会を捉えて利殖に励んだ。結婚の際には、勤務先の会社から結婚資金を無利子で借り入れている。もちろん派手な結婚式を挙げるためではない。近所の洋服屋に又貸しし、利息を稼ぎ出したのである。

さらに、朝日新聞社会部（一九七九）の取材によれば、田辺は会社の同僚にも金を貸していた。給料日前の同僚に頼まれ、いくらか貸しているうちに、「社内金融」を思い立ったのだという。同僚に貸せば、遊んでいる金に銀行の預金金利よりも高い利息がつく。酒・たばこを断ち、知人から金を借りてまでこの「内職」に注ぎ込んだ。森田と同様、典型的な素人高利貸である。こうして蓄積した資金を元手に脱サラし、一九六〇年に日本クレジットセンターを立ち上げている。

素人高利貸と新生活運動

森田と田辺は、ともにサラリーマンとして会社勤めを経験しており、社内の同僚や知人に金を貸すことで独立資金を蓄えた点で共通していた。戦前のサラリーマンの世界に存在した素人高利貸の伝統を、二人は強く受け継いでいた。

また、家計行動がよくわかる田辺夫妻の場合、その倹約ぶりと家族計画は、当時展開された新生活運動の理念を体現するものだった。

一九五五年、当時首相だった鳩山一郎《はとやまいちろう》は、創意と良識によって日常生活を向上させる「新生活運動」を提唱した。この運動は、生活改善・経済の独立・民族の独立という三つの目標が混じり合い、様々な政治勢力が複雑に合流しながら展開された（松田二〇一二）。生活改善に限って言えば、冠婚葬祭に伴う派手な支出を控え、台所を合理化して節約と効率性を追求し、家族計画を立てて家計内の消費人口の増加を抑制することで、より豊かな生活を目指すものだった。

田辺夫妻が生活改善をどこまで意識していたのかは、史料の上からはわからない。しかし、結婚式を行わず、日々の支出を切り詰めて貯蓄し、計画的に出産した田辺夫妻の家計運営は、当時の新生活運動の論理に照らせば、まさに模範的と言ってよいものだった。

そして、新生活運動の理念を追い風に、家計の合理化を突き詰めれば、貯蓄を効率的に運用できる素人高利貸に行き着くのは、ある意味では必然だった。資産運用の選択肢が限られていた一九五〇年代には、「素人のへそくり貸し」が依然として有利な利殖法として推奨されており（伊藤一九五二）、「素人にはサラリーマン金融がよい。（中略）もし皆さんの中で、一つやってみようかな、とお考えの方は、資金三十万から五十万位でお初めになってはいかがでしょう。月五分の利益をあげることとは、堅くやればそう苦労はありません」（倉橋一九五六）などと言われていた。貯蓄に努め、手軽な副業として素人高利貸に手を出した田辺と森田は、イレギュラーな問題児というより、むしろ新生活運動の突出した優等生とも言うべき存在だった。

団地金融の誕生

田辺信夫が団地金融のビジネスモデルを案出した直接の契機は、次のようなものだった。

「サラリーマンをやめて何か商売をと考えているとき、ある週刊誌で月賦販売のいちばんの客は団地マダムだというのを読んで、ああ、そうかとピンときたものがありました。／電気製品や家具の月賦の最上客が団地マダムならば、現金という名の商品も必ず売れるはずだ、これをひとつ月賦販売してみようというのが私の団地金融のはしりだったわけです」（『婦人生活』二〇巻一号、一九六六年）

図2－5　森田クレジットセンターのパンフレットと立看板　出典：森田（1984）

森田の立ち上げた森田クレジットセンターも、「現金という名の商品を月賦で販売する」、「御存知でしょうか？　現金の月賦販売を」といった惹句《じゃっく》をパンフレットや看板で用いていた（図2－5）。すでに月賦購入に馴染んだ団地の主婦層に向けて、無担保の小口信用貸付を「現金の月賦」としてアピールしたのである。家電を月賦で買うように、必要ならば現金も月賦で買えばよい。とかく暗いイメージがつきまといがちな少額資金の借入を「現金の月賦」と言い換え、人びとの拒否感・警戒感を小さくしようという意図が込められていた。

この目論見《もくろみ》はずばりと当たった。田辺は、会社を辞める前、試験的に団地金融をはじめた初日のことを、次のように回想している。

「『団地の方なら信用させていただきます。お電話一本で御希望の現金を届けます。絶対極秘です。返済は安直な六カ月の分割払いです』こんな文句を名刺に刷って、会社の帰りにまず近所の団地のポストに配って歩いた。（中略）——どうぞ、うまく行ってほしい——私はいのるような気持ちだった。翌朝、どうだろう。まず八時前に始まった電話のベルの鳴りっ放し。私は拝むように、そして抱きしめるように受話器を取り上げて、とうとうその日は会社に遅刻してしまった。」（『オール生活』一九巻七号、一九六四年）

田辺の団地金融の試みは、予想以上の反響を呼んだ。会社を辞めて本格的にビラを配ると、帰ってくる前から電話が鳴り響き、最高二万円、平均一万円程度の借入申し込みが殺到した。返済は月に一度で六回分割、利息は出資法の上限金利である日歩三〇銭、つまり年利一〇九・五％だった。単純計算で、半年寝かせた貸金が一・五倍以上になって返ってくる。

これはいける。手応えを感じた田辺は、人目につく昼間の時間帯を避け、夜を待ってからあちこちの団地でビラを配った。初めての土地では望遠鏡を持って高台に登り、夜景の中で「あれが団地の灯だ」と目星をつけて回った。当時の公団住宅には集合ポストがなかったので、ビラは各室の郵便受けに直接投函《とうかん》しなければならない。夏場には、あまりの暑さにパンツ一枚になって団地の階段を昇り降りしたこともあった。団地の部屋では、風を通すためにドアを開け放ち、同世代の男性たちがビールを片手にテレビでナイターを楽しんでいる。そんな姿を横目で見ながらの奮闘だった。

団地を走り回るなかで田辺が案出したのが、「現金の出前」というキャッチコピーだった。蕎麦《そば》やラーメンの出前のように、「お電話一本で御希望の現金を届けます」。出前や月賦といった、すでに人びとが慣れ親しんでいたサービスに消費者金融をなぞらえ、親しみやすいイメージを喚起した。日本クレジットセンターは貸付を大きく伸ばし、一九七〇年代前半の最盛期には、都内だけでなく大阪、名古屋、札幌、福岡へも進出し、全国に一六の支店を構えるまでに成長している。

一方、正確な開始年次は不明だが、元素人高利貸の森田国七も団地金融に力を入れていた。田辺のところまで団地金融の手法を学びに行ったこともあったという。

森田自身の説明によれば、一九六七年時点の森田クレジットセンターの特徴は、機動力があることだった。同社では、四〇人の外勤社員全員に自動車の免許をとらせ、一日中車で受持ちの団地を回り、申込みがあり次第すぐに顧客の自宅を訪問できるようにしていた（『アサヒグラフ』二二四五号、一九六七年）。田辺に劣らず、森田もまた団地金融に力を注ぎ、ピーク時には一〇〇人以上の従業員を雇い、日本クレジットセンターに次ぐ全国一五の支店網を展開している。

団地金融のメリット

当時の貸金業界では、依然として担保貸付や公正証書による貸付が主流だった。そのため、田辺が始めた無担保・無保証・出前サービス付きの団地金融は、貸金の原則を逸脱した無謀な試みとして異端視された（沖野一九九二）。

にもかかわらず、なぜ団地金融は右のような成功を収められたのだろうか。その第一の理由は、借りる側の性質にあった。団地族に特有な消費スタイルが、団地金融を必要としたのである。

東京都金融業組合で事務局長を務めた倉橋武雄《くらはしたけお》は、著書『貸金業の儲け方――こうして儲けよう』（一九六五）の中で、団地金融の利用者について次のように述べている。「ステレオも、テレビも揃った、次はクーラーが欲しい。しかし、テレビの月賦があと半年かかるとなると、どうしてもクーラーの金策には金融業者の厄介になるという結論になる」。

冷蔵庫・白黒テレビ・洗濯機という「三種の神器」を揃えた後は、さらにステレオやクーラーが欲しくなる。とりわけ団地に住む人びとは、次々と登場する耐久消費財を周囲に歩調を合わせて購入する「義務感」を強く持ち、激しい購買競争にさらされていた。多少の無理をしてでも家電を買い揃えようとすれば、「金融業者の厄介」にならざるをえなかった。
さらに、月賦なり借金なりで家電や家具を購入すれば、当然その支払いや返済に追われることになる。団地金融の融資先を訪問した田辺の見立ては、次のようなものだった。

「テレビ、冷蔵庫はもちろん、どの家庭も調度は完備し、文化生活をエンジョイしているかのように思われたが、逆にその反動で家計に無理が生じ、さりとて質屋のノレンをくぐるのは、団地マダムのプライドが許さぬ事情も判った」（前掲『オール生活』一九巻七号）

質屋へ通うことを恥とし、周囲と同等の消費水準を追求する「団地マダム」の購買行動は、家計に無理を生じやすかった。そこにこそ、団地金融への資金需要が生まれる素地があった。家計管理に責任を持ち、購買競争の中でやりくりに苦労する主婦の存在を、田辺は融資の対象として発見したのである。

団地金融が成功した第二の理由は、貸す側の工夫だった。先にも述べたように、当時の団地に入居するには、厳しい審査をパスしなければならなかった。これを金融業者から見れば、団地には一定以上の支払い能力を持ち、貸し倒れリスクの低い人びとが集住していることを意味していた。

「カード（ビラのこと…引用者）を配れば約一割の申込みがあったし、調査は住宅公団でやってくれているので、すべて安心して貸せるし、返済も予想外に順調でした」（前掲『オール生活』一九巻七号）というのが、創業直後の田辺の実感である。団地金融業者は、日本住宅公団による厳しい入居審査によって、貸付審査を代替できた。団地に入居しているという事実を根拠に顧客を信用し、信用情報を収集するコストを大幅に節約したのである。

右のような団地金融の貸付方法は、金融技術上の「革新」とさえ言ってよいものだった。一般に、小口信用貸付を行う場合、貸し手にとって最大の障壁となるのが、借り手に関する情報の少なさである。相手の所得や人柄がわからないままに金を貸せば、当然ながら返済が滞る可能性は高い。だが、借り手に関する情報は、基本的には借り手本人しか持っておらず、貸し手はコストをかけて信頼できる情報を集めねばならない。

こうした借り手と貸し手の間の情報の偏りを、経済学では「情報の非対称性」と呼ぶ。前章で取り上げた素人高利貸は、自身がよく知る友人や同僚に金を貸し付けることで、情報の非対称性を小さくしようとしていた。素人高利貸に限らず、効率的に信用審査を実施し、情報の非対称性を最小化することは、金融取引を安定的に継続する上で死活的に重要な金融技術の一つである。

この点、団地金融では、顧客が団地族であるという事実が、有力な情報を提供してくれた。厳しい団地の入居審査をパスするほどの収入があれば、借金を返せなくなる可能性は低い。社宅の場合は、入居者の勤務先まで自動的に判明するので、さらに情報の非対称性は小さくなる。

居住形態というノーコストで手に入る情報が、顧客の全信用情報を織り込んでいると判断し、大胆に金を貸し付ける。団地金融は、当時としては革新的と言ってよいほど簡便な審査方法を導入し、知人ネットワークの外側にいる人びとに安全に金を貸す道を切り開いた。現実の人的関係の有無に制約された素人高利貸の限界を、団地金融は見事に突破したのである。

3　団地金融の限界と消滅

団地金融と主婦

団地金融の利用は、基本的には妻の独断に基づいていた。田辺の日本クレジットセンターは、夫と相談した上で融資を申し込んできた主婦に対して、一律に融資を拒絶していたという。その理由は「ご主人が承知なのはその家全体が困っているからで、返すのがたいへんです」と説明されている（前掲『婦人生活』二〇巻一号）。

一家の稼ぎ主も承知の上で金を借りるほどに困窮していれば、返済に不安が残る。夫に内緒のやりくりで主婦が返済できる程度の少額の資金需要に応じるというのが、田辺の方針だった。先に触れた民法改正を踏まえれば、妻の独断に基づいて利用される団地金融は、戦後でなければ大規模に展開しえない手法だった。

既婚女性による夫に内緒の借金は、具体的にどのような経緯や目的で生じたのだろうか。

「亭主の知らなかったサラ金」（『近代セールス』一二巻四号、一九六七年）と題された記事は、団地金融を利用したあるサラリーマン世帯の主婦の事例を、次のように伝えている。

この主婦が最初に団地金融を知ったきっかけは、団地のポストに投函されたチラシだった。着物の月賦代金の支払いに困っていたので、試しに電話をかけてみると、社員がすぐにやって来た。思いがけず親切な対応だったことに安心し、即座に三万円の借入を決めた。夫には内緒だが、名義は夫のものである。月に七七五〇円の五回払いだから、総返済額は三万八七五〇円で、年利は七〇％。利息制限法の上限金利を超えた高利だが、返済のあてはあった。この主婦は、団地の手芸サークルに参加しており、そこから売上分配金が毎月八〇〇〇円ほど入る。返済にはその収入を当てるつもりだった。

ところが、品物を引きとっていた業者が支払いをのばしたため、手芸サークルの分配金が遅れてしまった。主婦は一カ月、二カ月と団地金融業者に頭を下げつづけた。夫に内緒で借りたものだから、うち明けるわけにはいかない。すると、ある朝、団地のポストに次のような貼り紙があった。「××号館××号室ノ××氏、右ハ信用貸シ付ケ金融ヲ利用セルモ返済ノ誠意ナキ不徳義ノ人物ナリ」。身に覚えのない夫は、朝の出勤時に自分の名前が貼り出されているのを見て愕然《がくぜん》とした。この夫婦がその後どうなったかは、記事の中では特に触れられていない。

右の事例の場合、借金の理由は、着物の月賦代金の支払いに不足を生じたことだった。返済の原資としては、手芸サークルという内職に類似した収入が想定されている。こうした収入は、取引業者の零細性から不安定さを免れない。結局、この主婦は返済が滞り、団地金融業者の督促によって夫に借金が露見してしまった。

とはいえ、元金三万円と利子八七五〇円を合わせても、一九六七年当時の平均月給三万七七九八円と同程度の金額である。近隣住民や夫にそれとわかるよう貼り紙を出すことで、最終的に業者が資金を回収できた可能性は高い。

家計を任されていたにもかかわらず、妻が夫に秘密で借金をすれば、後ろめたさや罪悪感、夫に知られてはならないというプレッシャーを抱え込む。だから、必死になって返済する。団地金融業者は、家計を任された主婦の自負と責任意識を、そのまま債権回収に利用できた。夫に内緒の借金に取引を限定した団地金融の方針は、回収面でも金融技術的な「合理性」を有していた。

団地金融における審査の限界

ただし、融資の対象を稼ぎ主の夫ではなく、主婦である妻だけに限定したことは、団地金融に暗い影を落としていた。一定以上の所得を持つのが確実な団地居住者とはいえ、融資の対象となった多くの主婦は、不安定な内職程度しか独自の収入を持っていなかった。しかも、基本的には返済に夫からの協力を得られないため、融資対象としてはハイリスクとならざるをえない。高いリスクを制御する必要上、日本クレジットセンターの田辺は、「現金の出前」で融資先の居宅を訪問する際、次のような追加的な審査を行っていた。

「担保も何ももらわないでどんどん貸したわけですが、ただ最初は家賃の領収書を見せて貰います。毎月きちんと家賃を払っている家庭なら安心ですね。二、三ヶ月ためて払っているようなのはおことわりします。慣れるとカンでわかりますね。玄関が乱雑なところはおことわり、あがってみてステレオとかテレビとか極端に新しいところは敬遠します。月賦の支払いに追われていますからね。それから極端に家具などの悪いところも、収入が悪い家ということでおことわりします」（前掲『婦人生活』二〇巻一号）

最初の目のつけどころは、家賃の支払状況である。いかに団地居住者とはいえ、家賃を払っていなければ、入居審査を受けた時点から事情が変わったことになる。また、家具が新しすぎれば月賦の負担が重いだろうし、古すぎれば収入が悪いので、どちらも敬遠せねばならない。あくまで標準的な団地入居者が融資の対象だった。

さらに、「慣れるとカンでわかりますね」と言われているように、居住環境の実地観察では、「カン」に基づく与信判断が加味されていた。後に武富士を創業する武井保雄《たけいやすお》も、団地金融に取り組んでいた頃には、申込者の靴の並べ方や、洗濯物の干し方をよく観察していたと述べている（武井一九七七）。

融資相手の性格や人柄に関わる審査は、最終的には融資担当者の主観的な判断に依存する。しかも、その判断は、玄関の乱雑さといった数値化できない曖昧な情報に基づいていた。融資申込者の自宅を訪問し、担当者の熟練＝「カン」に依存した追加的審査を必要としていた点で、団地金融はなお金融技術上の大きな限界を抱えていた。

団地金融の高コスト構造

さらに、団地金融の弱点として、高コスト体質だった点も指摘せねばならない。団地金融の手法は、表面的には模倣しやすく、必要な元手もそう大きくはないため、追随して参入する者が増加していった。一つの団地につき、「一番乗りが六割、二番が三割、三番以下はその残りしかお得意にできない」というのが、当時の相場観だった（倉橋一九六五）。

したがって、新設団地で新規顧客の開拓に出遅れれば、先発業者でも巻き返すのは難しい。シェア争いに食い込んでくる後発業者に対抗するため、「電話一本で夜おそく銀座から郊外の団地まで二、三万円を届けるほどのサービス競争」が展開されていた（『朝日』一九六七年二月二二日付朝刊）。夜中であろうと融資を実行するという、出前の迅速さをめぐる競争が激化していたのである。

激化する競争の中で、先発業者は豊富な資金力を活かして自動車を導入し、さらなる出前の迅速さを追求して差別化を図っていた。森田クレジットセンターが外販を担当する全社員四〇名に運転免許を取得させ、営業車で団地まわりをさせていたことは先に述べた通りである。

同社は、一九六九年にはさらにスバル社製の営業車八五台を全店舗に導入し、機動力の一層の充実を図っていた（森田一九八四）。森田は、団地金融業者間の競争を勝ち抜く上で、郊外に散在する団地に可能な限り素早くアクセスすることを重視していた。

しかし、主婦相手の小口貸付をめぐり、出前の迅速さによって差別化を試みたことは、必然的にコスト高を招いた。後年、質屋出身のアコムは、自社が団地金融と違って「お客さまを待つスタイルを継続」したことが人件費の抑制につながり、成功の一因になったと社史で振り返っている。サラリーマン金融の店舗は、基本的には繁華街に置かれたため、顧客が自ら店頭へ融資を申し込みに来た。「現金の出前」を行う団地金融は、店舗を構えるサラ金と比較すれば、どうしても人件費や車両費などのコストが高くなる難点を抱えていた。

総じて団地金融は、安定的な独自収入を持たない団地の主婦を顧客としていたために、融資相手の居宅に足を運んで生活ぶりを観察し、返済可能性を見極めねばならなかった。夫に秘密を抱える主婦への高リスクの貸付が、「現金の出前」という高コストの融資手法を要求したのである。結局、団地金融は高リスク・高コスト体質から脱却しきれず、姿を消すことになる。

その後の田辺と森田

団地金融に陰りが見えはじめると、田辺信夫と森田国七は業態を転換し、やがて貸金業そのものから距離を取っていった。

田辺は、「かみさん相手の商売なんぞ、男子一生の事業ではない」として、一九六九年までに団地金融から撤退し、サラリーマン金融一本に転換している。現在から見れば極めて男尊女卑的な田辺の発言は、競争の激化に伴って団地金融の経営環境が悪化したことと無関係ではないだろう。

さらに、石油危機が起きた一九七三年以降、田辺は貸金業そのものを縮小する方針に転じた。『東商信用録』によると、一時は全国に一六店を数えた日本クレジットセンターの支店網は、一九八六年までに三店舗に縮小した。この間、一貫して取引対象を「上場企業の従業員中心」とし、「独自の経営モラル」に基づいて自己資金内での営業を貫いていたとされる。

そのため、事業規模は小さくとも財務体質は健全とされ、自社ビルを建設した翌々年（一九七五年）に格付けBとなった他は、一九八六年に『東証信用録』から消えるまで、常に最高位であるAランクとして評価されていた。日本クレジットセンターの事業縮小は、経営悪化が原因であるわけでは必ずしもなかった。

朝日新聞社会部（一九七九）によると、一九七〇年代後半の田辺はほとんど会社に出ず、ゴルフ三昧の毎日を過ごしていた。記者に対し、「もうけすぎたので、人より早く仏心がつきまして」とさらりと言ってのけ、「のんびり余生を送りたい」と語っている。「万事、腹五分くらいがちょうどいい」というのが、その時の田辺の述懐だった。それでも年収は八〇〇〇万円を下らなかったという。

また、森田も一九七一年には金融業から撤退し、不動産業に転じた。その理由は、業界では森田の脱税問題であると囁《ささや》かれていた。

しかし、森田自身は脱税の疑いは真実ではないとし、直接の理由は友人の自殺と、部下が巻き込まれた強盗殺人事件だったと説明している。親しい友人が借金に苦しみ、自分に一切相談せずに自殺したことや、支店長だった有能な部下が強盗に殺害され、遺された妻から強く責められたことの方が、脱税問題よりもよほど堪《こた》えたのだという。

森田は、金融業から撤退した翌年の一九七二年に法人税の過少申告等で有罪判決を受け（神戸地裁昭和四七年〔わ〕一七八六号判決）、資産の大半を失っている。したがって、脱税の発覚を恐れたことが金融業から撤退する一因だった可能性は否定できない。また、一九六九年に営業車八五台を導入したことが、収益を圧迫していた可能性もある。

とはいえ、森田本人の主観としては、「人が死のうと生きようとビジネスと割り切り、事務的にドライにやることはできない」という実感から、貸金業と縁を切ったのだという。

森田は、大阪国税局の査察調査でほぼ無一文に転落した後、不動産投資で再び財をなし、一九七九年に故郷である熊本県の御所浦町を訪れている。そこで当時の町長と会談し、一〇〇〇万円を町に寄付した。以後、一九九五年に阪神淡路大震災で被災するまで、毎年欠かさず現金一〇〇〇万円を寄付し、その総額は一億四〇〇〇万円に上った。町ではこれを基金として図書館や武道場を建設し、森田を第一号の名誉町民としている。

二〇一八年一二月に、筆者が森田の消息を天草市御所浦支所に電話で問い合わせた際、支所長の黒田陽二氏から、御所浦図書館三〇周年の際に記された「森田国七氏について」と題する文書をメールで送っていただいた。一九八四年以降の森田の足跡は、この文書によって知りえたものである。

同文書では、森田は「御所浦出身の実業家」で、「主に不動産を扱っており、いくつものビルを経営されていた」人物として紹介されている。最も花々しく事業を展開した団地金融時代については、森田自身が語ることを好まなかったためか、文書の中では特に触れられていない。

以上のように、田辺と森田は、団地金融が陰りを見せはじめると、思い切りよく無担保信用貸付を縮小ないし廃止し、後発の同業他社が急速な成長を遂げていくのを尻目に、消費者金融の世界からはフェードアウトしていった。素人高利貸から出発した二人は、貸金業の玄人に徹しきれない「素人」としての感覚を、あるいはどこかに残し続けていたのかもしれない。

第3章　サラリーマン金融と「前向き」の資金需要——高度経済成長期

1　創業者——「素人高利貸」からの脱却

サラリーマン金融の誕生

森田国七や田辺信夫がはじめた団地金融に代わり、一九六〇年代半ば頃から急速に成長したのがサラリーマン金融、つまりサラ金だった。

「サラリーマン金融」の名称は、一九六二年に商標登録されている。朝日新聞社会部（一九七九）によれば、登録者は福岡市の多田貞敏だった。多田は、一九五六年二月から「サラリーマン金融」と書いたブリキ板を電柱に掲げて貸金業を営んでいた。当時、貸金業は届出制で、各都道府県の金融課に届け出ればすぐに開業できたため、サラリーマン金融を名乗って違法な金利を取り立てる悪徳業者が少なくなかった。東京都金融業組合では、年間約五〇〇件の新規加入者に対し、一年後に残っているのはその一割程度に過ぎなかったという（前掲『アサヒグラフ』）。多田は、雨後の筍《たけのこ》のように現れた有象無象のサラリーマン金融業者から一線を画すために、商標登録に踏み切ったと語っている。

このサラリーマン金融を最初に大きく育てたのが、前章で触れた田辺信夫だった。当初、日本クレジットセンターは、東京都世田谷区の田辺の自宅に事務所を置いて団地金融を行っていた。創業から一年後の一九六一年に本店を銀座に移し、サラリーマン向けの貸付を開始している。「借金は男にとって、名誉ある勲章さ。貯金通帳をひっそり眺めているようでは、とても大成はおぼつかない」といった宣伝文句が男性のエリート意識をくすぐり、客は引きも切らなかったという。その後、前述のように日本クレジットセンターは規模を縮小し、アコムやプロミスなどの後発企業が爆発的な成長を遂げることになる。

表2－2に戻ると、アコム以下の創業者たちがサラ金にたどり着くまでの職歴は、極めて雑多で多様だった。とはいえ、金融業に従事してから創業したという点だけは共通しており、経験の全くない「素人」から直ちに金融業を起こした者は皆無だった。大規模化したサラ金業者たちは、「玄人」としての実地経験を経て創業に至っており、「素人」高利貸に出自を持つ団地金融業者たちとは大きく異なる性格を有していた。

以下では、一九六〇年代前半から先行して成長したアコム・プロミス・レイクの三社について、それぞれの創業者がサラ金業をはじめた経緯を紹介しておきたい。

「信頼の輪」・アコム木下政雄

現在の大手サラ金の中で最古参のアコムは、かつては「マルイト」という古めかしいブランド名を用いていた。その名からも推測されるように、同社は呉服店にルーツを持っている。創業者は一九一〇年生まれの木下政雄《きのしたまさお》。大手サラ金の創業者の中では最年長者である。

木下は、兵庫県明石郡明石町（現：明石市）に七人兄弟の二男として生まれた。父は大工、母は質流れの衣料品を商《あきな》って家計の足しにする「しっかり者」だった。

木下は、父の仕事を継ごうと兵庫県立神戸工業学校建築科に進学した。しかし、視力の問題から図面を引けず、中退せざるをえなかった。その後、一四歳の時に母のすすめで呉服店へ丁稚《でっち》奉公として入っている。

図3－1　木下政雄（1967年）
出典：前掲『アサヒグラフ』

一〇人ほどの住み込み店員の中で、木下は懸命に働いた。入店四年後に一八歳で番頭となり、一九三六年に二五歳で独立、神戸市の三宮商店街で丸糸呉服店を開業している。従業員一人を使う程度の小さな店だったという。これが、現在のアコムの原点である。

戦争が激しくなると、呉服店は不要不急産業とされ、木下は統制経済下でいったんは閉業を余儀なくされた。だが、敗戦後の焼け野原に立った木下は、建築用材の不足に目を付け、改めて木材を扱う丸糸商店を神戸市灘区に設立。後に繊維品や洋雑貨などへも手を広げ、一九四八年には質屋業にも進出している。

木下は、薄利多売の経営方針を貫き、質屋でも低利営業に徹した。激しい物価上昇の中で、預かった質草はどんどん値上がりしたから、たとえ質流れになっても十分な利益が上がる。深刻なモノ不足と激しいインフレという当時の経済環境を見極め、木材・繊維・質屋などの事業を選択したことは、木下の豊かな商才を示している。

しかし、朝鮮戦争の特需によって人びとの生活水準が向上すると、木下は早々に質屋業の停滞を予見した。そこで、一九五五年からは商品や有価証券を担保にとった貸付や、手形割引にも取り組みはじめている。金融業の多角化を進める中で、一九六〇年に部下が持ち込んだのが、「勤め人信用貸し」の手法だった。要するにサラリーマン金融である。

勤め人信用貸しでは、文字通り勤め人を信用し、担保を一切取ることなく金を貸し付ける。今でこそ主流となった貸付方法だが、質草という担保付きの貸付を行う質屋にとって、当初は極めて馴染みにくい手法だった。質草も取らずに金を貸して、相手が逃げたらどうするのか。貸倒れが多発して行き詰まってしまうのではないか。

こうした不安にもかかわらず、質屋出身の木下が勤め人信用貸しにゴーサインを出したのは、「信頼の輪」という創業の精神ゆえのことだった。

かつて、木下が初めて呉服屋を立ち上げるにあたり、商品を十分に仕入れるための資金がどうしても足りなかった。そこで、問屋を説得して信用取引枠を設定し、代金の支払いを猶予してもらうことで、既存店並みの品揃えを確保できた。問屋から受けた「信頼」が事業の基礎となったことに、木下は強い印象を受けている。

また、丸糸呉服店を開いて間もない頃、一人の若い娘が店先で反物の柄を決められず、長い時間悩んでいたことがあった。それを見た木下は、着物四着分の反物を渡し、持ち帰って家族と相談するよう勧めた。顧客を「信頼」し、決して安くはない反物を貸し出したのである。その後、返却のために店を訪れた娘の母親は、「こんな高価な反物を見ず知らずの娘にあずけていただいて」と感激し、以来、丸糸呉服店の上得意となったという。

こうした経験から、木下は仕入先や顧客との「信頼の輪」が、経営にとって重要であると認識した。後年の回想に基づいているので、多分に後付けの説明であるかもしれない。とはいえ、リスクの高い新規事業に思い切って進出する際に、背中を強く押してくれるような理念や経験が必要だったことは理解できなくもない。顧客を「信頼」し、質屋出身業者としては異例なほど無担保の勧め人信用貸しに力を入れたことが、後のアコムの発展につながっていく。

「人間的な顔をした金融システム」・プロミス神内良一

プロミス創業者、神内良一《じんないりょういち》は、一九二六年に香川県木田郡十河村《きたそがわ》（現・高松市）の小作農家に生まれた。戦中・戦後の混乱期とはいえ、金融業を始めるまでの神内の経歴は、極めて多くの起伏に富んでいる。以下では、主としてプロミスの社史で語られたところに従って、神内の前半生を振り返ってみたい。

四男三女の三男として生まれた神内は、自家の跡継ぎになることは期待できなかったため、高等小学校卒業後に満洲開拓青少年義勇軍に入ろうと志願した。しかし、両親に強く反対され、神内を養子に望んだ叔母の支援を受けて、一九四二年に木田農学校へ進学している。一九四五年五月には召集され、善通寺工兵第一一一連隊に配属された。

敗戦後は、地元鉄工所の農園勤務を経て、北海道開拓を志ざし、周囲の反対を押し切って単身渡道している。十分な土地を持たない貧農の三男として、「満洲」や北海道の開拓に従事し、独立自営の農民になろうと考えたのだろう。

しかし、十勝支庁の開拓訓練所に入所するには妻帯者でなければならず、当時未婚だった神内は帰郷せざるをえなかった。その後、農学校卒の経歴を活かして、一九四六年に香川県立農事試験場、四七年からは農林省香川作物報告事務所（後の農林統計事務所）に就職している。

作報事務所で作況課に配属された神内は、当年度収穫高を予想するために作況課長から個人的に統計学を教えられ、後年ここを「私の大学」と呼んでいる。統計学の素養を身につけたことは、後のプロミスの経営にとって大きな意味を持つことになる。

勤務のかたわら、神内は事務所にできた労働組合の委員となり、組合活動にのめり込んだ。一九四九年には香川作報労組委員長、次いで全農林香川支部執行委員長に選ばれ、共産党に入党こそしなかったものの、共産主義に心酔した。その結果、一九四九年九月にレッド・パージの煽りを受け、統計事務所からの退職を余儀なくされている。

労働運動に深く関わったことで退職し、「アカ」の烙印《らくいん》を押された神内は、再就職に苦しんだ。妻と生まれたばかりの息子を抱えて、果樹の苗木やワイシャツの販売、新聞の営業等を転々としなければならなかった。

地元で行き詰まった神内は、一九五二年に大阪府高槻市へ移り、孤児の養育を行う社会福祉施設「聖ヨハネ学園」で、ようやく農園担当の職を得ている。二〇代半ばの神内は、孤児たちから慕われ、この仕事を愛した。キリスト教にも入信し、「パウロ」の洗礼名を受けている（『週刊文春』五六六号、一九七〇年）。やがて生活指導や事務作業も受け持つようになったが、一九五四年に熱心な指導のあまり体罰事件を起こして辞職。その後、若干の紆余曲折を経て、一九五七年一月からは紙芝居屋となっている。

しかし、紙芝居屋の収入は妻子を養うにはあまりにも不十分だったため、三ヵ月で廃業し、大阪市港区市岡で不動産業を営んでいた次兄の会社に転がり込んだ。聖ヨハネ学園への思いが断ち切れなかった神内は、自らの洗礼名を取って「聖パウロ学園」の設立を目指しており、次兄の会社に入ったのは、独自に福祉事業を立ち上げるための資金作りが目的だった。

次兄の会社では、不動産取引に関連する金融仲介を行っていたこともあり、一九五九年には神内・次兄・友人二名の計四人の共同名義で、新たに貸金会社「不二商会」を設立した。神内が本格的に金融業に取り組んだのは、この時からである。

同商会の業務内容は、不動産担保金融、手形割引、個人信用貸など、金融全般にわたっていた。漫画『ナニワ金融道』の舞台、帝国金融のような典型的な街金で、あまりガラの良い商売ではなかったらしい。当時の港区市岡には同業者が多く、中には暴力団関係者も少なくなかった。不二商会の四人は、めいめいが二五〇ccのオートバイを購入し、暴力団が絡んできそうな案件の時は四台で「機動部隊」を組み、爆音とともに乗り付けて威勢を張っていた。

しかし、不二商会の事業は順調には進まなかった。宣伝を一切しないので、十分な数の申込者の中から優良な融資先を選別できず、貸倒れを防ぐために過酷で非情な回収方法をとらざるをえなかった。債務者の娘の嫁入り道具を差し押さえて金を回収したこともあったという。結果的に、「不二商会の機動部隊が通ったあとはぺんぺん草も生えない」、「不二商会に行ってもお茶は出んけど、煮え湯が出る」などと言われ、同商会への世評は悪化していった。

そんな頃、神内は、蒸発した債務者が残した家族のもとへ担保の差し押さえに出向いたことがあった。ガランとした担保の家には債務者の妻らしき女性が一人で座っており、そばに風呂敷包みが置いてあった。家を明け渡すよう求めたが、女性は幼い頃に患った小児麻痺《しょうにまひ》のために起居が不自由で、思うように立ち上がることができない。「すべて主人が悪いのですから、恨みません。でも私は体を動かせませんので、恐れ入りますがそこの風呂敷包みと私を抱えて、外に出してもらえないでしょうか」。

亡き母の面影がこの女性の顔に重なり、神内は言葉を失った。俺にはできない。いくら何でも、これができるやつは人間じゃない――そう考えた神内は、「人間的な顔をした金融システム」を模索しはじめたという。サラ金に批判的な溝口（一九八三）も、この頃の神内が情にもろく、「ようきつい催促でけんわ」とこぼしていたことを伝えている。

この経験を機に、神内は不二商会からの独立を決意した。まず、港区に隣接する大正区に決裁権を持つ営業所を設けて、すべてを自分に任せるよう他の共同経営者三人を説得した。営業所では、次の五つの原則を掲げて融資を行った。

①相手次第の融資、あるいは放漫な資金運営など、一切の場当たり式経営はしない。
②一定の融資基準を設け、厳守する。
③顧客にたいしては、常に対等の人間的立場で対処する。
④貸倒金をつくらない。必ず回収する。
⑤融資の対象は大正区に限定する。

後のプロミスの審査基準と比較すれば、信じられないほど厳格である。

ともあれ、この五原則を厳守し、大正営業所は順調に実績を積み重ねた。一九六一年末に、神内は共同経営者たちへ不二商会の解散を申し出ている。新たな出発の地には大阪市都島《みやこじま》区東野田町を選び、一九六二年三月に資本金二五〇万円で関西金融を設立した。役員の一人である井川政臣は、聖ヨハネ学園で神内とともに子どもたちの指導にあたり、「兄弟以上の縁」によって結ばれたとされる人物である。この時点の神内は、依然として福祉法人設立の夢を捨てていなかったのだろう。この関西金融が、後のプロミスの原点となる。

「人を活かす金貸し」・レイク浜田武雄

貸金業者といえば、時にヤクザまがいの苛烈な取り立てを行うイメージが強い。鹿児島県出身のレイク創業者・浜田《はま だ》武雄《たけ お》は、貸金業者に責め立てられる両親の姿を、多感な高校時代に目の当たりにせねばならなかった。父親が炭鉱に坑木を卸す事業に行き詰まり、借金を返せなくなったからである。

普通なら、貸金業や金融業全般を恨み、嫌悪してもおかしくない。しかし、浜田は父から厳しく借金を取り立てる業者を見て、「貸金業は遅れている」と感じた。もっとスマートにやれば、もっと稼げるはずだ。自分は「人を活かす金貸し」になろう。

大学を出て映画監督になる夢を断念した浜田は、自衛隊に入った。自衛隊なら大学と違って給料がもらえるし、住宅費や食費も基本的にはかからない。四年の間、パンツ・せっけん・歯磨き粉を買う以外に金は使わず、手取り六五〇〇円の初任給のうち五五〇〇円を貯金に回した(『朝日』一九七八年七月二日付朝刊)。夜は簿記学校に通い、金融関連の書籍を読み漁《あさ》って知識の吸収に努め、株式投資にも手を出している。短気なところがあって同僚と衝突することもあったが、勤務成績は良好で、「異例なほどの優等生」だったという証言もある。

浜田は在隊中から「僕は将来、会社の社長になるよ」と公言して憚《はばか》らなかったが、森田や田辺のように独立して直ちに会社を立ち上げはしなかった。除隊すると、読み漁った金融関係の書籍の著者のうちで、最も印象に残った倉橋武雄を訪ねている。すでに本書でも何度か登場した東京都金融業組合の事務局長である。

浜田との面会に応じた倉橋は、伸び盛りの業者として設立間もない日本クレジットセンターを紹介した。浜田は、蓄えた金を握りしめて同社の田辺信夫を訪ね、入社を許されている。この頃の浜田は、森田国七とも神戸で交流を持っており、先発業者から貪欲にノウハウを吸収しようとしていたようである。

図3-2　浜田武雄（1967年）
出典：前掲『アサヒグラフ』

田辺や森田の下で働いた従業員たちは、後にその多くがサラ金業者として独立した。篠原（一九七六）は、それを「田辺学校」・「森田学校」と呼んでいる。浜田は田辺学校の第一期生、つまり最初の弟子だった。『帝国銀行会社要録』によると、浜田は一九六三年に日本クレジットセンターの取締役に名を連ねており、当初から通り一遍の従業員ではなかったらしい。

とはいえ、浜田が「入学」した田辺学校の指導は厳しかった。酒、たばこ、「女遊び」は禁止。田辺は毎朝七時に出社し、それまでに社用車が磨き上げられていないと不機嫌になった。手形に印字するチェックライターのわずかな歪みも許さず、満足できなければ目の前で破り捨て、打ち直させた。浜田は二年間しか日本クレジットセンターに勤めなかったが、四年間の自衛隊生活より何倍も長く感じるほど過酷だったと振り返っている。

浜田が晴れて田辺学校を「卒業」し、パーソナル・リースを設立したのは、一九六四年のことである。この時まだ二五歳の若さだった。独立にあたり、日本クレジットセンター時代につきあいのあった大阪駅前の不動産屋に事務所の物件を探しに行くと、「あなたが独立するのなら、二〇〇〇万円をご用立てします」と言われ、出資を受けた。当時の小金持ちたちにとって、貸金業者の金主になることは、すでに有力な資金運用の選択肢になりつつあったのだろう。

以後、浜田は特にマスコミ関係者を対象として貸付を伸ばし、一九七五年からレイクの商号を用いはじめている。

サラ金創業者の理念と理想

以上のように、アコム・プロミス・レイクの創業者たちの経歴は、それぞれに個性的だった。ただし、いずれも創業前に金融業に従事した経験を持っており、素人高利貸に出自を持つ田辺や森田とは、大きく異なるバックグラウンドを有していた。

また、レイクの浜田は日本クレジットセンターに勤務して田辺から直接指導を受け、マルイトの木下も、社員を田辺や森田の下へ派遣して経験を積ませていた。プロミスの神内は、「プロミス・チェック（ＰＣ）システム」と称する独自の融資方法を開発したと社史で強調しているが、関西圏の貸金業者として森田商事の活動を全く知らなかったとは考えにくい。

三人はともに、玄人として貸金業の経験を積むと同時に、素人高利貸に出自を持つ人びとが編み出した新しい金融技術から、多かれ少なかれ学ぶことができた。こうした新たな世代の「玄人高利貸」たちが、本格的なサラ金の担い手となる。

加えて、右の三人の創業者は、それぞれ「信頼の輪」、「人間的な顔をした金融システム」、「人を活かす金貸し」といった理念・理想を掲げていた。これらは、酷薄な貸金業者としての実態をごまかすための、単なる美辞麗句にも見える。

しかし、三人は徹底して「表の金融」にこだわっており、特に理想や理念を掲げなかった団地金融業者とは異なっていた。単なる金儲け主義だけでは、社会的な認知を受けるのは難しい。ましてや違法な暴力金融では、企業体としての持続的な成長は望むべくもない。木下・神内・浜田の三人は、自己の活動を法の枠内に厳しく限定し、ある種の理想を掲げながら貸金業の地位向上を図ろうとしていた点で、他の同業者たちとは一線を画していた。

2　金融技術の革新と利用者の性格

マルイトの「勤め人信用貸し」

木下・神内・浜田らの金融はいかなる手法を用い、どのような客層をターゲットとしたのだろうか。木下のマルイトが導入した勤め人信用貸しの手法は、次のようなものだった。

①質屋担保などの対物信用ではなく、給与所得者への対人信用だけで融資を行う。健康保険証などの本人確認書類、給与の支払明細に加えて、連帯保証人一名が揃えば即時融資を行い、融資前の信用調査に手間と費用をかけることは一切しない。

②質屋の融資は平均五〇〇〇円以下と少額だが、勤め人信用貸しの場合は月収が基準になるので融資額は平均二万円となる。

③延滞時の請求は顧客の立場を考慮し、裁判所へ支払命令申請書（現・支払督促申立書）を提出する方法をとる。

本人確認書類と給与明細の提出に加え、連帯保証人一名を取るだけなので、信用調査のコストは大幅に節約できる。さらに、質屋以上に多額の貸付を行ったから、貸付一件あたりの利益も大きくなった。回収の際に「顧客の立場」に一応の配慮を払っている点も注目されよう。

この方法を最初に木下に提案したのが、後にアコム副社長となる橋本史朗だった。質屋部門の停滞から金融業の多角化を図っていたとき、橋本は兵庫県金融業協会が主催する研究会に参加して右の方法を知り、木下に「ぜひ、やらせてほしい」と頼み込んだ。

木下は、当初は不安を感じたものの、「信頼の輪」の理念に徹する決意を固め、「まあ、損をしない程度にやってみなさい」と橋本の提案を受け入れた。一九六〇年三月、神戸市の元町店でサラリーマン金融を開始。この段階ではあくまでも実験的な試みにすぎず、新しい勤め人信用貸しの滑り出しは、慎重すぎるほどささやかなものだった。

高度経済成長の只中とはいえ、景気変動の波はある。一九六二年に入ると、行きすぎた景気に対して金融が引き締められ、一時的に景況が悪化した。その際、マルイト商店の金融部門の中で、明暗がはっきりと分かれた。中小企業向けの手形割引や商人向けの信用貸しでは、手形の不渡りや債務不履行が多発したのに対し、サラリーマンは収入が安定していたため、返済が滞らなかったのである。

そこで、一九六三年からは手形割引や商人向けの新規融資を思い切って中止し、サラリーマン金融への注力を決定。大阪の梅田や神戸の灘に相次いで出店すると、月末には客が長蛇の列を作るほどの大盛況で、予想を遥かに上回る業績を挙げた。以後、マルイトは勤め人信用貸しをさらに拡大し、一九七八年には子会社としてアコムを設立している。

入社試験が則ち当社の貸付調査である

一方、神内良一のプロミスは、迅速な信用審査を行うため、マルイトのように連帯保証人を取ることはしなかった。しかし、マルイト以上に厳格な事前の貸付基準を設定し、リスクの抑制を図っていた。具体的には、融資対象を株式上場企業（一部・二部）の社員または公務員とし、「現場労働者ではない専用デスクを有する事務系男女社・職員」、つまりホワイトカラーの中でもエリート層に貸付を限定していた。

ここで注目されるのが、融資申込者の勤務先を上場企業に限っていた点である。東京と大阪の証券取引所に市場第二部が開設されたのは、ともに一九六一年で、神内が独立する前年のことだった。二部といっても株式上場のための厳格な審査をクリアした優良企業だから、経営に行き詰まって社員を解雇するような危険は小さい。一部上場企業のエリートだけを相手にしていては、市場の規模が限られてしまうが、かといって零細企業のサラリーマンに融資するのはリスクが高い。規模拡大とリスク管理のジレンマを解消する上で、市場第二部開設の意義は大きかった。サラ金にとって、証券取引所における市場第二部の開設は、安全かつ識別が容易な優良顧客のパイを拡大する効果を持っていたのである。

勤務先企業が上場企業か否かという外形的な基準を重視した神内は、当初の信用審査の手法を次のように説明していた。「役所なり企業の入社試験が則ち当社の貸付調査である」。プロミスは、上場企業の社員、あるいは公務員であるという属性だけで顧客を信用し、審査コストを大幅に節約した。その試みは成功し、貸倒れによる債務不履行は、最初の三年間は皆無だった。神内が採用した大胆な手法は、十分にリスクを制御できたのである。

ただし、この手法を神内よりも先に編み出した人物がいる。日本クレジットセンターの田辺信夫である。

一九六一年、銀座に本店を移した田辺は、サラリーマン金融を開始した。信用審査は、申込者の名刺による身元確認だけだった。「人に貸すんじゃなくて会社に貸すわけです。大学を出て一流会社に勤めるまでには、四、五百万円の投資がかかっている。つまり、四、五百万円を担保に取るのと同じですよ」（前掲『週刊読売』二一巻五号）。

勤務先という外形的な基準が申込者の全信用情報を織り込んでいると判断し、大胆に融資を実行する。識別が容易な情報に特化して与信判断を下す点では、田辺自身が編み出した団地金融と同様の手法だった。

一方、団地金融と異なり、サラリーマン金融では、顧客の自宅訪問による追加的な審査は行わなかった。優良企業に勤務し、自ら稼ぐサラリーマン本人を主たる融資の対象としたため、団地の主婦よりもリスクが低かったからである。名刺一枚で融資を実行するサラリーマン金融の手法は、団地金融以上に低コストで情報の非対称性を縮小できた。勤務先情報だけに基づいて融資するサラリーマン金融の誕生は、団地金融と並ぶもう一つの金融技術の「革新」だった。

夜の遊興と「現金の救急車」

話をプロミスに戻そう。当初のプロミスが融資対象としたサラリーマンの勤務地は、大阪市の中心部に限られていた。これは、優良企業であれば市内中心部に本支店を持つはずだという判断とともに、迅速な「現金の出前」を実施するためでもあった。

当初のプロミスでは、店頭で融資を行うだけでなく、電話でも申し込みを受け付けていた。電話を受けてから二〇分以内に配達区域内に現金を配達し、身分証明書・給与明細によって本人確認後、直ちに融資を実行した。宣伝のため、「現金の出前いたします」と大書したオートバイを乗り回していたとも言われている。田辺らの団地金融と同様の宣伝文句である。

だが、同じ出前といっても、顧客の自宅を訪問はせず、市内中心部の任意の場所で現金の受け渡しを行う点で団地金融と異なっていた。

そもそも神内がサラリーマン金融を思い立ったのは、不二商会時代の友人たちと大阪ミナミのアルサロへ憂さ晴らしに行った時のことだった。アルサロとは、「アルバイトサロン」の略で、素人のアルバイト女性が接客するところに特徴があった。「擬似恋愛」を売りにしている点で、現在のキャバクラやガールズ・バーのルーツとも言われる業態である（『週刊朝日』一二三巻一九号、二〇一八年）。そこには、親しみやすく手の届きそうな素人女性の気を引くために、後先考えずに有り金をはたいて遊ぶ男たちが数多く群がっていた。中には、酔いに任せて多くの金を使ってしまい、勘定に困る客も少なくなかった。

それを見た神内は、彼らに飲み代を無担保・無保証で迅速に貸せば、必ず儲かると考えた。夜の遊興を目的とする資金需要に応じるために、「現金の出前」が求められたのである。開業当初は、繁華街から離れた都島区に店舗を構えたこともあって、注文のほとんどが配達だった。コンビニのATMや、クレジットカードがまだ一般的でなかった時代には、極めて便利なサービスだった。

一方、浜田武雄が大阪に設立したパーソナル・リース（後のレイク）もまた、現金の出前を採用していた。創業にあたり、浜田はまず大企業の社員に限ってダイレクトメールを送付した。表面には一万円札の拡大コピーをあしらってアイキャッチとし、裏面には詳しい貸付条件とともに、「現金の出前　あなたを信用してご融資します　電話一本、ただちに参上」という宣伝文句を印刷した。注文後一五分以内に現金を届けると謳《うた》い、配達には救急車を模して赤く塗装した九〇ccのホンダ・スーパーカブを使用した。つい飲みすぎて勘定ができなくなったサラリーマンを救う「現金の救急車」というわけである。

こうした現金の出前のスタイルは、明らかに団地金融業者の影響を受けたものだった。だが、サラ金による現金の出前は、早い段階で姿を消している。プロミスでは繁華街を中心に出前を行っていたため、交通渋滞が激しくなるにつれて約束通りの時間に間に合わなくなり、利用客の苦情が出るようになっていた。一九六五年に本店を大阪市都島区から同市東区のビジネス街に移し、翌六六年には初めての支店を大阪梅田の繁華街に出したこともあって、プロミスは開業後三年余りで配達業務を廃止している。

一方、マルイトは質屋からの業態転換であったため、出前方式に手は出さず、前述の通り店舗での待ちに徹し、それが隆盛を極める一因となった。主な利用者であるサラリーマン男性は、独自の収入を持たない主婦と比べてリスクが低く、居宅の実地審査を行わずとも問題なかった。団地金融が下火になるのと反比例する形で、より低コスト・低リスクのサラ金が、無担保信用貸付の主流にのし上がっていく。

顧客構成と借入金使途

神内とアルサロのエピソードからも明らかなように、当初のサラ金が応じようとした資金需要は、男性による飲酒・娯楽費といった遊興目的の、ほとんど浪費的と言ってよい使途が主だった。浜田の貸付方針は、「明日の米を買う金は絶対に貸すな」、「あくまで生活の余裕資金のニーズに対してお貸ししろ」というもので、サラリーマンが「前向きな目的」のために使う金を貸すという姿勢は、とにかく徹底していた（STPプロジェクトほか二〇〇八）。

ここで言われている「前向きな目的」とは、具体的にはギャンブルを含む娯楽費や、飲食・交際費を指していた。一九六七年八月三日付の『毎日新聞』朝刊によれば、当時のサラ金を訪れる客は、男性七割に対して女性は三割以下。入社七年前後のサラリーマン男性が中心で、借入金の主要な使い道は、マージャン、競馬などのギャンブル資金や、ゴルフ・旅行・酒そのほかのレジャー費だった。

一方、主婦の信用度はまずゼロと言ってよく、「主婦個人がなにか職業を持っているとか、資格があれば別だが、そうでなければまずは一円も貸してくれない」と言われていた。サラ金は、主婦を原則的に排除し、サラリーマン男性のギャンブルやレジャー資金といった一見すると非生産的で浪費的な目的の資金使途を、「前向き」として歓迎していたのである。

こうした貸付の方針は、不健全かつ極めてリスクが高いように思える。しかし、「昭和元禄」などと言われ、いざなぎ景気（一九六五〜七〇年）の好況に沸いた時代の中で、日本クレジットセンターのサラ金担当者は、次のように語っていた。


「生活費が足りない、サラリーをもらってなおかつ苦しいという人は、生活のどこかに欠陥があるからですよ。そんな人に貸せばコゲつくだけです。部下に飲ませる金がほしいとか、つきあい、レジャー資金を求めてくる人は、概して仕事熱心。バイタリティーもあって必ず返済します」（『毎日』一九六七年八月三日付朝刊）

「サラリーマンにとって酒、マージャン、デートなどに使うお金は健全資金なんです。借金して遊ぶくらいのサラリーマンでなけりゃ、出世しませんよ。だから、うちの会社は正々堂々と遊ぶお金を、だれにでも、どうぞお使いくださいといって貸すんです」（『週刊読売』二六巻二二号、一九六七年）

レジャー資金を求めて借りに来るサラリーマンは「仕事熱心」であり、借金して遊ぶくらいでなければ「出世」できない。一見突飛《とっぴ》に思われるかもしれないが、借金と仕事・出世を結びつける業者の観察は、決して的外れではなかった。サラ金から金を借りてまで遊ぶサラリーマンの消費行動は、日本クレジットセンターの社員が言うように、この時代の「出世」、つまり人事評価のあり方と深く結びついていた。

高度経済成長期の日本企業というと、終身雇用・年功序列のいわゆる日本的経営のイメージが強いかもしれない。だが、この頃の日本経営者団体連盟（日経連。後に経団連に統合）は、アメリカ流の経営方式の導入に熱心で、いわゆる「能力主義管理」を目指していた。終身雇用が保障されつつあったとはいえ、社内での「能力」に基づく出世競争は激しかった。

ただし、能力主義といっても、社員の能力を客観的に測定する方法が確立していたわけではない。この頃の人事評価は、直接的な数値では表現できない「情意考課」を採用していた。

市原（二〇〇二）によれば、一九六〇年代半ば以降、企業による社員の能力評価は潜在的能力に重点が置かれたため、人事考課は具体的な職業的能力を離れ、「人間評価」を内容とするものになっていた。当時の人事査定は、仕事実績の算定だけでなく、能力と態度・性格の判定を経て、ともすれば全人格的な評価に及んだのである（熊沢一九八九）。こうした人事評価システムが情意考課と呼ばれ、戦後日本企業の人事制度における著しい特徴とされている（橋本一九九五)。

したがって、もし情意考課の下で出世を望むのであれば、職場の飲み会や接待・ゴルフなどに積極的に参加したり、気前よく部下におごったりするなど、つきあいのよい人格円満な人物として周囲にアピールせねばならない。だからこそ、飲酒・ゴルフ・マージャンといった社内外のつきあいのための金は、出世のための「健全資金」と言えた。情意考課の対象となったサラリーマンが持つ独特な資金需要を、サラ金は「前向き」と評価し、真正面から融資に応じていたのである。

サラ金と企業社会

サラ金は、高度経済成長期の男性を中心とした企業社会に巧みに寄り添うことで、大きく成長した。両者の蜜月関係の中で、時にはサラ金業者が労働組合を応援することさえあった。

戦前からの老舗貸金業者である山下商事の山下清は、客の勤めている会社にストライキが起こると、しばしば一升ビンを持って駆けつけたと語っている。組合の集会では、組合員といっしょに労働歌を歌い、「給料が出ないときは、ウチで立て替えます。最後まで戦い抜きましょう」と激励演説をぶって、万雷の拍手を浴びたという。「この宣伝は実に効果的ですよ。ゴソッと借りにきますから…」(前掲『週刊読売』二一巻五号)。冗談のようだが、サラ金にとって企業社会に食い込むことがいかに重要だったかを示すエピソードである。

とはいえ、たとえ出世のための「前向き」な借入だったとしても、労働争議といった非常時を除けば、借金それ自体は周囲に秘匿しなければならなかった。

『週刊読売』（前掲二六巻二二号）によれば、この時期の大多数の企業は社内に共済会があり、社員に低利でまとまった金を融資する制度を持っていた。にもかかわらず、若いサラリーマンたちは、この制度をあまり利用したがらなかった。融資を受けるには、直属の上司から承認の判子をもらわねばならないからである。「会社であまり借金していると、上役から変に思われ、出世にも響いてきます。そこへいくと、うちの会社（日本クレジットセンター……引用者）などで借りれば、だれにもわかりませんからね」。

情意考課の下で不用意に共済会からの借金を重ねれば、判を押す上司から「人格」を疑われかねない。だからといって、職場の同僚から金を借りるのも、社内の評判を考えれば望ましくはない。出世のためには、むやみに借金を重ねるような、金にだらしない人間と思われてはならないのである。情意考課が一般化するにつれて、素人高利貸の活動の余地は着実に縮小し、社内の貸付制度もかえって利用しにくいものとなっていた。

この点、サラ金であれば上司や同僚が介在せず、「秘密厳守」を謳っているので、周囲に知られずに金を借りられた。だが、いかにサラリーマンにとって遊びの資金が「健全資金」とはいえ、勤務先の住所と電話番号が記された名刺をサラ金に渡すのは、出世の可能性を担保に取られるようなものである。だから、返済には必死にならざるをえない。社員の「人格」を重視する情意考課は、サラ金企業にとって、マーケットを拡大し、資金回収の確実性を高める上で、極めて有用な人事制度だった。

3　夫婦間のせめぎあいとサラ金

小遣い制とつきあい

サラ金を利用するサラリーマン男性は、会社の上司や同僚だけでなく、時に自らの妻に対しても、借金を隠さねばならなかった。

この頃、給料日にサラ金へ融資を求めて訪れる男性は、独身者より既婚者が多かった。窓口担当の某サラ金社員は、その理由を「やはり給料袋に手をつけられないためではないだろうか」と推測している（『週刊新潮』一三巻七号、一九六八年）。

給料日には、飲み屋のツケやマージャンの精算などが集中し、そのすべてを小遣いで賄えないこともある。だからといって給料袋に手を付ければ、家計を管理する妻から厳しく責められかねない。そんな時、小遣いしか自由に使えないサラリーマンは、妻に知られず支払いを済ませるため、サラ金を頼ることがあった。

「とにかく簡単に金を貸してくれるのが、なによりの魅力ですね。月末になってこづかいがなくなるころになると、つい手が出て…。会社の身分証明書だけで、面倒な手続きもいりません。サラリーマンにとって、女房に内緒の金を持つには、サラ金を利用するより方法がないと思いますね」(『主婦と生活』二三巻一五号、一九六八年)

小遣いが残り少なくなる月末に、「女房に内緒の金」を求めてサラ金を利用する。そんな金融行動を取る可能性のあるサラリーマンは、着実に増加しつつあった。家計管理者たる妻に給料をそっくり渡し、小遣いの支給を受けるサラリーマン世帯の比率は、データのある一九七二年には全体の八〇%を占め、七八年には九二・二%まで高まっていた(室住二〇〇〇)。当時のサラリーマンの懐事情を探るために、小遣いに関する調査から作成したのが表3-1である。

同表は、やや時期が下るが、一九七八年に公団住宅に入居していた世帯主の小遣い収支を、職種別に抜粋・整理したものである。この表からは、小遣い制と情意考課の下で、つきあいのための資金確保に四苦八苦するサラリーマンの姿が、鮮やかに浮かび上がってくる。

具体的に見ていこう。家計からの小遣いが最も多いのは「管理職」で、収入総額は平均で月七万九一五二円だった。にもかかわらず、管理職の収支はマイナス七五三三円となっており、赤字幅も最大だった。

中でも管理職の交際費は月に一万二四〇三円と最多で、その大部分を贈答・諸会費や飲食に関わる費用が占めていた。レジャー費は他の職種と大差ないが、その中身を見ると、ゴルフや

	管理職		専門・技術職		事務職		現業職	
	円	%	円	%	円	%	円	%
収入総額	79,152	100	51,689	100	57,291	100	49,113	100
うち借金	1,387	1.8	633	1.2	353	0.6	660	1.3
支出総額	86,685	100	51,799	100	57,263	100	49,391	100
交際費	12,403	14.3	5,049	9.7	6,673	11.7	6,172	12.5
贈答・諸会費	4,480	5.2	1,697	3.3	2,825	4.9	2,403	4.9
酒代	3,838	4.4	1,660	3.2	2,095	3.7	2,248	4.6
外食代	2,568	3.0	1,002	1.9	842	1.5	771	1.6
レジャー費	10,987	12.7	8,526	16.5	11,108	19.4	8,991	18.2
レジャー用品費	1,612	1.9	1,347	2.6	1,794	3.1	1,028	2.1
ゴルフ	3,075	3.5	1,466	2.8	2,786	4.9	2,064	4.2
パチンコ	622	0.7	1,191	2.3	1,041	1.8	1,195	2.4
マージャン	1,723	2.0	778	1.5	1,582	2.8	870	1.8
借金返済	1,302	1.5	517	1.0	244	0.4	590	1.2
収支（対収入比）	-7,533	-9.5	-110	-0.2	28	0.0	-278	-0.6
調査対象者数（人）	119		206		156		100	
平均世帯主勤め先収入（万円）	26.7		22.1		21.5		21.1	

表３‐１　職業別公団住宅入居世帯主の小遣い収支（1978年）　出典：国民生活センター調査研究部（1979年）より作成

マージャンといった、職場での交際をその背後に想定できる項目で最も多額の費用を支出している。管理職として部下の飲み代を負担し、率先してつきあいに参加する必要があったのだろう。限られた小遣いの範囲内で、部下に対する威厳を保ち、情意考課で高評価を獲得せねばならない。そんな管理職男性に固有の事情が、彼らの小遣い収支を圧迫していた。

そして、「借金」および「借金返済」が他と比較して二倍以上多いのも、管理職の特徴だった。サラリーマンの中でも特に管理職の人びとは、体面を維持するために多額の交際費やレジャー費を支出せざるをえず、時に赤字を借金で穴埋めせねばならなかった。

一九七〇年代に多重債務問題が表面化すると、「部下思いの人情派部課長が最も危険だ」という観察も現れている（『週刊ポスト』一六九号、一九七二年）。情意考課で評価されやすい「部下思いの人情派」ほど、多重債務に陥るリスクが高かったのである。

「もうないわよ」と言い放つ妻

右のような小遣い制とサラ金の関係をよく物語っているのが、「サラリーマン金融は借りて安心か」（『週刊現代』一〇巻五一号、一九六八年）という記事である。

一九六八年の冬のボーナスは、好景気の中で過去最高額を記録した。その使途を聞かれた某食品会社の係長（三五歳）は、次のように答えている。

「(ボーナスは…引用者) まず雲散霧消というところですね。やっと買った分譲住宅の割賦が六万円、娘のピアノがこれも割賦で二万円、飲み屋のツケ三万円、上司や取引先、親類へのお歳暮二万円、その他、生活費の赤字とか正月の支度、保険など払ったら、ちょうどパーになりましたよ。(中略) 忘年会はいっぱいあるし、クリスマスはくるし…女房に相談したって〝もうないわよ〟の一言ですからね。部下に対する体面もあるし、ノー・プレゼントでは父親の権威も失墜するだけですよ。(中略) 実際、私の常識では〝サラ金〟はこわいもの、レッキとしたヤツは利用しないもの、という感じだったんですが、こんど借りてみて、実に合理的で、ありがたいと思いましたよ。これで年末も気が軽いし、だいじなヒューマン・リレーションもうまくいきます。返済?それはひと月以内にOK、自社の持株に臨時配当が出るというんでね。」

年末には、月賦や飲み屋のツケに加えて、忘年会や歳暮、子どもへのクリスマス・プレゼント代といった季節的な支出がどうしても嵩《かさ》んでしまう。だからといって妻に追加的な支出を要求してみても、理解を得るのは難しい。夫の交際費は、家計とは切り離された小遣いから支出されるべきものであり、夫の責任と自己管理に委ねられていた。だからこそ、妻は「もうないわよ」と言い放ったのである。

とはいえ、部下に対する「体面」や、父親の「権威」に象徴される中年サラリーマン男性としての「だいじなヒューマン・リレーション」を放棄するわけにはいかない。家計から交際費の補塡《ほてん》を受けられなかったこのサラリーマンは、結局は「こわいもの」と認識していたサラ金を利用し、その利便性を印象的に語っている。情意考課にさらされたサラリーマン男性が、妻との衝突を避けつつ追加的な交際費を確保しようとした場合、サラ金は「実に合理的で、ありがたい」金融機関だった。

「がまんしろ」と命じる夫

ただし、誤解のないように付け加えれば、小遣い制の下でつきあいのための資金確保に苦しむサラリーマン男性が、常に妻の尻に敷かれていたわけではなかった。サラ金を利用するある銀行員は、次のように語っている。

「ぼくらは、預金獲得競争が激しいですからね。得意先をバーやゴルフに招待するために自腹をきらなければなりません。会社はだしてくれないから、つらいですよ。ボーナスをごっそりサラ金の返済にとられますが、女房には出世するまでがまんしろといってあるんです」
(『主婦と生活』前掲二三巻一五号)

この記事からは、営業や接待のために自腹を切る場合には、夫の小遣いの範囲を超えたサラ金利用が許容されたことを読み取れる。唯一の稼ぎ主たる夫の「出世」という殺し文句は、言ってみれば伝家の宝刀であり、これを持ち出せば家計管理者たる妻にも「がまんしろ」と命じられた。万一、サラ金からの秘密の借金が妻に露見しても、夫には仕事を理由に開き直る余地があったのである。

マクノートン（二〇一六）が言うように、財布の紐を握り、「もうないわよ」と言い放つ主婦の力は、いかにも「強力」に見える。しかし、その財布に金を入れる夫の力の方がより「強力」であったことは、この時代の夫婦間の力関係を考える上で、やはり無視できないだろう。

実際、家計内における小遣いの位置づけには、夫婦間で明らかな格差があった。一九六五年当時、市販されていた二七種類の家計簿のうち、妻の小遣いを費目としてはっきり計上しているものは三種類に過ぎず、「まだまだ、妻のこづかいは日陰の存在のようです」と言われていた（『読売』一九六五年七月二〇日付朝刊）。夫が完全に自らの裁量に委ねられた金を小遣いとして与えられていたのに対して、妻の権限は家計全般に及んでいたものの、自分のためだけに自由に使える小遣いを持つことは稀《まれ》だった。

そのため、妻が個人として金を使おうとすれば、密かにヘソクリを蓄えなければならなかった。やや時期が下るが、一九七六年の東海銀行による調査によれば、回答者の主婦のうち四二・七％が夫に内緒のヘソクリを持っており、その平均額は三八・四万円だった（『読売』一九七六年一〇月二七日付朝刊）。ボーナスを含むこの年の平均月給額は約一九・四万円なので、へソクリのある妻は、平均で月給約二ヵ月分の秘密の貯金を持っていた計算になる。

しかし、夫婦間の合意の下で公然と支給される小遣いと、パートナーに内緒でこっそり蓄えなければならないヘソクリとでは、その性質は大きく異なっていた。

ある主婦は、夫から渡される生活費を切り詰め、古新聞を売ったりして作ったヘソクリで株を買っていた。それを知った夫は、溜まった酒代を精算しようと、「へそくりは、夫の金をごまかし、横領したもので、実は自分のもの、だから株も自分のものだ」と主張して、株の売却を迫ったという（『朝日』一九六一年四月三〇日付朝刊）。

家族の間で横領は成立しないので、夫の主張は法的には無効である。しかし、当時の結婚観はなお「嫁を取る」といった感覚が強かったためか、ヘソクリは夫や嫁ぎ先に対する裏切りと捉えられることさえあった。「家の金に手をつけるとは大それたこと、今のうちに離婚する」として、ヘソクリを理由に離婚を迫られた女性の存在を、当時の新聞は伝えている（『朝日』一九六四年五月一日付朝刊）。

そして、たとえ妻が自身の努力と工夫によって蓄えたヘソクリであっても、離婚裁判では夫婦の共有財産と認定され、夫と分割せねばならなかった（『朝日』一九七五年一月三一日付朝刊）。日々のやりくりを担っているとはいえ、独自の収入を持たない専業主婦たちは、自らの管理する家計をめぐって不自由な立場に置かれていたのである。

こうした家計をめぐる夫婦間の力関係の非対称性は、団地金融とサラリーマン金融の盛衰とも無関係ではなかった。

仮に妻が財布の紐を握っていたにしても、家計の最終的な決定権は、基本的には唯一の稼ぎ主である夫に帰属していた。固有の所得をほとんど持たない妻は、自由に使える金を持ちにくく、団地金融で金を借りられたとしても、返済に行き詰まるリスクが高かった。反対に、唯一の稼ぎ主である夫は、高利の資金借入を相対的には容易に決断でき、場合によっては仕事や出世を理由に妻に「がまん」を強いることもできた。主婦を相手にした団地金融が衰退し、夫の出世のための金を貸すサラ金が成長するという消費者金融の交代劇には、家計をめぐる夫婦間の非対称的な力関係が深く関わっていた。

4　資金調達の隘路と資本自由化

サラ金企業の成長と資金調達の隘路

高度経済成長期に誕生したサラ金各社は、右のようなサラリーマン男性の独特な資金需要を巧みに捉え、飛躍的に成長した。

一九六二年時点のマルイトの融資残高が約六〇〇万円、プロミスが約二〇〇〇万円だったのに対し、一〇年後の一九七二年にはそれぞれ一八億三七〇〇万円、一一億八三〇〇万円に増加した。わずか一〇年の間に、融資残高をマルイトは三〇〇倍、プロミスは五五〇倍に増やすという驚異的なスピードで成長したのである。

融資残高が急拡大する一方で、創業当初の資金繰りは困難に満ちていた。プロミスの神内良一が一九六二年の開業初日に用意できた資金は、わずか二七万円に過ぎなかった。当時の貸付上限額は一人当たり三万円だったから、営業初日でいきなり手持ち現金が尽きかけている。創業後初めてのゴールデンウィークには、絶好の稼ぎ時であるにもかかわらず、資金不足のために「社員研修」の貼札をして休業しなければならないほどだった。

神内は、貸付の原資をかき集めるため、大阪市内在住の妹夫婦や、小金を摑んでいると聞いた知人の保険外交員、出身地高松の親戚・知人などの間で東奔西走した。親戚・知人からの借入でも、調達金利は年利三〇%という高利だった。『金融経済統計月報』によれば、一九六二年の銀行普通預金金利は年二・一九%、郵便貯金金利は年三・六%だったから、神内の提示した金利がいかに高かったかが理解されよう。

しかも、利息は毎月払いで、元本は必要時にいつでも返済するという約束だった。神内を容易に信用しようとしない金主に対しては、自殺でも有効な生命保険に加入し、金を返せなければ自らの命に代えてでも返済すると説得した。プロミスの社史では、こうした金集めのための努力を、「尺取虫のごとく、それはまるで地をはう資金調達活動の展開であった」と振り返っている。

資金調達面での困難は、この時期の多くのサラ金企業に共通した悩みの種だった。レイク創業者の浜田武雄も、「私たちは社会的にはまだまだ〝日陰者〟ですから、銀行が資金を貸してくれない。そのため、コネを頼って経営者個人の信用で金主を探すほかない」（『朝日』一九七七年四月五日付夕刊）と嘆いている。一九七〇年代初頭までの銀行は、新参者だったサラ金に対し、容易に金を貸そうとはしなかった。高度経済成長期には、金融当局の生産金融優先の方針もあって、サラ金各社が銀行から資金を借りるのはほとんど不可能に近かった。

篠原（一九七六）によると、「銀行の融資対象としては、サラ金は最低ランクに位置づけられており、お百度を踏んでも、なかなか首をタテには振ってくれ」ず、「パチンコ屋並み、あるいはそれ以下の扱い」を受けていたという。銀行から低く見られ、まとまった資金を低利で集められないことが、この時期のサラ金の成長を制約する最大の要因だった。

資本自由化の動き

資金調達に苦しむサラ金各社は、一九六七年から始まる資本自由化に、熱い視線を注いでいた。資本自由化は、基本的には米国をはじめとするＯＥＣＤ諸国からの「外圧」によって進められたもので（伊藤二〇〇九）、外資の受け入れに慎重だった日本は、先進国の仲間入りを果たすために門戸を開くよう迫られていた。

一九七〇年九月の第三次資本自由化では、金融業がいわゆる五〇％業種に指定された。資本金の五〇％までなら、外国から資本を導入できるよう「自由化」されたのである。段階的に深化する資本自由化の動きに対して、プロミスの神内は強い関心を示していた。

「依然として銀行はまだなかなか融資の扉を開けようとしない。出資法の抑圧の中で、実に多くの労力を払って零細資金を調達するほかない。大きく、合理的な外資との提携によって、事業はまた大きく、自由に羽ばたくことができるのではないか。神内社長の資本自由化への強い関心には、そのような思いが底流として存在していた」(プロミス社史)

神内は、すでに第三次資本自由化に先立つ一九七〇年六月に、英国籍のインド人資産家と合弁会社を設立し、その後も外国籍の個人投資家から積極的に融資を受け入れていた。レイクの浜田武雄も、一九七五年に外資と合弁で子会社を設立している(『毎日』一九七五年六月二日付夕刊)。金主になってくれるのであれば、国籍など関係ない。資本自由化は、資金調達難に苦しむサラ金業界にとって、大いなる福音となる可能性があった。

ただし、当時のサラ金業界が、諸手《もろて》を挙げて資本自由化を歓迎していたわけでは決してなかった。資本自由化は、外資に金融業の門戸を開くものでもあったから、外資系消費者金融の日本上陸が危惧されたのである。

すでに米国の巨大な消費者金融企業は、国境を越えて店舗網を拡大しつつあり、その進んだ金融技術と豊富な資金力は、日本国内の業者にとって大きな脅威だった。プロミスのある支店長は、一九七三年一月の社内報で、「日本の業者が年利一〇二・二%ならば、外国企業はその莫大なる資本力で年利を八〇%あるいは七〇%に下げても収支が合う。その時になって外国企業と太刀打ちするためにはどうしたらよいか?」と、危機感を露《あら》わにしていた。資本自由化は、資金調達を容易にする可能性を持つ反面、外資の参入によってさらに競争が激化する危険もあり、国内業者にとっていわば諸刃の剣だった。

こうして資本自由化が進む一九七〇年代に、サラ金各社は一層激しく規模拡大を進め、外資の上陸に備えて自社の競争力を養うことに関心を集中させていく。次に、章を改めて、一九七〇年代以降に激化する競争の実態とその帰結を見ていこう。

第4章　低成長期と「後ろ向き」の資金需要――一九七〇〜八〇年代

1　高度経済成長の終焉《しゅうえん》と激化する競争

世界経済の激変と高度経済成長の終焉

一九七一年八月、世界経済に激震が走った。当時のアメリカ大統領リチャード・ニクソンが、米ドル紙幣と金との兌換《だかん》を一時停止すると宣言、ドルを基軸通貨とする戦後の金融秩序を支えたブレトン・ウッズ体制に、事実上の終止符が打たれたからである。いわゆる「ドル・ショック」、または同年七月の訪中宣言と合わせて「ニクソン・ショック」と呼ばれる事件である。

ドル・ショックが日本経済に与えた影響は深刻だった。ブレトン・ウッズ体制の終焉は、長く日本の高成長を支えた一ドル＝三六〇円という固定為替相場制の崩壊を意味した。一九七一年一二月に初めて一ドル＝三〇八円に切り上げられると、政府は円高による実体経済への悪影響を懸念し、円高不況に備えた積極的な財政・金融政策を実施した。当時の首相、田中角栄《たなかかくえい》が

「日本列島改造論」を発表したのも、ちょうどこの頃（一九七二年六月）である。

景気刺激策によって金利が下がれば、多くの人が金を借りてモノを買うので、物価が上がる。さらに、「日本列島改造論」は各地で開発期待を高め、地価を激しく上昇させた。地価と物価が上昇しつつあるタイミングで発生したのが、一九七三年一〇月の第一次石油危機だった。第四次中東戦争による石油不足への懸念からモノ不足が過剰に不安視され、物価はさらに激しく上昇し、「狂乱物価」などと言われた。

積極政策を採用していた政府は、インフレ収束のため一転して財政金融政策の引き締めに舵《かじ》を切った。しかし、今度はその反動で景気が冷え込み、一九七四年には戦後初めてマイナスの経済成長率を記録した。石油危機によって日本は深刻な不況に陥り、一〇年以上続いた高度経済成長が、ついに終焉を迎えたのである（財務省財務総合政策研究所二〇〇六）。

ただし、近年の研究では、石油危機後も依然として一定の経済成長が持続していたことから、一九七三年以降の時期は「低成長期」ないし「安定成長期」と呼ばれている。さらに、一九六〇年から八五年までの四半世紀を長期的な「高成長」期と捉える見解も提出されており（石井二〇一五）、石油危機前後の経済的混乱は、バブル崩壊後の「失われた三〇年」と比べれば、必ずしも深刻ではなかった。

とはいえ、石油危機後のこの時期が、日本が久しぶりに経験する深刻な景気の後退局面だったのは間違いない。サラ金は、そんな世間の不景気を尻目に、一九七〇年代にさらなる発展を遂げる。エリートのサラリーマン男性だけでなく、女性や低所得層にも融資の対象を広げ、サラリーマン金融から「消費者」金融へと脱皮したのである。本章では、サラ金業界が急成長し、社会問題化する一九七〇年代から八〇年代初頭の時期を検討する。

増える新規参入者

一九七〇年代に入る頃から、貸金業登録者数は急増していた。物価が激しく上昇すれば、値上がりする前に借金してでもモノを買った方が得になる。貸金業に対する需要が高まることを見越して、まるで雨後の筍のように貸金業者が増えていった（『オール生活』二九巻六号、一九七四年）。

図4－1には、開業届を大蔵省に提出した貸金業者数の推移を掲げた。無届業者や届出ても営業の実態がない業者が多いため、完全な数値ではないが、一九七〇年代初頭から半ば頃にかけて多くの純増を確認できる。

実際、一九七三年の東京では、主要なターミナル駅のみならず、郊外の私鉄沿線にまでサラ金の進出が見られた。「どこへ行ってもパチンコ屋とならんでサラ金の看板が目につくというほどの乱立状態」だとも言われている（『経済展望』一九七三年一〇月号）。

こうした乱立状態を背景に、貸金業開業を目指す人びとのための「学校」さえ設立された。書籍『お金貸し方・借り方』（一九七二）を刊行した津曲敬造は、一九七一年に日本興信学院

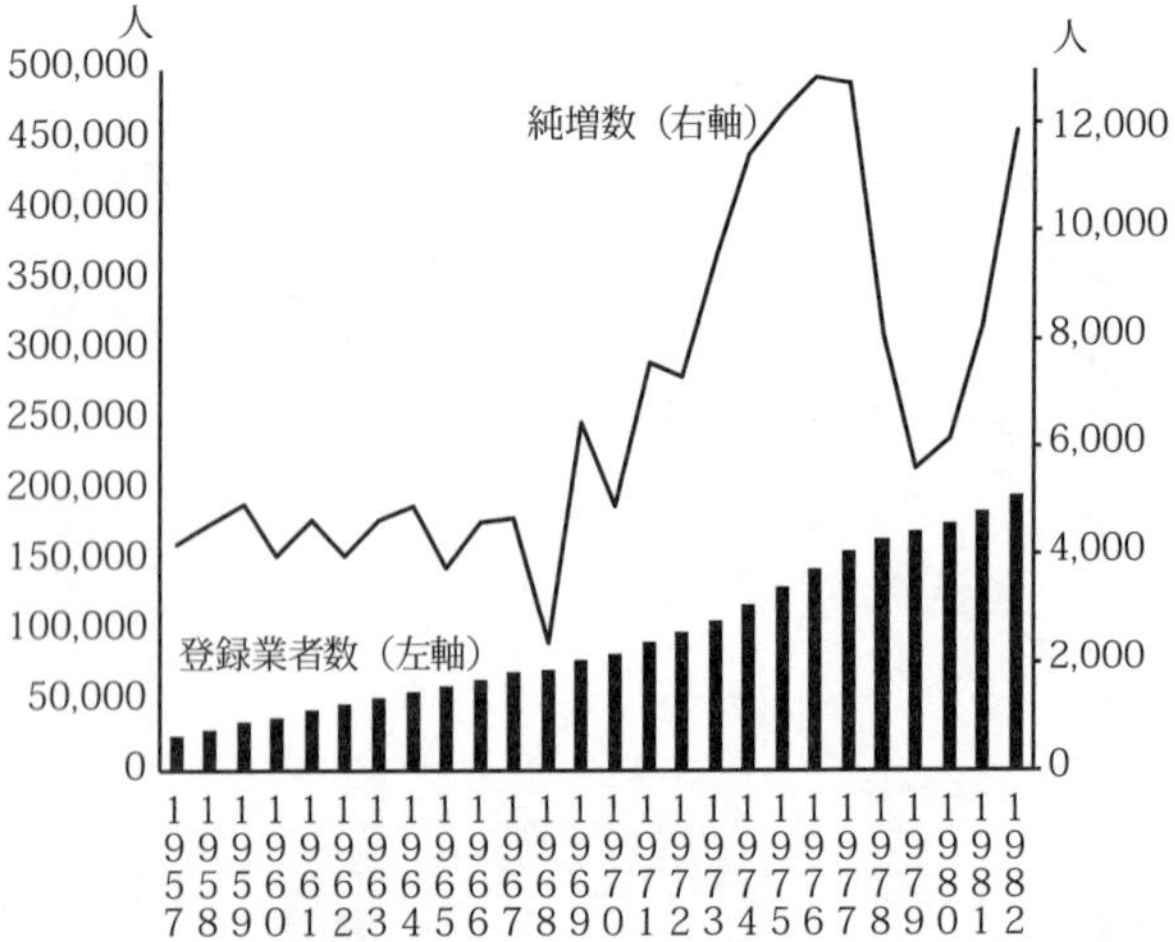

図4－1　貸金業登録者数の推移（1957～82年）　出典：『大蔵省銀行局年報』各年より作成

を設立している。キャッチコピーは、「庶民金融は万人が楽しめる優雅な商売」だった。雑誌『オール生活』（前掲二九巻六号）は、「狂乱インフレをかいくぐる早業利殖」として一〇〇ページの総特集を組んでおり、「スペシャルマネーメーキング・いまがチャンスのサラ金業」と題して、津曲の教育方針や、同学院で学んだ人びとの声を紹介している。

また、中堅貸金業者の八谷《やたがい》光紀《みつのり》が一九七三年に設立した日本金融通信学院は、午後六時から二時間の講義を一期一〇日間にわたって開講し、一人一〇万円の授業料を取っていた。通信制もあり、こちらは五万円で一五週に分けて講義録を週一冊ずつ送るものだった。開学から四年間で通信生を含む約九〇〇人が学び、そのうち七〇〇人が実際に貸金業を開業したとも（朝日新聞社会部一九七九）、卒業生の約一割が開業したとも言われている（篠原一九七六）。

この時期にも上限利率は依然として一〇九・五％という高利だったから、貸金業は脱サラして独立を目論む人々にとって極めて魅力的だった。だからこそ、右のような貸金学校に一定数の生徒が集まったのだろう。

新規参入者の持続的な増大により、サラ金業界の競争は激化の一途をたどった。その中から、マルイトをはじめとする先発業者の地位を脅かす企業が出現する。やがて業界トップに立つ武富士である。以下では、後発業者の中でも特に一九七〇年代に台風の目となった武井保雄の武富士（創業一九六六年）と、金融技術にさらなる革新をもたらした八谷光紀のヤタガイ・クレジット（同一九六九年）の二社を取り上げ、両社の目覚ましい成長の跡をたどりたい。

武富士創業者・武井保雄の生い立ち

サラ金各社のＣＭの中でも、とりわけ強く人びとの記憶に残っているのが、楽曲「SYNCHRONIZED LOVE（シンクロナイズド・ラヴ）」に合わせて踊る「武富士ダンス」ではないだろうか。

武富士は、一九六六年創業と相対的には後発ながら、一九七〇年代に急速な成長を遂げ、一九八〇年代から二一世紀初頭までの約三〇年間にわたって業界トップに君臨した。よくも悪くもサラ金を代表する企業である。

武富士を創業した武井保雄は、一九三〇年に埼玉県深谷市の小さな商店に生まれた。日本資本主義の父、渋沢栄一と同郷である。武井の父親は外に愛人を作って半ば家出状態にあり、店を切り盛りする母親の女手一つで育てられた。戸籍上は四人兄弟の二男だが、長男は異母兄だった。母親の苦労を見ていたからか、武井は母思いで長男以外との兄弟仲は良好だったという。

武井の学歴に関する記述は、媒体によって大きく異なる。深谷商業高校卒、あるいは深谷中学校卒と書かれる場合もあり、筆者もかつてそれを鵜呑《うの》みにしたことがある。しかし、武富士の『有価証券報告書』に武井の学歴に関する記載はなく、記録として信頼性が高い溝口（一九八三）は、深谷市の明戸小学校高等科卒としている。おそらくこれが正しいのだろう。

溝口によれば、武井は小学校高等科を卒業した一九四四年に熊谷の陸軍飛行学校で整備員となり、敗戦後は国鉄大宮駅に勤務した。一九四八年から地元の不良グループに加わり、ヤクザと喧嘩して左腹を銃撃されたり、左の肩からヒジにかけて鯉の滝登りの刺青《いれずみ》を彫ったりしている。本人は後に「若気の至り」と後悔していたというが、若き日の武井は、今風に言えば半グレに近い無頼の世界で暮らしていた。

その後、武井の放埒な振る舞いが一族の中で問題になったのか、二一歳になる一九五一年にビルサッシ工事に従事していた叔父を頼って東京に移り、建設現場に通いはじめている。だが、長くは続かなかったらしく、二年後には神田駅近くのパチンコ屋に勤めだし、そこで知り合った五歳下の女性と結婚した。所帯を持った後も、武井は相変わらず賭博に明け暮れ、ヒロポン（覚醒剤）に溺《おぼ》れる日々を過ごしていたという。

だが、妻の稼ぐわずかな給料を頼りに賭博や覚醒剤にふけっていては、当然ながら食い詰めてしまう。一念発起した武井は、実家から借金して中古のオート三輪を購入し、野菜の行商をはじめた。一九六〇年頃からは、ヤミ米取引にも手を染めている。

当時は、食糧管理法（一九四二年制定）の下で、生産された米は原則として政府が買い上げることになっており、農家は自家で消費する分だけを手元に残せた。ヤミ米業者は、この自家用の飯米を買い取って転売したのである。言うまでもなく食管法違反だが、米を手早く現金化したい農家と、商機を求めるヤミ米業者の利害は一致していた。一九六〇年代にはすでに米不足は解消されていたから、食管法の運用はさほど厳格ではなく、小規模なヤミ米の取引は大目に見られていたと言われている（野崎・小林一九六七）。

にもかかわらず、武井は一九六一年一〇月と六五年二月の二度にわたって食管法違反で検挙され、罰金を支払っていた。警察に目をつけられるほど大規模に取引を行っていたのだろう。

ヤミ米取引は、所詮は表舞台に立てない違法な商売でしかない。武井はそれを自覚していたのか、検挙される前から金融業者「藤掛」に勤務し、貸金業の経験を積んでいた。一九六五年二月に二度目に検挙されたのを機にヤミ米取引から足を洗い、翌月には個人営業で小口金融を開始している。一九六六年一月には、法人化して東京都板橋区に「富士商事」を設立。当初の資金は一〇〇万円にも満たない少額で、主な取引は手形の割引だった（『オール生活』三六巻四号、一九八一年）。貸金業に転じた頃の武井は、左腕の刺青をさすりながら、「俺はこの鯉の滝のぼりのように必ず出世する」、「俺は人の三倍遊びたい。だから三倍働くんだ」と繰り返し語っていたという。

武井の努力にもかかわらず、当初の富士商事の経営は、お世辞にも順調とは言えなかった。武井は、一九六七年一月に強姦《ごうかん》未遂で逮捕され、六八年三月にも傷害で罰金一万円を科されており、溝口（一九八三）はこれらを取り立てに絡む事件と推測している。当時の武井は、暴力金融に近い強面《こわもて》の回収スタイルを採用していたのだろう。その後、一九六八年六月には有限会社「武富士商事」に改称し、一九七〇年頃からは団地金融にも進出している。

だが、このタイミングで団地金融を始めたのは、遅きに失したと言わざるをえない。すでに日本クレジットセンターは前年に団地金融から撤退しており、団地の主婦を相手にした小口金融は下火になりつつあった。

武井は、団地金融のメリットを、「都営住宅は一度入居するとなるとなかなか引っ越さないため、逃げられる心配がなかった」と回顧している（一ノ宮ら二〇〇四＝二〇〇六）。厳しく入居資格が審査された公団住宅の団地金融と違い、武井は低所得者向けの公営住宅の入居者を融資の対象としており、その理由は、単に逃げられにくいという消極的なものだった。公団住宅の団地金融がすでに行き詰まっていた一九七〇年頃に、よりリスクの高い公営住宅での団地金融に成功する可能性は、限りなく小さい。この頃までの武富士は、ありふれた街金と大差なく、鳴かず飛ばずの状態に留まっていた。

貸金業者としての成長

武井にとって大きな転機となったのが、一九七二年の渡米だった。現地で消費者金融の状況をつぶさに観察した武井は、公営住宅の団地金融に見切りをつけ、アメリカで主流となっていた店舗での小口信用貸付への転換を決断した（『実業の世界』七六巻八号、一九七八年）。社員の給料を歩合給から固定給に切り替え、金は「貸してやる」ものではなく「借りていただく」ものだとして、暴力金融から決別した。「顧客とトラブルを起こした場合には、いかなる理由があろうと、当社の社員が悪い」という原則を徹底し、違反者は直ちに退社させている（『週刊サンケイ』二六巻一号、一九七七年）。

こうしてサラリーマン金融に進出し、極端に顧客重視の営業姿勢に転じた結果、武富士は業績を大きく伸ばした。渡米から一〇年も経たない一九八〇年に、武富士は融資残高で業界トップに躍り出ている。

しかし、顧客重視の営業姿勢に転換しただけで急成長できるほど、サラ金業界は生易しいものではない。なぜ、武富士はごく短期間でトップに上り詰められたのか。その一因として、ここでは銀行からの資金調達に注目したい。

武井自身の説明によれば、一九七五年頃までの武富士は、業界で最も借入金が少ない会社だった。自己資金が多く、多少の不動産を持っていたこと、武井の実家が埼玉県と近く、身内から資金を確保できたことなどが、その理由だった（『経済往来』三〇巻一一号、一九七八年）。ワンマン経営者だった武井は、融資の見返りに銀行から経営に口出しされるのを極力避けていたとも言われている（中川二〇〇六）。

だが、『帝国銀行会社要録』や『東商信用録』によると、武富士は一九七五年に城北信用組合、七八年に都民信用組合、そして翌七九年には東京相互銀行を取引先とし、次第に大規模な金融機関とも関係するようになっていた。武井が資金調達のために払った凄まじい努力について、娘婿の高島望《たかしまのぞみ》は次のように述べている。

「父が最初に金主になってもらったのは、たとえば医者、あるいは資金に余裕のある中小企業の経営者といった人たちだった。父はこうした人たちに金主になってもらうために、必死で接待した。徹夜、徹夜の接待で疲れはて、顔色が真っ青でも、顔を熱湯で洗ってでも顔色をよくして、元気バリバリ、気合がみなぎっているようにアピールして、命懸けで自分を売り込んだ（中略）たとえ二日酔いでも、そんな様子は寸分も見せず、エネルギーあふれた態度で、グイグイ酒を飲み、快活に応対するのだ。こうして血ヘドを吐く思いで接待し、十人、二十人と金主を増やし、運用益はきっちりと約束を守って、相手には絶対迷惑をかけないで払っていく。そうするなかで信頼を育て、さらに多くの金主を獲得していった。金主がさらなる金主を紹介してくれるのである」（高島一九九七）

身内の著作なので割り引いて読まねばならないが、右に引用した武井の「命懸け」の接待は、おそらく事実に近いと考えられる。高島は続けて言う。信用が確立し、事業が順調に展開すると、やがて信用金庫や銀行も相手にしてくれるようになった。そこでまた「命懸け」の接待を展開し、担当課長、支店長、頭取と代わる先方を相手に、飲めない酒をバンバン飲んで、再びはしご酒の日々。武井にとって、個人の金主や金融機関の担当者の接待は、「お金儲けの戦場そのもの」だったという。

命懸けで酒を飲み、熱湯で顔を洗うような努力の中で出会ったのが、東京相互銀行（後に東京相和銀行に改称。現：東京スター銀行）の長田庄一《おさだしょういち》だった。相互銀行とは、戦前の庶民金融機関である無尽会社に起源を持ち、現在は「第二地銀」と呼ばれている。相互銀行の中でも、東京相互銀行は最大手クラスだった。

武富士と東京相互銀行との取引は、一九七六年半ばに始まったとされる（『実業往来』三二二号、一九七八年）。当時、東京相互銀行会長だった長田は、大銀行による中小企業金融への進出に強い危機感を持ち、「営業の個性化」をスローガンに多様な融資先の開拓に努めていた（杉山二〇〇六）。やがて銀座や赤坂のバーやクラブ、キャバレーなどに圧倒的な強みを持つよう

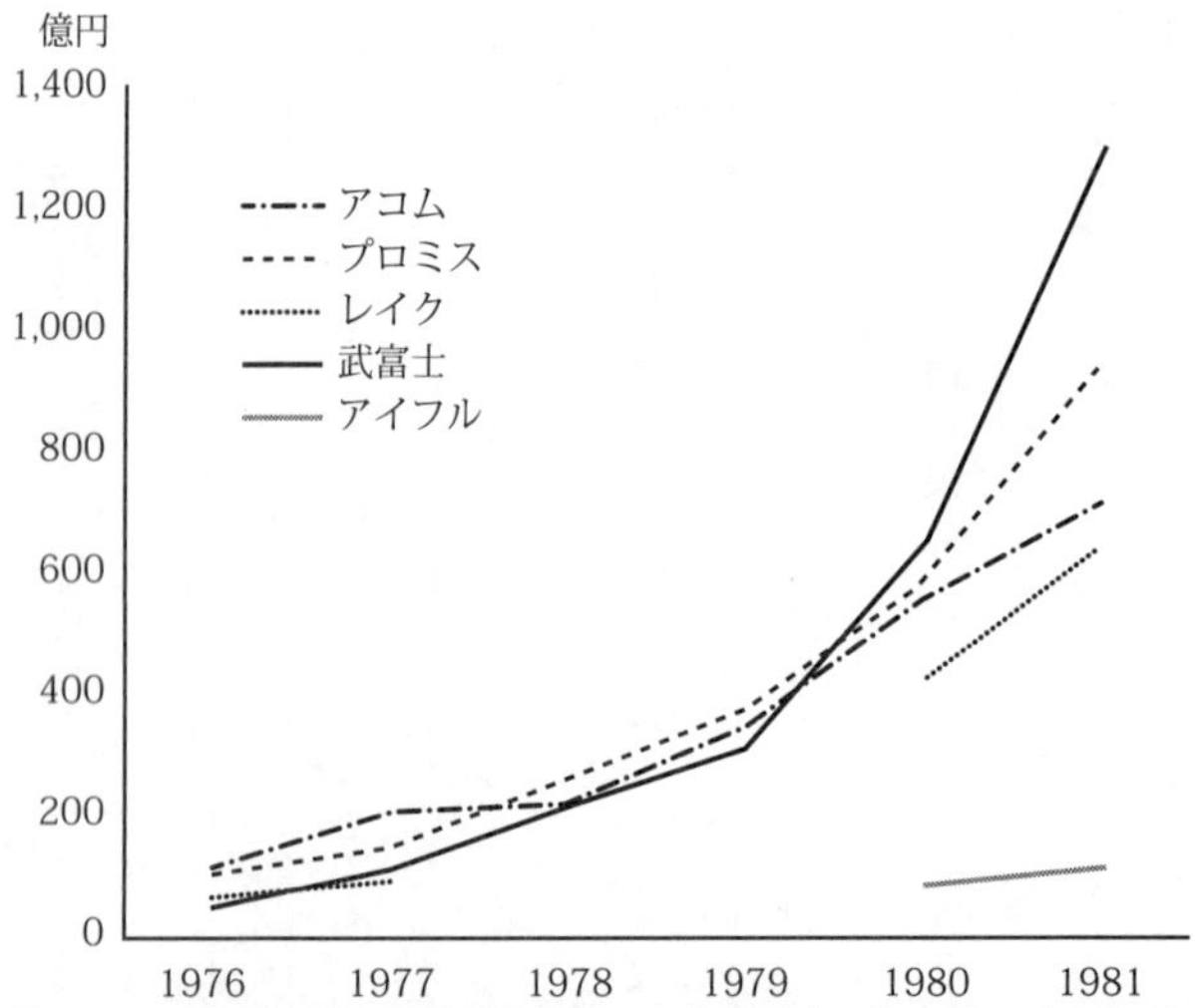

図4－2　大手五社の融資残高推移　出典：川波・前田（2011）、矢野経済研究所（1983）より作成

になり、パチンコ店や市中の金貸しにも積極的に融資している（有森二〇〇九）。アンダーグラウンドな世界に近いところに「営業の個性」を見出した長田と、不良グループから身を起こした武井との間には、あるいはどこか通じるものがあったのかもしれない。

佐々木（一九七九）によれば、東京相互銀行は大手サラ金各社に積極的に資金を貸していた。一九七八年時点での貸付額は、プロミス九億円（年利九％）、マルイト八億円（同九・四四％）に対し、武富士は二九・七億円（同一〇・七％）と、他を引き離した上顧客だった。

武富士は、融資を受ける見返りに同行の株式を一〇〇万株購入しており、これは株主総会を長田会長に有利に運営するための「勢力株」だった。武井が一度は辞めたゴルフを一九七八年に再開したのも、東京相互銀行の幹部から「健康第一に」と忠告されたからだという。ワンマン社長の武井に万一のことがあれば、融資の回収に重大な支障を来すとの配慮である。

さらに、武富士は、同行の元融資部長を常務取締役として迎え、部課長クラス三名の出向を受け入れていた。この時点では、アコム・プロミス・レイクといった先発大手でさえ、まだ銀行から取締役を迎えてはいない。カネとヒトを介した武富士と東京相互銀行の関係は、相当に深く親密なものだった。

東京相互銀行をメインバンクとし、巨額の資金調達に成功したことで、武富士は短期間で業界最大手へと成長した。図４－２によると、武富士の融資残高は、東京相互銀行と取引を開始した一九七六年の約六〇億円から翌七七年には一二〇億円に倍増してレイクを上回り、同行がメインバンクとなった一九七九年から八〇年にかけては、三一七億円から六四九億円へとさらに倍増して業界第一位に上り詰めている。トップクラスの相互銀行に支えられた武富士の急成長が、業界地図を塗り替え、国内業者間の競争をさらに激化させていった。

「アイデアマン」八谷光紀のヤタガイ・クレジット

一九七〇年代のサラ金業界には、規模こそ小さかったものの、武富士と並ぶもう一つの台風の目が存在した。後に準大手に成長するヤタガイ・クレジットである。

創業者の八谷光紀は、元は保険会社に勤めており、一九六九年に脱サラしてヤタガイ・クレジットを設立した。後発のサラ金業者として市場に食い込むために数々の新機軸を打ち出し、業界の「アイデアマン」と呼ばれている。前述した日本金融通信学院も、八谷のアイデアの一つである。

その八谷が生み出した第一の新機軸が、学生ローンだった。一九六〇年の四年制大学（学部）への進学率は八・二％にすぎなかったが、七〇年には一七・一％に高まっており、特に男性の進学率は七一年に三〇％、七五年に四〇％を突破するなど、急伸していた（『学校基本調査』）。

ある時、八谷は、新社会人は何かと物入りだろうと考え、某大学の卒業式で宣伝用のビラを配っていた。すると、卒業生よりも在校生からの問い合わせが多く入ったため、試験的に学生ローンを販売したところ、これが売れた。

それまでの貸金業界は、独自収入を持たない学生への貸付を、リスク管理と企業倫理の両面から自粛していた。安定した職を持たず、独り立ちもしていない学生に金を貸すのは危険であり、モラルの面からも問題視されたのである。

しかし、後発の八谷は、タブーだった学生ローンに切り込んで融資残高を伸ばした。もし学生本人が返済に行き詰まっても、大多数の親は我が子の将来を心配して債務を肩代わりするから、焦げ付きのリスクは極めて低い。八谷自身の言葉を借りれば、「父親を担保に取る」ことで、学生の高いリスクは十分に制御できた。この学生ローンが、ヤタガイ・クレジットを大きく成長させる最初の契機となった。

第二のアイデアが、「現金の通信販売」である。これは、当時、街に氾濫していた通信販売からヒントを得たもので、電話や郵便で融資申し込みがあれば、すぐに指定口座に金を振り込んだ。通信販売なので各地に店舗を置く必要がなく、賃料や人件費を大幅に抑制できた。

その反面、貸し倒れや不正のリスクは言うまでもなく高い。八谷は、幾度も失敗を繰り返した末に、ようやく強力な武器を見出している。新たに登場した一〇四の電話番号案内である。

一九六〇年代までの電話番号案内は、案内用の電話帳が年に一度しか更新されなかったため、引っ越し情報などが直ちに反映されず、実際とは異なる番号を知らせてしまう誤案内が多かった。特に市外電話の番号案内は、市内の電話局から市外の電話局へ転送して問い合わせるために時間がかかり、評判が悪かった。

この番号案内システムを抜本的に改善するきっかけとなったのが、一九六六年一一月に発生した全日空機松山沖墜落事故だった。乗員乗客五〇名全員が死亡し、うち一二組二四人が新婚旅行で道後温泉に向かう若いカップルという、悲劇的な事故である。世間の関心は高く、多くの人びとが安否確認や遺族に弔意を伝えようと番号案内を利用した。この一時的な利用者の急増によって誤案内が多発し、クレームが殺到している。

これをきっかけに、日本電電公社（現：NTT）はシステム改善を進め、一九七二年一〇月に開始したのが、一〇四のダイヤル式番号案内サービスだった。電話番号案内の専用ダイヤルに一〇四が割り当てられたのは、この時からである（日本電信電話公社二十五年史編集委員会一九七八）。

番号案内の精度とスピードが格段に向上したことは、「現金の通信販売」にとって極めて大きな意義を持っていた。新たな番号案内サービスを利用すれば、融資を申し込んできた顧客の住所から電話番号を照会し、申込書の記載に虚偽がないかを迅速かつ正確に確認できる。もし顧客が電話を持っていなければこの方法は使えないが、その時には融資を拒絶すればよい。番号案内の利用料は一九九〇年までは無料だったから、コスト面でも合理的だった。貸し手が顧客の住所を正確に把握すれば、それだけで十分に債務不履行の抑止力となったのである。八谷は、番号案内サービスをいち早く信用審査に取り込むことで情報の非対称性を安価に縮小し、遠隔地の顔も知らない顧客に現金を「通信販売」する術《すべ》を編み出していた。

ちなみに、日本の住宅用の電話加入数は、一九六三年にようやく一〇〇〇万件を超える程度にすぎなかったが、その後の伸びは急速で、一九七二年に一〇〇〇万件、七六年に二〇〇〇万件を超えた（総務省「情報通信統計データベース」）。一九七〇年の国内総世帯数は約二八〇〇万世帯、七五年は約三二〇〇万世帯なので（『国勢調査』各年）、八谷が現金の通信販売を編み出した頃には、全世帯の約三分の一から三分の二程度に電話が普及していた計算になる。

相対的に豊かな人びとから順に電話を設置したと考えれば、この時期には電話の所有者を一定以上の所得がある層とみなせた。あまりに大胆に思われる「現金の通信販売」も、電話を持っているか否かで所得水準を推測できた当時の状況を考えれば、それなりにリスク管理を考慮したものだった。

第三に八谷が編み出したのが、書類一切不要の融資方法である。

当時、サラ金で融資を受ける際に「三種の神器」とされたのが、給与明細・健康保険証・印鑑の三つだった。普通、利用者はまず名の通った大手から金を借りようとし、借金が嵩むにつれて企業のランクを落としていく。そのため、ランクの低い業者は多重債務を抱える不良顧客に融資する危険性が高く、小規模な業者ほど多くの書類を取って慎重に審査を行う傾向があった（日本消費者金融協会一九七七）。

しかし、八谷はこの常識を覆し、後発の中堅業者でありながら書類を一切取らずに融資を実行した。すでに「現金の通信販売」では番号案内による確認だけで与信判断を下していたから、対面融資でも電話番号と住所さえ確認できれば十分だった。むしろ、給与明細や印鑑を持ち歩いている顧客はサラ金に通い慣れている可能性が高く、八谷はかえって危険だと判断していた。書類不要だからこそ、急場をしのぐために駆け込んできた優良客を獲得できると踏んだのである。

こうして、ヤタガイ・クレジットは、番号案内という新たな情報インフラを積極的に利用して低コストで与信の対象を拡大し、一九八〇年代前半には融資残高二〇〇億円以上の準大手に成長した。番号案内を利用した顧客情報の確認や現金の通信販売は、後に同業他社によっても導入されている。後発業者として市場に食い込むため、金融技術にさらなる革新をもたらしたヤタガイ・クレジットの追い上げが、一九七〇年代の企業間競争をさらに激しいものとしていた。

2 資金調達環境の好転と審査基準の緩和——女性・下層の金融的包摂

金利競争と融資環境の改善

この間、アコムやプロミスなどの先発業者も、融資拡大のための努力を続けていた。後発組の突き上げと、外資上陸の危機に直面した先発大手は、規模拡大を通じた効率化と低利化によって、激化する競争を勝ち抜こうと試みていた。

規模を拡大するには、元手となる資金を低利で調達する必要があり、銀行との取引が不可欠である。業界の先頭に立って初めて銀行からの資金調達に成功したのが、当時最大手のマルイト、後のアコムだった。

前章で述べたように、マルイトは木材・衣料品販売や質屋業を基礎に、多角化の一環としてサラ金に取り組んでいたため、当初はグループ内の自己資金だけで営業できた。他社が出資法の上限金利である年利一〇九・五%で貸し付ける中、マルイトは恵まれた条件を活かして利率

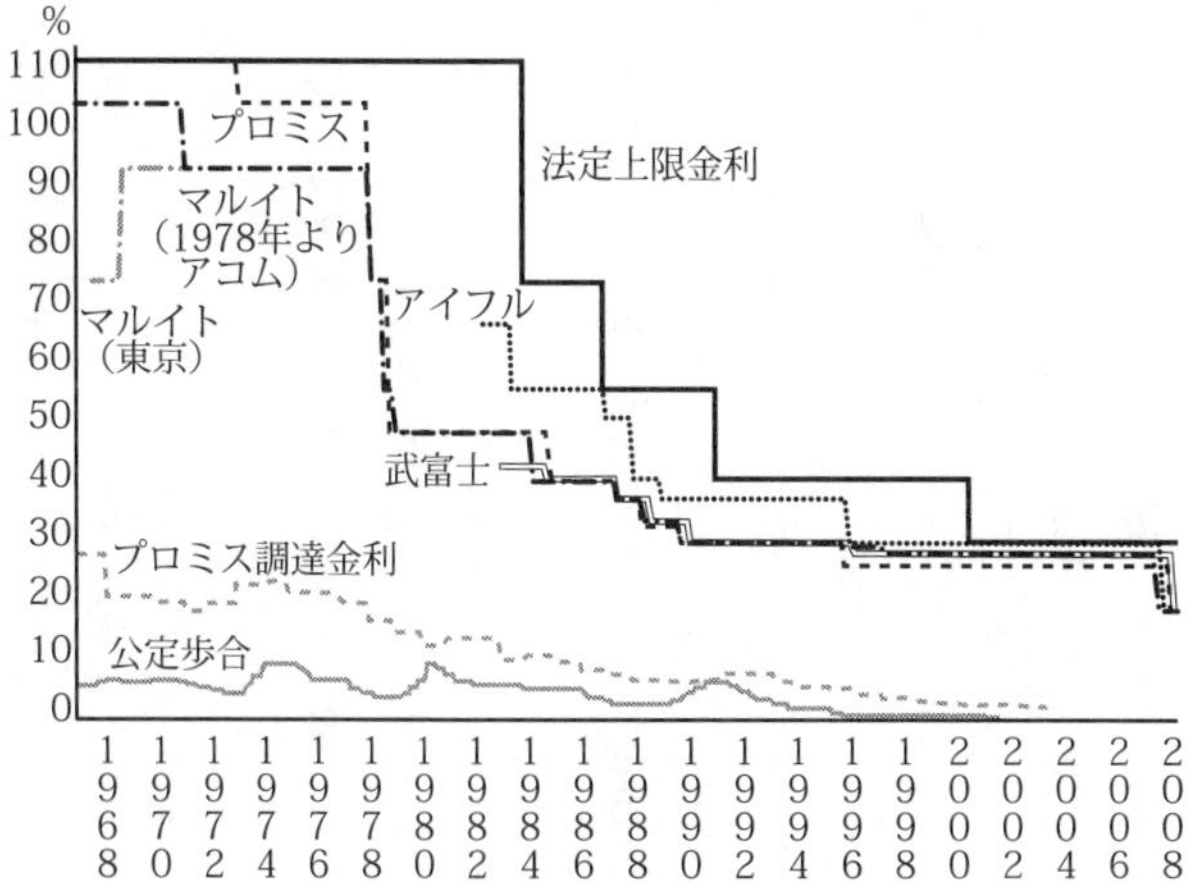

図４‐３　大手各社の貸付利率の推移　出典：各社史、川波・前田（2011）より作成

を一〇二・二％に抑え、薄利多売方針を引き継いでいた（図４‐３）。

一九六七年八月に東京へ進出した際にも、マルイトは東京限定で利率を年七三・〇％にまで引き下げており、これは当時としては画期的な低金利だった。一九七〇年一二月には東京と関西の金利を九一・二五％に統一して一部利上げしたものの、それでも業界で最も低い貸出金利を提示している。この低金利が、マルイトを最大手に押し上げた原動力だった。

マルイトは、さらなる規模拡大のため、一九七二年から幸福相互銀行や三菱信託銀行との取引を開始した。いきなり三菱信託銀行のような財閥系の一流金融機関から融資を受けられたのは、業界では異例中の異例だった。下着の販売や質店の営業などで一定の成功を収めていたマルイトは、すでに高い信用力を確立していたために、資金を低利で借り入れられたのである。

そのマルイトが同じ年に実現したのが、銀行からのローン債権担保借入だった。これは、マルイトが持つ貸付金を取り立てる権利＝債権を担保に入れて融資を受ける手法である。銀行がマルイトのローン債権を担保として認めたのは、サラ金の個人向け貸付が返済を確実に見込める優良債権とみなされた証だった。この後、プロミス以下の大手各社もマルイトの手法を模倣し、ローン債権担保によって銀行からの資金調達に次々と成功している。一九七〇年代初頭の不況下で、マルイトを先頭に銀行との取引が切り開かれ、業界に低利の資金が大量に流入したのである。

しかし、なぜ銀行はこの時期にサラ金への融資を容認したのだろうか。その背景には、サラ金業界の成長とともに、一九七〇年代における金融環境の大きな変化があった。

一九七〇年代は、銀行を中心とする従来の金融システムが大きく動き出した時期だった。この頃、働き盛りを迎えた団塊世代が老後に備えて貯蓄に励んだこともあり、日本は貯蓄不足から貯蓄超過に転じていた（ホリオカ一九九二）。

一方、高度経済成長期以降の国内企業は、多額の内部留保を蓄えており、銀行融資への依存度を徐々に低下させつつあった。多くの企業が資金調達構造を変化させていたにもかかわらず、銀行は強い規制の下で預金を集めて企業に貸し出すという伝統的な業務内容にとどまり続けており、「一種の不均衡状態」に陥っていた（星・カシャップ二〇〇六）。深尾（二〇〇二）は、一九七〇年代に生じた貯蓄超過が、八〇年代のバブルの遠因であると指摘している。

この貯蓄超過と「不均衡状態」が、サラ金の資金調達を容易化した要因でもあった。預金を持て余した銀行が、サラ金向け融資に走ったのである。

一九七〇年代に融資先の確保に苦しみ、サラ金向け融資に特に力を入れたのが、長期金融を担当する信託銀行や、日本長期信用銀行（長銀。現：新生銀行）だった。

たとえば、マルイトのメインバンクとなった三菱信託銀行は、高度経済成長期までは重化学工業を中心とする大企業の設備投資資金を貸し付けていた。しかし、景気が低迷すると収益の中心だった重要産業の長期資金需要が減退し、一九七三年の石油危機はその傾向に拍車をかけた。不況に直面した同行は、抱え込んだ遊資を活用するため、つきあいがほとんどなかった中小企業や、金融・保険業への融資を開拓する方針に転じている（日本経営史研究所一九八八）。その過程で見出されたのが、マルイトをはじめとするサラ金だった。

また、後にプロミスのメインバンクとなる長銀も、当初は長期資金供給を通じて主要企業の技術革新や大規模投資を資金面から支えるという「歴史的な使命」を有していた。しかし、一九六〇年代後半にはその使命を終え、中小企業や第三次産業などに新たな資金運用先を求めるようになっていた（白鳥二〇一七）。設備投資需要が低迷する中で、有力な貸付先を求める長期金融機関は、サラ金からの融資申し込みを歓迎したのである。

三菱信託銀行や長銀のような大規模な金融機関が、不況下で中小企業にも融資するようになれば、それまで中小企業を相手にしていた中小銀行や信金・信組は、長く取引していた顧客を奪われ、より不利な条件で他に貸付先を見出さねばならなくなる。一九七〇年代の景気後退によって、大銀行―大企業、中小金融機関―中小企業という棲《す》み分けが揺らぎ、各金融機関は新たな融資先を獲得する必要に迫られていた。

三菱信託銀行や長銀のサラ金向け融資や、ローン債権担保金融の容認、そして武富士のメインバンクとなった東京相互銀行の「営業の個性化」方針は、このような文脈で登場した。景況の悪化に伴い、金融機関間の顧客獲得競争が激化したことが、サラ金にとって大規模な資金調達ルートを切り開く絶好のチャンスとなったのである。

家計の悪化と女性向け融資の拡大

銀行との取引開始によってサラ金各社の資金調達難は着実に改善され、以前とは比べ物にならないほど多額の資金を低利で導入できるようになった。サラ金各社は、満を持してさらなる規模拡大に乗り出そうとしていた。

だが、肝心の顧客であるサラリーマンは、不況下で賃金の低迷に苦しみ、娯楽費や交際費を中心とする「前向き」の資金需要は伸び悩んでいた。高度経済成長期に確立した従来のビジネスモデルに頼るだけでは、規模拡大は困難になりつつあった。

そのため、この頃のサラ金は、「後ろ向き」の資金需要にも応じるようになっていた。アコムの社史では、「オイルショック以後経済は停滞し、所得の伸び悩みから個人消費支出は低迷をたどるようになり、利用目的も低成長の時代にマッチした生活関連資金へと比重が移っ」たとされ、プロミスの社史も「消費にたいしてこれまで前向きの姿勢にあった消費者金融のニーズが、この年（一九七四年…引用者）から生活費補塡等を中心とする後ろ向きのそれへと変化していった」と観察している。石油危機をきっかけに、「前向き」の資金使途が減少し、生活費の穴埋めという「後ろ向き」の借入申込が増加していた。

遊興費から生活費へ。資金使途の変化は、借入主体の変化にも直結した。出世のための「前向き」な資金需要を持つサラリーマン男性だけでなく、主婦による生活費の穴埋めという「後ろ向き」の資金需要が、サラ金各社によって注目されはじめたのである。

表４－１には、日本消費者金融協会が調査した顧客の職業別・企業規模別の貸付金使途を整理した。一九八三年とやや時期は下るが、この表によると、主婦の借入の九三・八％が家計関係で、最も多いのは「家計上のやりくり」（三五・四％）だった。

また、男女比は不明であるものの、大手四社（武富士・アコム・プロミス・レイク）の貸付は、この時期には家計関係が三分の二を占め、さらにその半分が「家計上のやりくり」のための借入だった。同表に示された大手四社の家計関連貸付の比率（六六・七％）は、全体平均（四九・三％）と比較して明らかに高い。大手の方が、女性の「後ろ向き」の資金需要に積極的に対応していたと考えられる。

		職業別					企業別	
		会社員	自営商工業	公務員	自由業	主婦	大手4社	全体平均
分布（N=677）		64.5	10.6	8.7	3.1	7.1	—	—
家計関係（%）	冠婚葬祭関係費	4.6	4.2	3.4	—	10.4	—	2.5
	借金返済	5.5	2.8	1.7	4.8	8.3	8.3	15.4
	病院事故などの医療関連費	3.7	5.6	10.2	4.8	4.2	—	2.5
	家計上のやりくり	7.1	6.9	3.4	4.8	35.4	33.3	19.6
	入学金寄付金などの教育関連費	4.1	5.6	1.7	4.8	8.3	—	0.8
	ショッピング	5.9	4.2	10.2	19.0	18.8	25.0	8.1
	出産関連費			—	—	4.2	—	—
	転居・増改築関係費	3.0	4.2	—	4.8	—	—	0.3
	その他	0.2	2.8	1.7	4.8	4.2	—	—
	小計	34.1	36.1	32.2	47.6	93.8	66.7	49.3
レジャー関係（%）	飲食などの交際費	15.1	2.8	20.3	9.5	—	16.7	14.3
	旅行・帰省	13.0	8.3	11.9	14.3	2.1	8.3	8.4
	ギャンブル	6.6	2.8	6.8	—	—	—	9.2
	趣味・娯楽・スポーツ	15.8	5.6	13.6	4.8	—	8.3	11.5
	その他	0.9	—	—	—	—	—	—
	小計	51.4	19.4	52.5	28.6	2.1	33.3	43.4
その他		14.1	44.5	13.6	23.8	4.2	0.0	4.7

表4－1　JCFA 加盟企業の職業別・企業別貸付金使途（1983年）　出典：『昭和58年度消費者金融白書』1983年、45、65頁より作成

従来、独自の収入を持たない主婦は、サラ金の融資対象からは排除されていた。にもかかわらず、大手各社はサラリーマン男性の「前向き」の資金需要の減少分を埋めるようにして、主婦の生活防衛的な「後ろ向き」の資金需要に、積極的に対応していたのである。

この動きを裏付けるのが、各社の女性向け商品の開発である。プロミスは、一九七四年九月に主婦をターゲットにした「奥様ローン」を発売した。会社に勤務する夫を持つ主婦（未成年者を除く）に対して、夫の健康保険証持参を条件に五万円までを

融資するというもので、文字通り「奥様」たる主婦に向けて開発された商品だった。その売れ行きは好調で、店舗によっては契約全体の約三分の一を奥様ローンが占めることもあったという。

また、一九七六年一月には、マルイトも「ご家族ローン」を売り出した。「夫婦いずれか一方が相手に内緒で借金をしたのでは健全な家計の維持は難しい」との考えから、「夫婦間のトラブルをなくし、健全なローンを目的として」開発されたものだった。利率は年利七三%で、同時期のアコムの一般的なローン（年利九一・二五%）より割安に設定された。夫と相談の上であれば、専業主婦にもサラ金を利用する道が開かれたのである。

図4-4　レイクの広告（原始家族）　出典：『読売新聞』1979年6月22日付朝刊

さらに、レイクは、一九七八年にイメージ・キャラクターを佃公彦《つくだきみひこ》の「ほのぼのおじさん」から、アニメキャラクター「原始家族」に変更し、「ほのぼの家族 ほのぼのローン」のキャッチコピーを採用した（図4-4）。「家族」を全面に押し出したイメージ戦略の変更も、サラリーマン男性だけでなく、主婦をも融資対象に取り込む方針と無縁ではないだろう。

そして、新商品の開発や新キャッチコピーの採用とともに、サラ金が女性を取り込むために始めたのが、ポケットティッシュの配布だった。

図4－5　プロミスの宣伝用マッチ箱　出典：プロミス社史より引用

かつてのサラ金の販促品といえば、マッチが主流だった。たとえば、プロミスは、一九六六年にマージャンの東南西北をあしらった四種類の宣伝用マッチを配布し、四種類をすべて集めて店舗に持ち込めば二〇〇〇円を進呈するというキャンペーンを打っている（図4－5）。当時の雀荘にタバコとマッチはつきものだったから、マージャン好きの男性にアピールしようという意図は明らかだろう。

そんな男性目線のサラ金がポケットティッシュを配布しはじめたのは、一九七三年とも言われる（市川一九九六）。

アメリカのキンバリー・クラーク社から「クリネックスティシュー」が発売されたのが一九二四年。以来、クリネックスは、長くアメリカの衛生的な生活文化の象徴だった。一九五三年からは日本でもティッシュが販売されはじめ、化粧落としの専用紙として女性の間で認知されつつあった。一九六八年には、高知県の明星産商がポケットティッシュを開発し、広告用に売り出している（『毎日』二〇〇四年七月四日付朝刊）。そして、一九七三年、サラ金が女性向け融資を拡大しようとしていたまさにその時期に、初めてポケットティッシュが配布されたという説である。

どのサラ金企業が初めてティッシュを配布したのか。残念ながら、現時点では明らかではない。大手ならどこでも、ティッシュ配りの元祖は自社だと主張するのだという（小田二〇〇六）。

そのうちの一説として、事実かどうかはわからないが、杉本（二〇〇八）が伝える武富士のエピソードは興味深い。武富士創業者の武井保雄は、女性向け融資を拡大せねばならないと考えていた。しかし、マッチに代わる販促品がなかなか思い浮かばない。そんな時、鼻炎持ちの武井がたまたま手に取ったのが、ティッシュだった。化粧落としに使うティッシュなら、女性も喜んで受け取ってくれるのではないか。この武井の思いつきが、武富士によるティッシュ配りの起源なのだという。

武富士のティッシュ配布は一九八三年からとされる（岩田一九九六）が、ポケットティッシュ配布の狙いが、何よりも女性顧客の取り込みにあったことを端的に物語るエピソードである。

信用審査の緩和

女性が融資対象として積極的に取り込まれたとはいえ、独自の収入をほとんど持たない主婦は、融資対象としてはリスクが高い。すでに触れたように、一九六〇年代のサラ金は、専業主婦の利用を基本的には排除していた。にもかかわらず、一九七〇年代に女性の取り込みが図られたのは、大手各社がリスクをとって融資規模を拡大する方向へ舵を切ったことを意味していた。

銀行からの借入に成功し、豊富な資金を獲得したこの時期のサラ金は、リスクの高い主婦だけでなく、収入の低いサラリーマンや、自営業者にも融資する方法を模索しはじめていた。従来のように一部のエリート・サラリーマンに融資を限定すれば、規模を拡大するのは難しい。融資規模が小さいままでは、事務の効率が悪く、国内他社や外資に対抗して金利を引き下げられない。大手各社の基本的な戦略は、審査基準を緩和して女性や低所得者を顧客に取り込み、規模拡大を通じた効率化とコスト節約によって金利を引き下げようというものだった。

事実、各社が成長するに従い、融資対象に占めるエリート・サラリーマンの比率は、段階的に低下していった。レイクの場合、一九六七年に七三％を占めていた上場企業勤務者は、一九七一年になると三五％にまで減少し、レイク自身が「〝脱上場会社化〟は完全にはかられた」として、こうした変化を肯定的に評価していた（『実業の日本』七五巻二号、一九七二年）。

また、プロミスは、一九六八年に京都市へ出店したのをきっかけに、従来の審査基準を徐々に緩和していった。

当時、京都には相対的に零細企業が多く、顧客の勤務先を大企業に限定すると、十分な量の融資を確保できないと予測された。そこで、京都市に出店する際、顧客の勤務先は非上場でも可とし、資本金一〇〇〇万円以上の企業に基準が引き下げられた。

さらに、一九七一年五月の福岡出店以降は、地域ごとに新たな審査基準を設けず、七二年四月に開設した岡山店では、「お勤めの方ならどなたでも」が融資の対象となった（図4－6）。これは、プロミスの金融技術を考える上で、画期的な変化だった。

すでに詳しく述べたように、創業当初のプロミスは、大阪市中心部の一部・二部上場企業に勤務するサラリーマンの上層に融資を限定していた。審査を厳しく行い、貸倒れのリスクを最小化して不幸な債務者を出さないことが、神内の言う「人間的な顔をした金融システム」の原点だった。にもかかわらず、一九七〇年代に入ると、勤務先企業の規模に基づく厳格な審査基準を廃止し、「お勤めの方ならどなたでも」融資するようになっていたのである。

さらに、一九七三年度のプロミスの社内目標は、「求めるすべての人にサービスを」とされ、七四年四月には「〝無駄足を踏ませない〟一〇〇％融資体制の強力な推進」、七六年一月には「一〇〇％融資の完全実施」が重点目標とされた。求めるすべての人に、無駄足を踏ませず、一〇〇％融資する。信用審査の事実上の撤廃が、社内の目標とされた。銀行からの融資を獲得し、競争が激化するちょうどその時期に、プロミスは「人間的な顔をした金融システム」の原則を放棄し、ほとんど無選別の融資に踏み切ったのである。

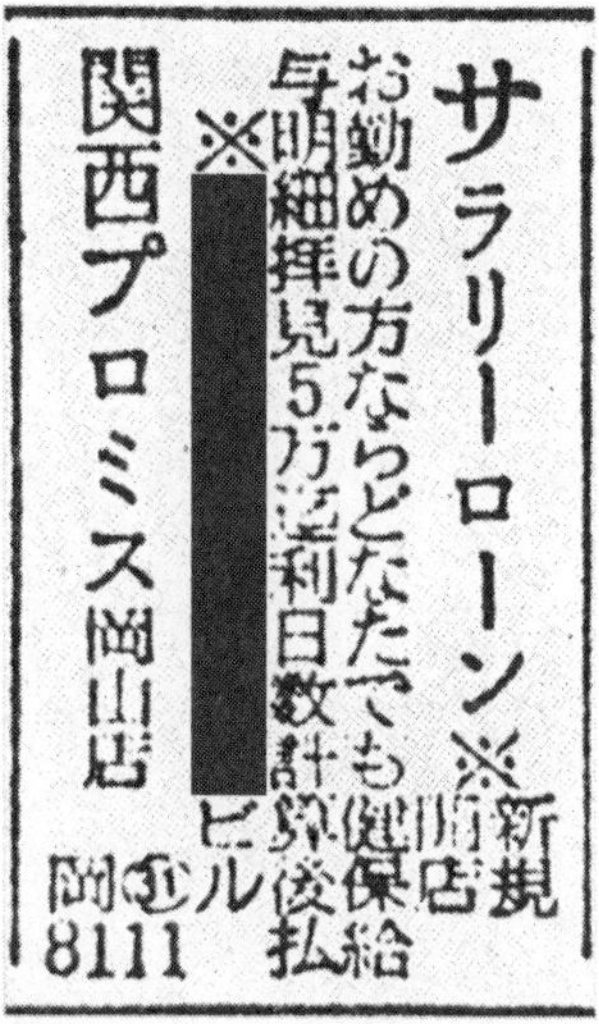

図４‐６　プロミス岡山店の広告　出典：プロミス社史より引用

こうした野放図と言わざるをえない審査基準の引き下げは、同業他社との激しい競争を勝ち抜くための措置だった。石油危機に伴うコストアップにもかかわらず、上限金利ギリギリで営業していたサラ金には、貸付金利を引き上げる、つまり値上げしてコストを利用者に転嫁する余地はなかった。だが、採算が悪化したからといって、リスクを恐れて優良な既存客とだけ取引していては、商売として行き詰まってしまう。

「底辺を広げ、新客を吸引するため、なりふりかまわず、あれこれ手を出す。ヘタな鉄砲も数撃ちゃ当たる式だ」（篠原一九七六）と言われたように、各社は争うように審査基準を緩和して「底辺」を押し広げ、融資規模の拡大に努めていた。スケールメリットを徹底的に追求し、激烈な規模拡大競争を展開したのである。

その結果として現れたのが、サラ金がセイフティネットを代替するという、本書の「まえがき」で触れた「奇妙な事態」だった。一九七七年末に『読売新聞』は次のように述べている。

「生活や小さな商いに不意の行きづまりを生じたとして、だれがどれほど助けてくれるだろう。公的な融資制度はさほど発達していないし、市中銀行はそういう点では役に立たない。サラ金が利用される背景には、そういう一面がある。裏返していえば、ニーズがあるからサラ金は成り立つ。ワラにもすがる思いの人に、いっときとはいえ手助けの働きをしてきた」（『読売』一九七七年一二月三〇日付朝刊）

サラ金企業の資金調達が容易化し、信用審査の基準が大幅に緩和された結果、生活や商売に行き詰まったリスクの高い人びとが、「ワラにもすがる思い」でサラ金を利用するようになっていた。サラ金による生活困窮者の金融的な「包摂」は、銀行の金余りという「ある種の不均衡状態」の下で家計へと本格的に資金が流入するようになった、一九七〇年代に起源を持っていたのである。

ただし、この時期の無選別に近いサラ金の融資は、必ずしも篠原が言うような「ヘタな鉄砲も数撃ちゃ当たる式」だったわけではない。女性や低所得層にも融資の対象を広げるにあたり、各社は最低限のリスク管理策を講じていた。①ブラックリストに代表される信用情報の共有と、②団体信用生命保険の導入である。

審査基準緩和の条件①信用情報の共有

経済が低迷している中で審査基準を緩和すれば、不良顧客に融資する可能性は当然上がる。独自の収入を持たない主婦や、非エリート層を顧客に取り込むことで、貸し倒れのリスクはさらに高まりつつあった。そのリスクをコントロールする上で重要だったのが、個社の壁を超えた信用情報の共有だった。

サラ金黎明《れいめい》期の一九六〇年代には、まだ業者の間で不良債務者に関する情報は十分に共有されていなかった。各社が独自に蓄積した信用情報は、門外不出のトップシークレットとされ、その共有はなかなか進まなかった。良質な顧客の個人情報は各社にとって儲けの種に他ならず、他社が不良顧客にひっかかって廃業すればその分だけ競争相手は減る。収集した顧客の信用情報をひたすら秘匿することが、自社の利益になると考えられていた。

その一方で、借入金を騙《だま》し取る不良債務者の存在は、業界共通の悩みの種だった。素人に近い人びとが容易に開業できた貸金業界では、意図的に債務不履行を繰り返す不良顧客が横行し、詐欺まがいの「サラ金キラー」によって廃業に追い込まれた業者も少なくなかった。一九六六年に直木賞を受賞した立原正秋《たちはらまさあき》『白い罌粟《けし》』は、そんなサラ金キラーを主人公に据えた小説である。

すでに割賦販売業者たちは、一九六五年に信用情報交換所を設立し、個人の信用情報を共有しはじめていた。貸金業界でも信用情報を自社だけで抱えず、少なくともブラックリストだけは共有しようという機運が高まりつつあった。

こうして一九六九年四月にマルイトなどを中心にサラ金一一社が集まって設立されたのが、日本消費者金融協会（ＪＣＦＡ）である。同協会の最初の活動は、不良債務者リストの共有だった。不良債務者の実名をブラック情報として持ち寄り、各社が協力して融資の対象から排除しようというのが、協会設立の最大の動機だった。

同協会は、さらに効率的に信用情報を共有するため、一九七二年八月に各社の共同出資で大阪にレンダースエクスチェンジ（ＬＥ）社を設立した。現在の日本信用情報機構（ＪＩＣＣ）

につながる、貸金業界初の信用情報機関である。そのサービス内容は、次のようなものだった。

LE社に加盟したサラ金業者は、窓口で顧客から借入申込を受けると、電話で顧客情報を照会する。すると、LE社の担当者がコンピュータで管理されたブラックリストと照合し、申込者が悪質な債務不履行を起こしていないかを即座に知らせてくれた。LE社の登場により、不良顧客や「サラ金キラー」を事前にチェックできるようになったのである。

一九七〇年代に各社がリスクをとって審査基準を緩和できたのも、信用情報の共有が実現したことが大きかった。大阪のLE社に続き、各都道府県単位で信用情報機関が設立され、一九七六年には一一社を数えている。このうち九社が集まって情報センターの全国組織である全国信用情報交換所連絡協議会（全情連）を組織し、後に三三に増えた各地の情報センターが改めて一九八〇年に全国信用情報センター連合会（同じく全情連）を結成している（日本消費者金融協会一九九九）。

信用情報機関の設立とネットワークの形成は、サラ金の歴史の中でも特筆すべき出来事だった。顧客の信用情報が共有されるようになり、貸し手と借り手の間の情報の非対称性が大きく縮小したからである。

もっとも、これらの組織が直ちに十分な有効性を発揮したわけではない。信用情報の共有が十分な効果を上げるまでには、次の二つの困難を乗り越えなければならなかった。

第一に、コンピュータの技術的な問題である。当初、LE社では、アメリカの情報センターに倣い、債務者の情報をすべてコンピュータで管理していた。だが、当時のコンピュータは誤作動が多く、照会の電話を受けても直ちに回答できなかった。LE社の評判は芳しくなく、加盟する企業は限られ、当初は赤字経営が続いた。

そこで、日本消費者金融協会の理事だった稲垣広太がコンピュータの廃止を決断し、手書きのカードで顧客情報を管理する「稲垣方式」へ切り替えた。加盟各社の店舗から照会の要請を受けると、職員がカードボックスに走って検索し、該当があれば信用情報を記載した個人カードを直ちに電話対応担当に手渡すのである（図4-7）。

人海戦術による単純な方法だが、職員の熟練とともに作業スピードは向上し、問い合わせを受けてから約四〇秒で回答できるようになった。精度と速度が向上した結果、LE社の経営は軌道に乗り、この後およそ一〇年にわたって稲垣方式が継続されている。一度は巨費を投じて導入したコンピュータをあえて廃止することで、LE社は信用情報の迅速な照会を実現したのである。

第二の困難が、業界の分裂騒動だった。一九七一年一一月、顧客情報の管理をめぐるトラブルから、業界二位のプロミスが日本消費者金融協会と対立した。プロミスは、同協会にとどまり続ける確たる理由もなしとして、翌七二年四月に同協会から脱退している。

LE社を利用できなくなったプロミスは、信用情報を収集するために広告代理店のサンヨーと手を組んだ。サンヨーは複数のサラ金企業と取引があり、付随サービスとして独自に作成したブラックリストを取引先に配布していた。プロミスはこれに目を付けたのである。一九七四年にサンヨーと業務提携して信用情報機関NICを設立し、翌七五年九月にはプロミスを中心に二九社が創立会員となって全日本消費者金融協会（ACFA）を結成している。まるで新日本プロレスと全日本プロレスの独立騒ぎ（一九七二年）のような事態である。

日本消費者金融協会と全日本消費者金融協会との分裂劇は、信用情報を共有する難しさと、業界の主導権争いの激しさを物語っていた。さらに後のことだが、一九九九年に銀行と信用情報を共有するために設立された「テラネット」をめぐっても、浜田武雄を中心とする賛成派と、武井保雄を中心とする反対派との間で激しい対立が起きている。信用情報の共有は、個社の利害に深く関わるため、時に業界に深刻な分裂を持ち込むことがあった。

図4-7　手作業時代のLE社　出典：日本消費者金融協会（1999）より引用

だが、一九七〇年代の日本消費者金融協会と全日本消費者金融協会の分立は、そう長くは続かなかった。全日本消費者金融協会の独立から約一年後の一九七六年一〇月に、両者は日本消費者金融協会に一本化され、翌七七年一二月には二つに分裂していた信用情報機関も再統合されている。

分裂劇を速やかに幕引きさせた最大の要因は、外資の日本上陸だった。一九七七年七月には、外資系消費者金融第一号のアブコが東京で営業を開始しており、外資上陸直後の危機的な状況下で国内の同業者が仲間割れしている場合ではなかった。再統合された強力な信用情報機関は、国内業者のリスク管理をより確実なものとし、審査基準の緩和による新客の取り込みや、外資の駆逐に大きな役割を果たすことになる。

審査基準緩和の条件②団体信用生命保険の導入

信用情報機関の設立と並び、審査基準を緩和するもう一つの前提が、団体信用生命保険の導入だった。

住宅ローンを利用した経験のある読者なら、「団信」という言葉を聞いたことがあるだろう。団信とは、「団体信用生命保険」の略称で、住宅をローンで購入する際には必ずと言ってよいほど団信への加入が求められる。万一、契約者本人が死亡ないし重度の障害を負った場合、団信に入っていれば返済を免除され、貸し手となる金融機関は未返済の貸付金を保険金によって回収できる。団信は、多額の資金を個人に貸し付けるリスクを分散する上で、極めて重要な役割を担っている。

この団信をサラ金で初めて導入したのが、武富士だった。一九七七年一〇月、武富士は千代田生命と業務提携を結び、利用客が死亡または「廃疾」になった場合、残債を生命保険でカバーする団信の提供を開始した（『日経』一九七七年一〇月一八日付朝刊）。

団信は、貸した金を取りはぐれる危険を低下させるから、その分だけリスクの高い人びとを金融的に包摂できる。一九七〇年代の大手各社は、審査基準の緩和に伴う高いリスクを、団信によって制御しはじめていた。

ただし、団信には深刻な難点があった。債務者の自殺を誘発するという問題である。この問題は、先に触れた「情報の非対称性」に加えて、「モラル・ハザード」と「逆選択」という概念で説明される。

保険会社と加入者の間に情報の非対称性が存在すると、加入者はバレなければいいだろうと、保険金を目当てに自宅に放火したり、故意に自動車事故を引き起こしたりする場合がある。情報の非対称性が大きいために発生する利用者の不正行為が、「モラル・ハザード」である。

また、リスクの高い人ほど保険に加入したがるので、保険会社は高リスクの顧客を排除するために加入審査を行わねばならない。しかし、情報の非対称性が存在すれば、有効な加入審査の実施は困難だから、結果的に不良な保険加入者が増えてしまう。健康リスクの高い病気の患者が、病歴を隠して保険に加入するようなものである。入って欲しくない人ばかりが逆に入ってくるので、この問題は「逆選択」と呼ばれる。

情報の非対称性が大きいまま誰にでも保険を販売し、リスクに応じて適切に保険料水準を設定しないと、逆選択によって不良加入者が増加し、保険会社の経営が破綻しかねない。サラ金の団信でも、自殺リスクの高い人ほど生命保険付きの金を借りようとする逆選択が生じるおそれがあり、保険金を目当てに自殺するというモラル・ハザードを誘発する可能性があった。不適切に設計された団信の誤った動機づけによって自殺が増えるという事実は、すでにいくつかの研究で統計的に確かめられている（澤田ほか二〇一三）。

だが、日本のサラ金の場合、団信の導入は、顧客のモラル・ハザードというより、むしろサラ金企業のモラル・ハザードを誘発した。ある債務者は、督促に来たあるサラ金の社員から「うちは取り立てが厳しいので有名なんだ。払えないのなら、生命保険ででも払えるんだ。なんならそうしてもらおうか」と脅されたと証言している（関口一九八四）。

延滞している債務者が自殺すれば、団信の保険金によって残債が補償されるから、サラ金にダメージはほとんどない。むしろ、某サラ金の店長は、二、三ヵ月行方不明だった顧客の自殺記事が新聞に出ると、自店の回収ノルマが減ると喜んでいたという（江波戸一九八四）。団信導入後のサラ金には、顧客の自殺を歓迎する雰囲気が存在した。顧客を自殺に追い込むことが、経営的には「合理的」な選択肢となっていた。

いっそのこと死ねばいいと言わんばかりのサラ金の過酷な取り立ては、保険金支払を意図的に増やすものだから、保険会社にとってはモラル・ハザードになりかねない。にもかかわらず、団信が継続したのはなぜか。それは、高利を取るサラ金には自殺リスクが織り込まれた高額の保険料を負担する能力が十分あり、生命保険会社の側にも売上を増やすメリットがあったからだろう。団信の導入は、人びとの金融包摂を促進する反面、サラ金の債権回収を、顧客の自殺も辞さないより過酷なものとしたのである。

なお、サラ金大手各社が団信の廃止に踏み切ったのは、二〇〇六年のことである。金融庁が発表した「消費者信用団体生命保険の調査結果について」によれば、同年に大手消費者金融五社が受け取った団信の保険金を調査したところ、死因が判明した一万三六四一件のうち三四七六件（二五・五％）が自殺によるものだった。本来、事故死や病死のリスクをカバーするための保険であるにもかかわらず、保険金受取理由の約四分の一が自殺によって占められたのである。二〇〇五年の「人口動態調査」では、二〇歳以上の死因に占める自殺の割合は二・八％とされているから、右の二五・五％という自殺率は、明らかに異常な高率だった（北二〇〇八）。

この調査結果を受けて、金融庁は「貸金業者が債務者等に対し保険金による債務の弁済を強要又は示唆するような言動を行うことは、『威迫』に該当することを明確化する」として、事務ガイドラインを一部改正した。「金を返せないなら保険金で返せ」という強要や、「団信が使えれば借金はきれいになるんですがね」などの示唆は、二〇〇六年に至るまで明確には禁止されていなかったのである。

団信の導入は、リスクの高い債務者を金融的に包摂する上で決定的に重要だったものの、債務者の自殺をも辞さない過酷な取り立てという債権者のモラル・ハザードを三〇年にわたって誘発し続けた。信用審査を緩和したことで高まったリスクを、団信という保険によってカバーし、債務者の自殺をも厭《いと》わない厳しい取り立てを行いながら、サラ金は高い収益を上げ、成長していった。

3 「第一次サラ金パニック」と貸金業規制

第一次サラ金パニック

信用情報機関と団信とに支えられて、大手各社は審査基準を引き下げ、急速に融資残高を伸ばした。図4-2に戻って一九七六年から八一年にかけての融資残高の変化率を見ると、アコムは六・〇倍、プロミスは八・六倍、レイクは八・九倍、武富士は二一・四倍にも上った。「一〇〇%融資の完全実施」を謳うプロミスでさえ霞《かす》んでしまうような膨張ぶりである。

だが、信用審査の緩和に伴う融資規模の急拡大には重大な副作用が伴った。貸倒れの増大である。

図4-8には、データが利用可能なプロミスの貸倒金額と、融資残高に対する貸倒金比率、およびROA（総資産利益率）の推移を掲げた。横に引いた水平ラインは、貸金業の経営に悪影響を及ぼすと言われる危険水準（貸倒金比率三%）を示している。

この図によると、一九七五年から七九年にかけて、プロミスは危険水準と言われる三%以上の貸倒金比率に達していた。審査基準の緩和によって不良貸付が増え、貸倒れが増加したのである。その後、一九八〇年から八二年にかけて貸倒金比率は改善しており、一応は危険な状態

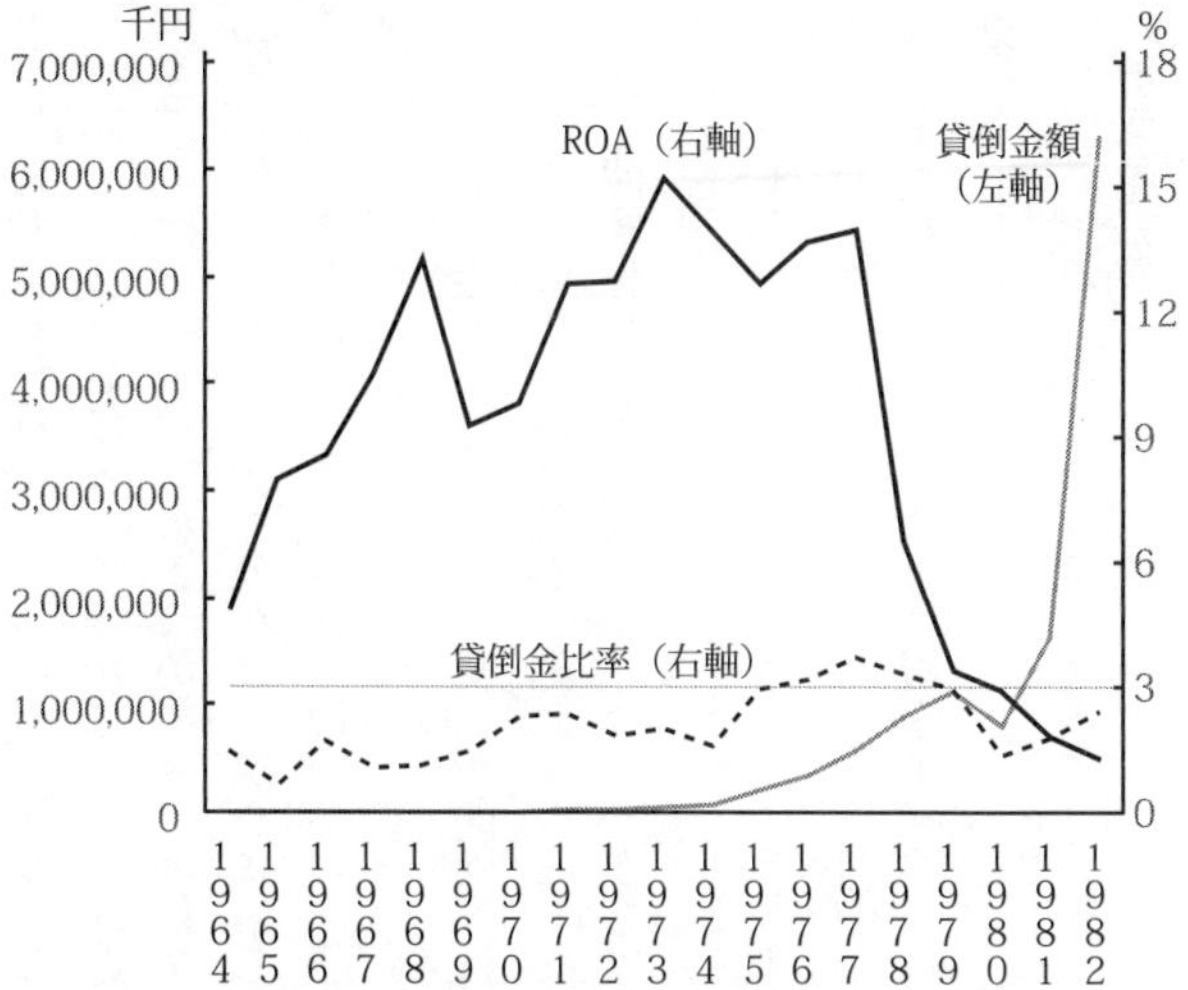

図4－8　プロミスの貸倒金額と対融資残高貸倒金比率・ROAの推移
出典：プロミス社史より作成

を脱している。

とはいえ、この間の貸倒金の絶対額を見ると、一九七四年の五八六〇万円から翌七五年には二億二四七万円と一年で一挙に四倍近くに増え、七九年には一一億一三三四万円、八二年には六三億二三一二万円と急増した。これに伴って、経営効率を示す指標であるROAも大幅に悪化している。

こうした貸倒れの急増と利益率の悪化を、プロミスはすでに予期していた。規模を拡大して顧客が多くなれば、確率論でリスクを制御できるようになる。何度もサイコロを振れば各目の出る確率は六分の一に収《しゅう》斂《れん》するという「大数《たいすう》の法則」が働くからである。多額の貸倒れを出したこの時期にも、規模を拡大したプロミスは、大数の法則に基づいてリスクをコントロールしており、各期の純利益を犠牲にしつつも黒字を確保し、業界での激しい競争に打ち勝とうとしていた。

しかし、サラ金にとっていかに経営上問題はなくとも、貸倒れを起こした債務者一人ひとりにとっては、人生を狂わされかねない深刻な事態である。各社が争って規模を拡大し、貸倒れの絶対額が大きくなった分だけ、返済に苦しむ顧客の数は増大した。サラ金が本格的に規模拡大に乗り出した一九七〇年代半ば頃から、債務不履行に絡む自殺や心中、強盗事件の報道が目立ちはじめている。

一九七七年一二月三〇日、読売新聞朝刊はこの年を振り返って「今年ほどサラ金が話題になったことはない。借金苦から逃れようとした自殺、心中や家出が年の瀬まで続いた。だが、まだ社会問題化してきたばかり。今のままではこの傾向は来年も変わらないだろう」と報じている。

一九七七年から七八年にかけて、メディアは争って「サラ金禍」を批判的に報道し、その加熱ぶりは「第一次サラ金パニック」と呼ばれるほどだった。銀行からの巨額の融資を獲得して信用審査を緩和し、高リスク層を金融的に包摂したことが、こうした「パニック」の元凶だった。

サラ金三悪

第一次サラ金パニックで注目され、その後もしばしば問題視されたのが、高金利・過剰融資・過剰取り立てのいわゆる「３K」、または「サラ金三悪」だった。

一つ目の高金利については、今さら言うまでもないだろう。年利一〇〇％以上で貸せた時代には、貸金業者は納税を延滞するのが当たり前だった。延滞利息は年利一四％だったので、税金を滞納してでも運用した方が遥かに儲かったからである（室井・岸川二〇〇三）。詳説は避けるが、金利の計算方式も現在主流となっている実質年利方式とは異なるアドオン方式で、顧客は表面金利よりも多くの利息を負担しなければならなかった。

二つ目の過剰融資については、顧客の返済能力を考慮せず、融資残高を増やすために必要以上に貸し込んだことが要因だった。これは、各社の融資残高をめぐる激しい競争によって引き起こされた構造的な問題だった。

加えて、サラ金で採用されていたリボルビング方式にも欠陥があった。リボルビング方式とは、融資の上限枠を定め、その枠内であれば返済額を一定にして何度でも繰り返し借りられる方式である。リボ払いと言った方が馴染み深いかもしれない。サラ金でリボルビング方式が採用されると、窓口の社員は自らの業績を上げるため、融資枠いっぱいに貸し付けようと顧客に働きかける。

「お金はあってても邪魔にならないでしょう？　余れば明日、返してくださって結構です」、「お客様だからこそ、ここまで貸せるんですよ」などと言葉巧みに呼びかけ、与信枠の上限額を貸し付けるのである。借入総額は増えるものの、一回当たりの返済額に変わりはないから、顧客としてもこうした提案は受け入れやすい。リボルビング方式と社員の業績評価システムが複合して、顧客に必要以上の金を貸し付ける過剰融資が横行していた。

そして、この時期に特に問題視されたのが、三つ目の過剰取り立てだった。サラ金の行き過ぎた取り立てが、債務者の自殺・心中・犯罪を誘発するとして、大きな批判を呼んだのである。たとえば、朝日新聞社会部（一九七九）が紹介するある回収担当社員の「告白」は、次のようなものだった。

「悪いことやってる、という気持ちはなかった。（顧客が自殺しても……引用者）新聞が書くのは実際に死んだりした例の五分の一ぐらいかな。家族もサラ金から借金してたなんていわないからね。警察はいつも逃げ腰で、こわいものはなかった。新聞がよう書くようになって、僕も反省しだしたわけ。

朝十時から夜は十二時がふつうやった。朝がけは四時ごろやる。ある一流会社の人のときは徹夜や、朝五時までかかった。子供が生まれたばかりで、奥さんは逃げてしまった。新婚の家財道具、五、六十万円分ごっそり運び出し、六万円で売った。負債は十五、六万。そのあとも、もちろん追い込みはいろいろやったよ。

父親と小学校六年の女の子二人の家に行ったときは、子供一人が留守番していた。おやじは確かシャブ（覚せい剤）ぼけと聞いていた。百科事典から米まで持って来た。女の子は、素直やったなあ。米はこのとき以外にも三、四回持ちだしたけど、これ効くんだよ。ぼくらにしてみれば、仕事に忠実で、どうしても成果あげんならん、といった気持ちでやってたんだけどね。

そうそう、参ったのは、三十歳の主婦。きちんきちんと返していた。遅れたので電話を入れると、ちーんて鉦《かね》の音。自殺して、葬式だった。びっくりしたな、これには。

女房はサラ金のこと、何も知らない。それでも、ときどき、家で電話してると、「やめて」なんていわれて。「片腕、折ったるぜ」とか、「流産するまでやったる」とかいうんだから、いま思えば驚く方が当たり前だな」

夜討ち朝駆けで債務者の自宅を訪問して脅迫的に支払いを迫り、現金がなければ家財や食糧まで持ち出して取り立てる。ほとんど非人間的と言わざるをえない債権回収の手法を、メディアは過剰取り立てとして激しく非難した。サラ金各社が審査基準を引き下げ、低所得層をも金融的に包摂した結果、サラ金に対する批判はかつてないほどの高まりを見せていた。

サラ金批判と立法化の困難

サラ金に対する批判は、貸倒れの増加に伴って一九七五年頃から徐々に厳しくなっていった。その先駆けとなったのが、一九七五年五月に毎日新聞が連載した特集「サラ金を衝く」だった。この連載は、サラ金の過酷な取り立ての実態を生々しく報じただけでなく、利息制限法と出資法との間に存在したグレーゾーン金利を法的矛盾として批判し、問題の根を法規制の不備に求めていた。

そのため、立法府たる国会でもこの記事は注目された。連載があった翌月の一九七五年六月、衆議院法務委員会で社会党の稲葉誠一《いなばせいいち》衆院議員が同記事を取り上げ、法務省・警察庁・大蔵省などの関係省庁に対して貸金業への対応を長時間にわたって質問している。

さらに、一九七六年五月の衆議院大蔵委員会では、同じく社会党議員の横山利秋《よこやまとしあき》が、サラ金等貸金業に対する規制を強化するよう要求し、当時の蔵相大平正芳《おおひらまさよし》から「責任をもって検討し、（中略）次の通常国会までになんらかの回答ができるようにしてみたい」との答弁を引き出した。時の大蔵大臣が検討を約束したため、貸金業に対する規制強化が俄然《がぜん》現実味を帯びることになる。

この頃、警察庁でもサラ金問題を重く見ており、一九七六年一一月を「金融事犯取締強化月間」に指定したところ、全国で高金利事犯の検挙が相次いだ。図4－9で高金利を理由とする出資法違反の検挙数が一九七六年に最多となっているのは、このキャンペーンによるものだろう。悪質な金融事犯の広がりを踏まえ、同庁は大蔵省に対し、「被害の未然防止のため、何らかの規制措置を検討する必要がある」と口頭で伝えている。

また、最高裁判所は、自ら発行する雑誌『裁判所時報』（一九七六年七月一五日号）の中で、

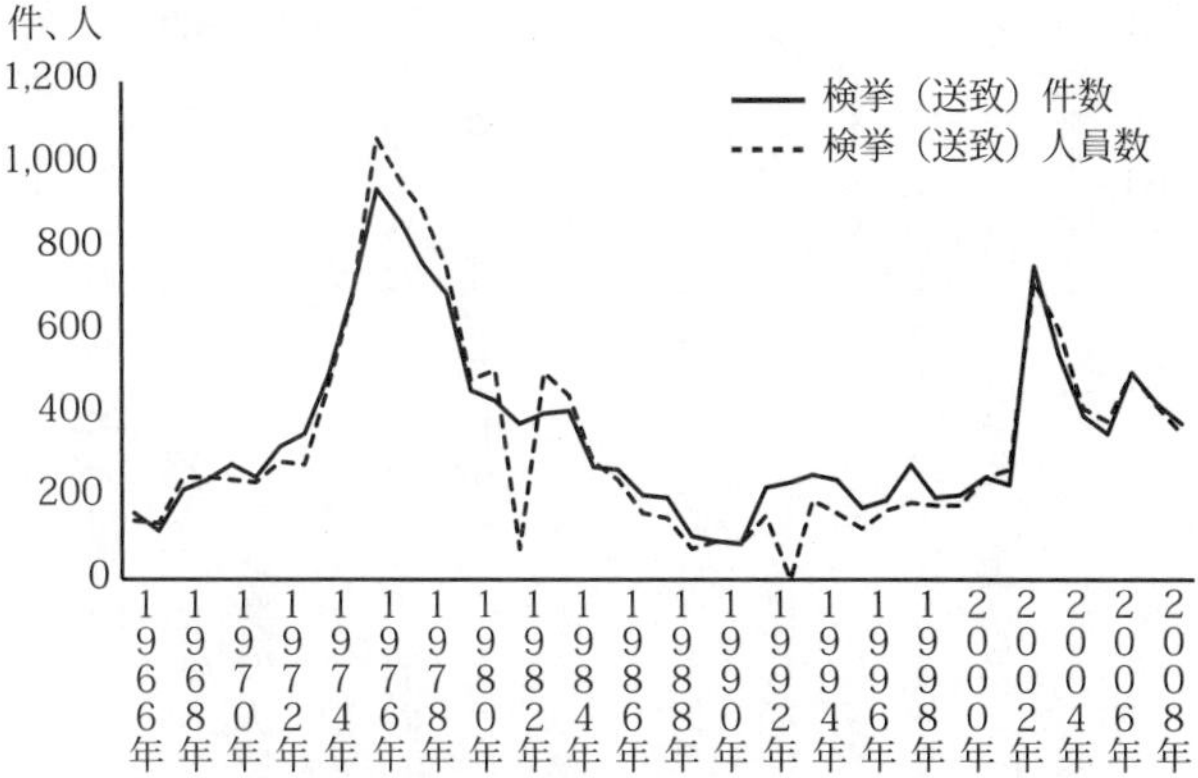

図4-9　出資法違反（高金利）による検挙（送致）件数・人員数　出典：『犯罪統計』各年より作成

高利に苦しむ債務者に対して「裁判所は制限利息しか認めないし、過払いの分は返すよう法に照らして解決を与えます。（中略）借金の返済などで争いが起こったら、近くの簡易裁判所で相談してみてください」と呼びかけていた。

最高裁は、すでに一九六八年に利息制限法の上限金利を超えた利息の支払いを「不当利得」と判示しており、グレーゾーン金利を認めないとの見解を明らかにしていた。いわゆる「過払い金」の返還請求は、一九六〇年代後半にはすでに認められていたのである。最高裁は、利息制限法の厳格な運用を求め、過大な利払いに苦しむ債務者は法律的に救済されるべきとの立場だった。

こうした動きを受けて、一九七七年五月に公明党が「貸金業法案」を衆議院に提出したのをはじめ、各政党や全国庶民金融業協会・日本弁護士連合会などが、それぞれの立場から法案を作成・発表した。

政府においても、一九七七年九月に総理府・警察庁・経済企画庁・法務省・大蔵省・自治省の六省庁が集まり、第一回目の貸金業問題関係省庁連絡会議を開催している。サラ金に対する公的な規制に関する議論が、にわかに盛り上がりはじめていた。

だが、政府内には、貸金業の法規制に対して明瞭な温度差があった。警察庁や法務省が立法措置に前向きだったのに対し、肝心の大蔵省は、サラ金業者は「法のワク内で営業しており、取り締まりはなじまない」と消極的だった（『読売』一九七八年二月一九日付朝刊）。当時、貸金業に対する規制強化策の一つとして、無審査の届出制から事前の登録制への移行が検討されており、登録に先立つ審査の煩雑さを、窓口となる大蔵省と自治省（都道府県）は警戒していたのである。

結局、①金利をどこまで引き下げるかについて理論的根拠を見出し難かったこと、②グレーゾーン金利の扱いについて関係省庁間の意見がまとまらなかったこと、という二点を理由に、一九七九年二月には政府からの法案提出が断念されている（大蔵省一九八二）。

政府案の頓挫を受け、かねてサラ金対策小委員会を設けて検討を行っていた自民党は、一九七九年五月に「貸金業の規制等に関する法律案」および「出資の受入れ、預り金及び金利等の取締等に関する法律案」（以下、この二法をあわせて「貸金業規制法」と呼ぶ）を議員立法として第八七国会に提出した。

同国会には、自民党案のほか、共産党・社会党・公明党からも法案が提出されたが、結局は一度も審議が行われないまま廃案となっている。いわゆる保革伯仲国会の中で、与野党間の合意が形成できなかったのである。

これ以降、衆議院大蔵委員会に法案が付託されても審議がなされないまま三度廃案となり、三度の継続審議を経て、ようやく一九八三年四月に国会を通過している。大平蔵相が貸金業に対する規制強化を約束してから、実に七年近い月日が流れていた。

4　サラ金に対する行政的介入

貸金業規制法がなかなか立法化されなかった一九七〇年代後半から八〇年代初頭にかけて、大蔵省としてもサラ金に批判的な世論を無視できず、現行法の範囲内で貸金業界を「健全化」するため、いくつかの規制や働きかけを行っていた。

しかし、結論から言うと、大蔵省の度重なる介入にもかかわらず、サラ金業界は一貫して業績を伸ばし続けた。以下では、一九八三年の貸金業規制法制定に先立って行われた大蔵省による行政的な介入と業界の対応を、①外資の低利規制、②国内金融機関に対する個人向けローン要請、③銀行への融資自粛通達（いわゆる徳田通達）の三点に分けて整理しておきたい。

①外資の上陸と低利規制

一九六〇年代後半から段階的に進められた資本自由化に伴い、一九七七年七月には、外資系消費者金融第一号の日本アブコ・ファイナンス・サービスが国内で営業を開始した。翌七八年には、全米第二位のベネフィシャル・ファイナンスと、世界最大の消費者金融企業ハウスホールド・ファイナンスが日本法人を設立し、アメリカの有力企業が日本市場で揃い踏みしている。この他にも外資系消費者金融の日本進出が相次ぎ、一九八〇年までに合計一〇社に達した。

大蔵省は、外資に営業を許可するにあたり、上限金利を四八％とする条件を課していた。出資法に定められた上限金利（一〇九・五％）の半分以下の金利水準を要求して競争を喚起し、サラ金業界の低利化と健全化を図ろうとしたのである。国内のサラ金に批判が集まる中、低利で融資を行う外資系消費者金融は、まるで救世主かのように好意的に迎えられた。

当時、多くの国内業者は、依然として年利一〇〇％以上の高利で貸付を行っていた。にもかかわらず、外資に四八％の金利規制をかけるというのは、あまりに厳しい措置に見えるかもしれない。

だが、豊富な資金力を有する外資は、低利規制の下でも日本市場には大きな商機があると見ていた。巨大な海外勢にとって、一〇〇％を超えるような金利水準の中でぬくぬくと営業していた国内の業者はほとんど眼中になく、日本で利益を上げるのは容易だと考えられていた。外資系消費者金融が相次いで日本進出を果たしたことで、それまで荒稼ぎしていた国内の業者は、ついに一掃されるかに思われた。

しかし、外資の進出は失敗に終わった。最終的にはアイク一社のみが残り、他の外資系企業は一九八六年までにすべて日本市場から撤退している。日本消費者金融協会に結集した国内業者は、外資系消費者金融企業をほぼ完全に駆逐したのである。

外資上陸に対する国内各社の対応は早かった。一九七七年四月にアブコの営業開始が報道されると、二ヵ月後の六月には武富士が貸付利率を従来の年利一〇二・二％から一挙に六二・〇六％へ引き下げると表明した。日本消費者金融協会でも、「アメリカの業者だけに低金利で〝正義ヅラ〟されてはかなわない」（浜田武雄）として、一九七七年九月から金利を八三・九五％に引き下げることを決定している。

最大手クラスのアコムとプロミスは、やや遅れたものの、一九七八年一月にそろって年利七三％へ引き下げた。さらにプロミスは、「米国業者の蹂躙に任せない」として、同年八月に四七・四五％の業界最低金利を打ち出し、アコムも直ちにこれに追随している。大手二社は、アブコ上陸からわずか一年余りの間に、外資の上限金利四八％を下回る水準にまで金利を引き下げたのである。

国内大手の迅速かつ大幅な利下げを可能にしたのは、コンピュータの導入による事務コストの節約、銀行からの融資量増加による資金調達コストの低下、信用情報の共有と団信の導入によるリスク管理の徹底など、企業・業界としての多面的な努力があった。中でも国内業者の最大の武器となったのが、統合された信用情報機関だった。

外資各社は、当初からサラ金の信用情報機関（全情連）への加入を希望していたものの、国内業者の強い反対により加入を許されなかった。そこで、一九七九年には外資各社が一部の国内信販会社と手を組み、別に個人信用情報機関を設立している。これは異業種横断型の信用情報機関として先駆的な試みだったが、先発の全情連が持つ強力な情報網にはかなわなかった。信用情報の乏しい外資各社は、顧客の信用力を慎重に判断するために店頭での面接審査に多くの時間をかけざるをえず、融資手続の煩雑さが客離れの大きな要因だった（STPプロジェクト二〇〇八）。

また、外資は、融資の対象として所得の多い中高年管理職の一括借り換えを重視していた。優良顧客の他社借入を自社に一本化させることでまとまった額の貸付を行い、リスクを抑えながら一件あたりの融資額を確保しようとしたのである。アイクの日本支社長だったウィルフレッド・Y・ホリエは、後に、効率的な融資が望める方策は、属性の良い中高年管理職の借り換え需要しかなかったと振り返っている（STPプロジェクト二〇〇八）。

だが、限られた中高年管理職の借り換え需要を一〇社もの外資系業者が奪い合ったから、市場はたちまち枯渇した。しかも、国内の大手各社が外資並に金利を引き下げたため、金利面での借り換えのメリットは早々に失われた。結局は、リスクの高い顧客にも融資せざるをえなくなり、信用情報の不足と相まって貸倒れが増大し、経営が悪化している。早くも一九八一年九月には、世界最大のハウスホールド・ファイナンスが日本から撤退し、他社もこれに続いた。外資の集中豪雨的な進出は、中高年管理職の借り換え需要という限定的な市場での過当競争を引き起こし、最終的には共倒れに終わったのである。

②銀行への個人向け融資要請と個人ローン元年

大多数の外資系消費者金融が日本市場で根を下ろせなかったとはいえ、外資上陸を奇貨として金利を引き下げるという大蔵省の目的は果たされた。加えて同省は、国内の金融機関にも消費者金融業務の拡充を要請し、さらにサラ金業界の健全化を図ろうとした。消費者金融そのものを抑制していた高度経済成長期とは異なり、金融当局は健全な消費者金融を意識的に育成する姿勢に転じていた。

すでに一九七三年には、郵政省が郵便局で小口貸し付けを開始しており、貸金業者たちはこれを「金融戦争の導火線」として強く警戒していた。大蔵省の認可を受けた信用金庫が一九七五年一一月に「しんきん個人ローン」を発売し、信用組合も七六年六月から個人向けの「勤労者ローン」を売り出すなど、消費者金融への参入が相次いでいた。

さらに、大蔵省は、一九七七年の全国銀行大会で、銀行が創意工夫をこらして消費者向けの個人ローンを開発するよう働きかけた。これを受けて、まず三和銀行が一九七八年三月に新型の個人向けローンを発売している。審査をパスした顧客に対し、現金自動支払機（CD）で使えるローン専用カードを交付し、五〇万円まではCDで貸し付けた。金利は年八・九%という低利だった（大蔵省一九七八）。

この金利水準だと、リスクの低い優良顧客だけを相手にせざるをえない。限られた優良顧客を獲得するため、多くの都市銀行や地方銀行はすぐさま三和銀行の動きに追随し、次々と個人向けローンを売り出した。その結果、一九七八年は「個人ローン元年」とも呼ばれている（上田一九八一）。

しかし、結果的に銀行の個人向け融資は伸び悩んだ。この頃の銀行では、貸倒れはあってはならない最悪の事態とされ、低利であっても審査や手続きが煩雑で利用しにくかった。個人信用情報の共有も貸金業界ほど進んでいなかったから、貸倒れの発生は避けられず、勢い銀行の融資態度は慎重なものになっていった。

図4-10は、民間金融機関（銀行）と消費者金融会社、および販売信用業者（クレジットカードおよび個品販売）の新規消費者信用供与額を比較したものである。一見して銀行の伸び悩みとサラ金の躍進という対比が明らかだろう。

一方、一九七〇年代後半には、販売信用業者である百貨店系のクレジットカード会社も、カード所有者に対するキャッシング枠を設け、無担保信用貸付を本格的に開始した。百貨店には属性の良い優良顧客が多く、割賦販売という広義の消費者金融の経験も蓄積していたから、無担保貸付への進出は合理的な選択だった。

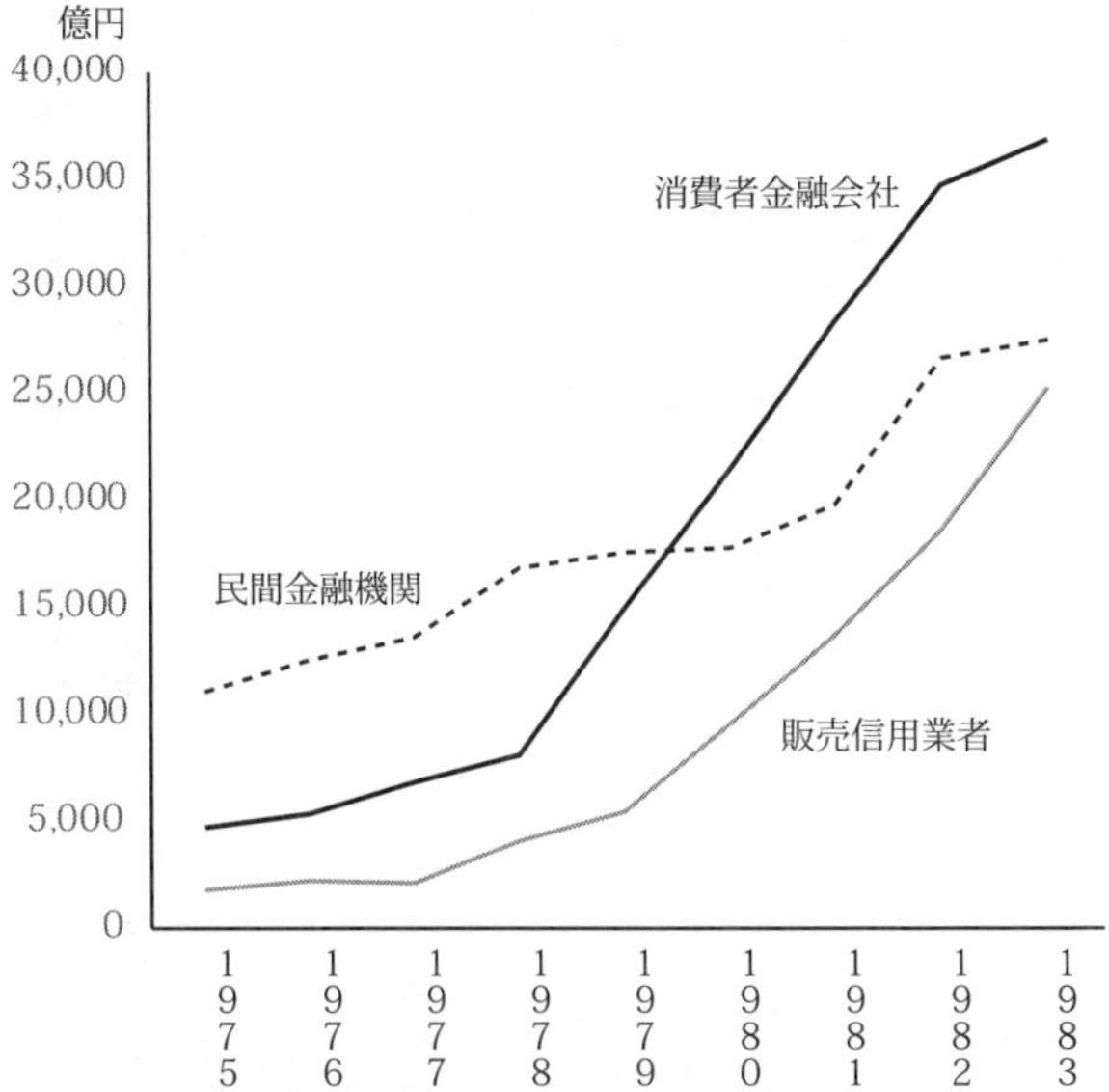

図4-10　主体別消費者信用供与額の推移　出典：『日本の消費者信用統計』各年より作成

たとえば、西武流通グループは、月賦百貨店として知られた緑屋を一九七六年に系列化し、一九七八年五月から無担保で金を貸すキャッシングに乗り出している。融資の上限額は三〇万円で、金利は年二八・二%、五万円までは身分証明書と印鑑があれば店内のキャッシング・ポイントで即座に貸した。

一九八一年二月にキャッシングを始めた丸井クレジットも、発行カード数約四六〇万枚の強みを活かして初年度中に融資残高二三〇億円を達成した。丸井広報室の担当者は、「消費者金融の暗いイメージを明るい大衆的なものにしたのは丸井なんです」と誇っている（『週刊ポスト』

一四巻二号、一九八二年）。ブランドイメージの強い百貨店や、丸井のような大規模小売業者が本格的に消費者金融市場へ参入し、競争は一層激化することが予想された。

だが、強大な異業種からの新規参入も、大手サラ金の地位を脅かしはしなかった。むしろ、社会的な信用のある大銀行や有名企業が消費者金融に取り組めば、業界全体のイメージアップが進むとして、歓迎する余裕さえ見せていた。武富士の武井保雄は、三和銀行の個人向けローン参入の報道に接して、二晩ほど眠れないくらい喜んだという（前掲『経済往来』三〇巻一号）。また、レイクの浜田武雄は、一九八三年の座談会で、次のような所感を述べている。

「私は町の金貸しということで二十年くらいやってますが、（中略）外資系の会社が入ってきたりして、マスコミの脚光を浴び、ステータスが上がったような気がした。その後、丸井さんとか西武さんが入ってきてまた一段階上がったような感じがする。だからある意味で新規参入が増えて利用者の幅を広げてくれたことは結構と考えてます」（『日経』一九八三年二月一八日付夕刊）

浜田が生きてきた「町の金貸し」の世界に、外資や銀行、百貨店が入ってきた。そのことでマスコミの脚光を浴び、「ステータスが上がったような気」さえした。もちろん浜田は、負け惜しみで言っているのではない。異業種の参入は、サラ金のダーティなイメージを薄めるのに一役買ったばかりでなく、利用者の増大という実利的なメリットをもたらしたのである。『日経産業新聞』一九八二年八月一一日付の記事は、「最近、毎月十日前になると消費者金融会社の窓口がにぎわいだす」と報じている。毎月十日がクレジットカードの決済日で、「クレジットカードの決済に追われるカード会員が足を運んでくるため」である。すでに審査基準を緩和していたサラ金は、審査をパスしてクレジットカードを作れる層よりも、さらに下層の顧客に金を貸していた。銀行やクレジットカードの利用者が借金で首が回らなくなれば、そこに口を開けて待っているのがサラ金だった。異業種からの相次ぐ参入は、結局はサラ金の顧客増加に帰結したのである。

サラ金がクレジットカードと合わせた多重債務で問題となり、「複合汚染」などと呼ばれたのは、一九八三年四月のことである（『朝日』一九八三年四月一日付夕刊）。そうした「複合汚染」の芽が、個人ローン元年である一九七八年には胚胎していた。

③徳田通達の打撃

外資の低利規制と、国内金融機関に対する消費者ローンの要請という大蔵省の介入にもかかわらず、この時期にもサラ金は成長し続けた。外資を駆逐し、低所得者を取り込むことで銀行の消費者ローンやクレジットカード業界と棲み分け、厳しい経営環境下でも依然として拡大志向を維持していた。

そんなしぶとい生命力を持つサラ金業界に、一時的にではあれ深刻な打撃を与えたのが、一九七八年三月に大蔵省から発せられた一つの通達だった。いわゆる徳田通達である。

一九七八年二月二二日、朝日新聞朝刊は「三菱信託　お得意さんはサラ金業者」の見出しを掲げ、三菱信託銀行がマルイト一社に八〇億円もの資金を貸し付けているとセンセーショナルに報じた。「サラ金業者は、九・五％の表面金利（年）で銀行から借りた金を、七三％（同）もの高利で利用客に貸して高い利益を得ていることになる」と書き立て、銀行の融資責任を問い、サラ金は儲けすぎだと批判したのである。

この報道に対して、当初、大蔵省は「銀行の良識にまかせるほかない」として黙認する姿勢を示していた。だが、批判的な世論を無視できず、報道から約二週間後の三月八日には全国銀行協会連合会などの関係六団体代表者に対し、サラ金への融資を自粛するよう通達を発した。この通達は、当時、銀行局長だった徳《とく》田《だ》博《ひろ》美《み》の名前から、「徳田通達」と呼ばれている。

徳田通達は、銀行のサラ金向け融資を全面的に停止させる劇的な効果を発揮した。プロミスの資金調達を担当する当時の財務本部長は、徳田通達が出された際、前途を悲観して「新橋駅のホームから飛び込みたくなった」と振り返っている（『日経産業新聞』一九八二年七月三日付）。金融機関からの借入に依存して経営を拡大してきたサラ金各社にとって、国内の金融機関からの融資が自粛されたことは、「まことに死命を制せられるほどのきびしい措置」（竹腰一九八三）だった。徳田通達によってサラ金の成長のスピードは鈍化し、一九七〇年代半ばから続いていた第一次サラ金パニックは、いったんは下火になっている。

資金調達網の国際化と力関係の逆転

しかし、この徳田通達をもってしても、サラ金の成長は止められなかった。サラ金各社は、ここでも活路を切り開いている。外国銀行からの資金調達である。

前述したように、一九六〇年代後半から始まる資本自由化は、サラ金業界にとって諸刃の剣だった。だが、日本上陸を果たした外資の脅威が後退すると、国内のサラ金業者にとって、資本自由化は全面的に歓迎すべきものとなった。徳田通達で国内銀行から締め出されたサラ金は、日本に支店を構えていた外国銀行からの資金調達を拡大し、資本自由化のメリットを最大限享受すべく動きはじめたのである。

この頃の外国銀行の在日支店は、採算維持に苦しんでいた。その元凶は、石油危機後の産業資金需要の低迷と、一九八〇年の「外国為替及び外国貿易法」(外為法《がいためほう》)の改正だった。従来、国内銀行は、インパクト・ローンと呼ばれる外貨建て融資の規制を受けており、海外からの資金調達には外国銀行が一日の長を有していた。そのインパクト・ローンが、外為法の改正によって国内銀行にも解禁されたのである。インパクト・ローン規制の廃止により、外国銀行は国内銀行との競争に直面し、苦境に陥っていた(竹腰一九八三)。

したがって、この時期のサラ金各社からの大口の借入申込は、外国銀行にとってまさに旱天《かんてん》の慈雨だった。外国銀行に対する大蔵省の影響力が相対的には弱く、徳田通達を軽視ないし無視できたことも、サラ金・外銀双方にとって幸いした。一九八〇年夏頃にはほぼゼロだった外国銀行のサラ金向け融資は、同年一〇月末には五八〇億円、八二年六月には一五〇〇億円と、急増している（『日経』一九八〇年一一月一四日付朝刊、『日経産業新聞』一九八二年七月九日付）。

サラ金大手各社は、外銀との取引成功を踏まえ、資金調達網をさらに国際的に展開した。一九八一年一〇月には、武富士がアラブ・エーシアン銀行を中心とする中東五行のシンジケート団と、五〇億円の融資保証契約を締結している。これは、保証枠五〇億円に対して年一％強の保証料を武富士が支払い、シンジケート保証による在日外銀の低利融資を受ける仕組みだった。在日外銀としてもアラブの有力銀行が保証先になるので、「万一の場合の債権保全体制が完備し、低利融資しても採算面での不安はない」という利点があった（『日経産業新聞』一九八一年一〇月八日付）。翌年にはプロミスも追随して同様の契約を結び、中東のオイルマネーによる融資保証の獲得に成功している。

さらに、アコムは、一九八二年五月に資金調達を担当する財務部を、第一財務部（国内）と第二財務部（国外）に分割し、財務本部を新設して両部を統括する体制に改めた。同時にスイスに駐在所を設け、クレディ・スイス銀行など外銀一〇行のシンジケート団から無担保・二年契約で約七八億円を調達している。徳田通達に苦しめられた大手各社は、資金調達ルートを大幅に国際化することで、難局を乗り越えたのである。

ちょうどサラ金が資金調達網の国際化を進めていた一九八〇年二月から一九八三年二月にかけて、日本経済は三六ヵ月間にわたる戦後最長の景気後退に直面していた（内閣府「景気基準日付」）。不況期の金融機関は、優良な貸付先の確保に苦しむのが通例である。徳田通達から三年が経つ一九八一年には、国内銀行も不況下の経営難を克服するため、徐々にサラ金への融資再開を模索しはじめていた。銀行が利益を上げられなければ信用秩序が動揺しかねないから、大蔵省としてもこれを黙認せざるをえなかった。

しかし、この頃のサラ金はすでに資金調達網の国際化を実現し、国内銀行に対する交渉力を飛躍的に向上させていた。一九八〇年から八二年まで武富士副社長を務めた竹腰洋一《たけこしよういち》は、「昭和五十六年前期までは金融機関に対するサラ金の立場は弱かった。しかし、昭和五十六年下期を境にその立場は完全に逆転した」と振り返っている。一九八二年七月にインタビューに答えた大手信託銀行の担当者も、以前は消費者金融会社の財務担当者が銀行に来ていたが、最近は自分たちから先方へ出向いていくと述べている（『日経産業新聞』一九八二年七月三日付）。

一般に、借り手の業績がよいほど借り手の交渉力が上がり、金融機関の担当者が借り手を訪問して商談を行う確率が高まる（内田二〇一二）。銀行の融資担当者が、進んでサラ金を訪問するようになったということこの時期の変化は、サラ金と銀行の間の力関係の逆転を目に見える形で示していた。

出店攻勢と熾烈な競争

「会長、金が余りだしました。今がチャンスです」

プロミス会長となっていた神内良一が、資金調達を担当する財務本部長からそんな報告を受けたのは、一九八一年末のことだった。この頃、長く続いた審査基準の緩和により、プロミスの顧客にも低所得者や多重債務者が増加しており、貸倒れがさらに多発する兆しが現れていた。

そのため、年が明けた一九八二年一月に発表される予定の重点目標は、「債権の良化」に決定していた。にもかかわらず、財務本部長は、順調な資金調達を根拠に「今がチャンス」だと主張し、リスクをとって一層の規模拡大を図るよう神内に進言したのである。神内は「やりすぎると不良債権を抱えることになるぞ」と一度は警告したが、最終的には財務本部長の積極策を受け入れている。

一九八二年四月、プロミスは「攻撃は最大の防御」をスローガンに、大規模な拡大策を打ち出した。同年七月には、「王者への道」と題した機構改革説明書を作成し、業界一位の武富士に対抗する姿勢を鮮明にしている。「債権の良化」という当初の重点目標とは裏腹に、一九八二年のプロミスは経営計画を三度も上方修正し、あえて経常利益を落としてでも拡大主義を推し進める方向に転じていた。

さらなる規模拡大の動きは、マルイトでも見られた。徳田通達のきっかけとなった朝日新聞のスクープが三菱信託銀行とマルイトを名指ししていたため、マルイトは特に資金調達に苦しん

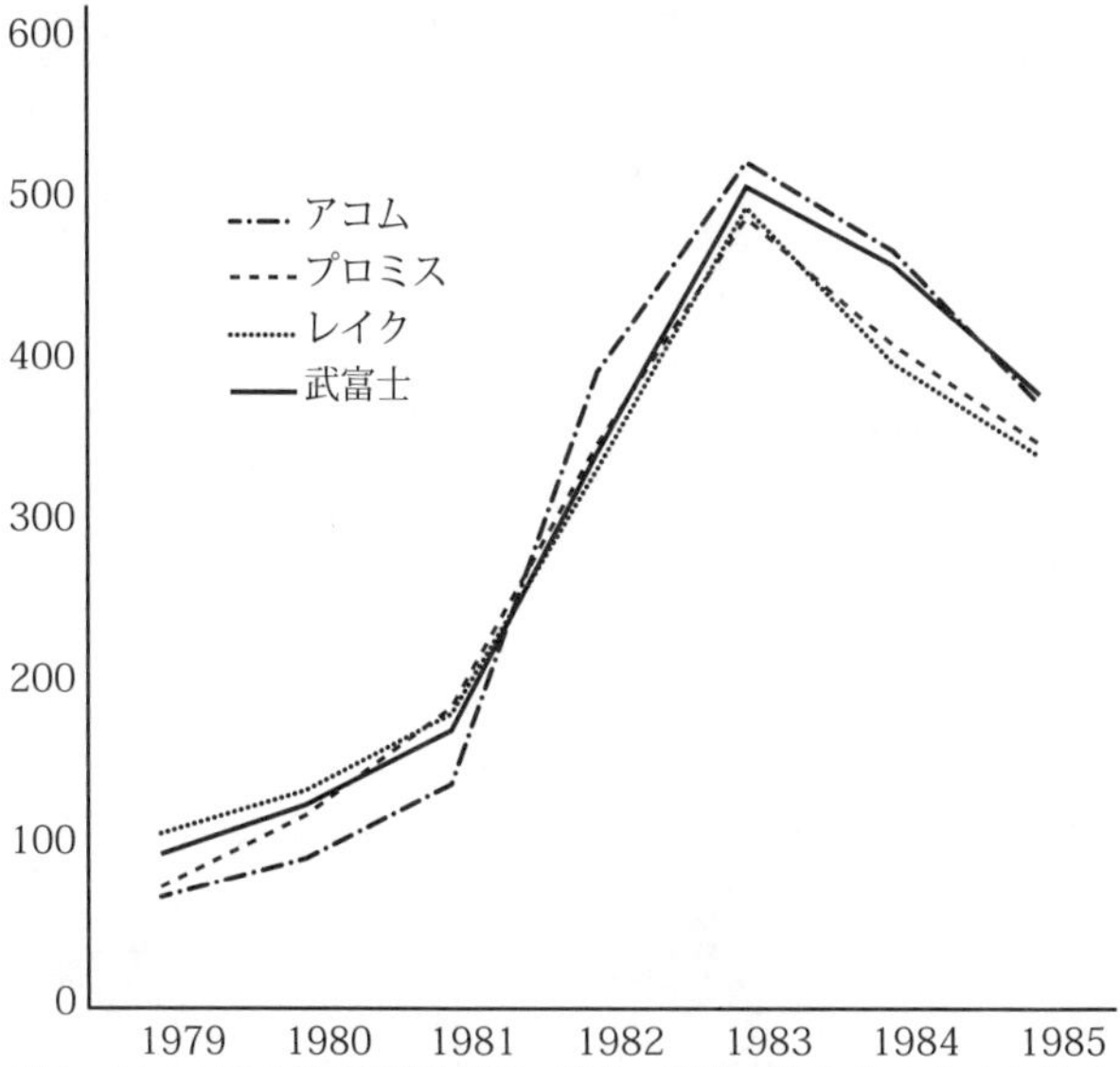

図4－11　大手4社の店舗数推移　出典：川波・前田（2011）より作成

だ。業界トップの座を武富士に明け渡し、プロミスにも抜かれて業界第三位に甘んじている。

この間、徳田通達のあった一九七八年に子会社アコムを設立してマルイトの消費者金融部門を譲渡し、ブランドイメージの一新を図るとともに、拡大策を意識的に抑制し、我慢の経営を続けていた。そのアコムが、好転した資金調達環境を追い風に、一九八二年に一挙に攻勢に転じたのである。

図4－11には、一九七九年から八五年までの大手四社の店舗数を掲げた。一九八一年まではゆるやかな増加傾向にあったものが、各社とも一九八一年以降に急速に店舗数を増やしていたことがうかがえる。特にアコムは、一九

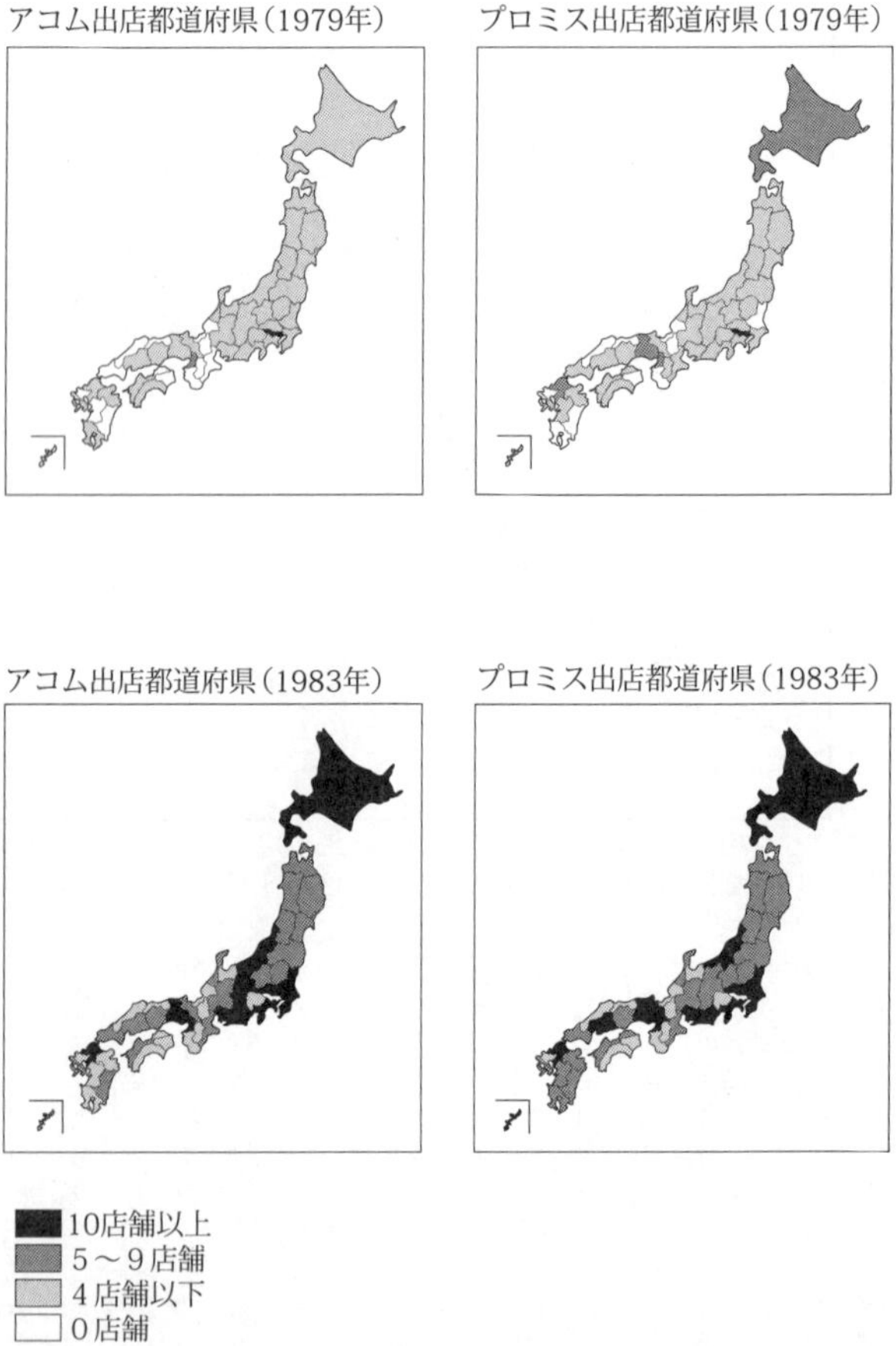

図4－12　アコム・プロミスの都道府県別出店状況　出典：各社社史より作成。店舗名から立地が判明しなかった店舗を除く

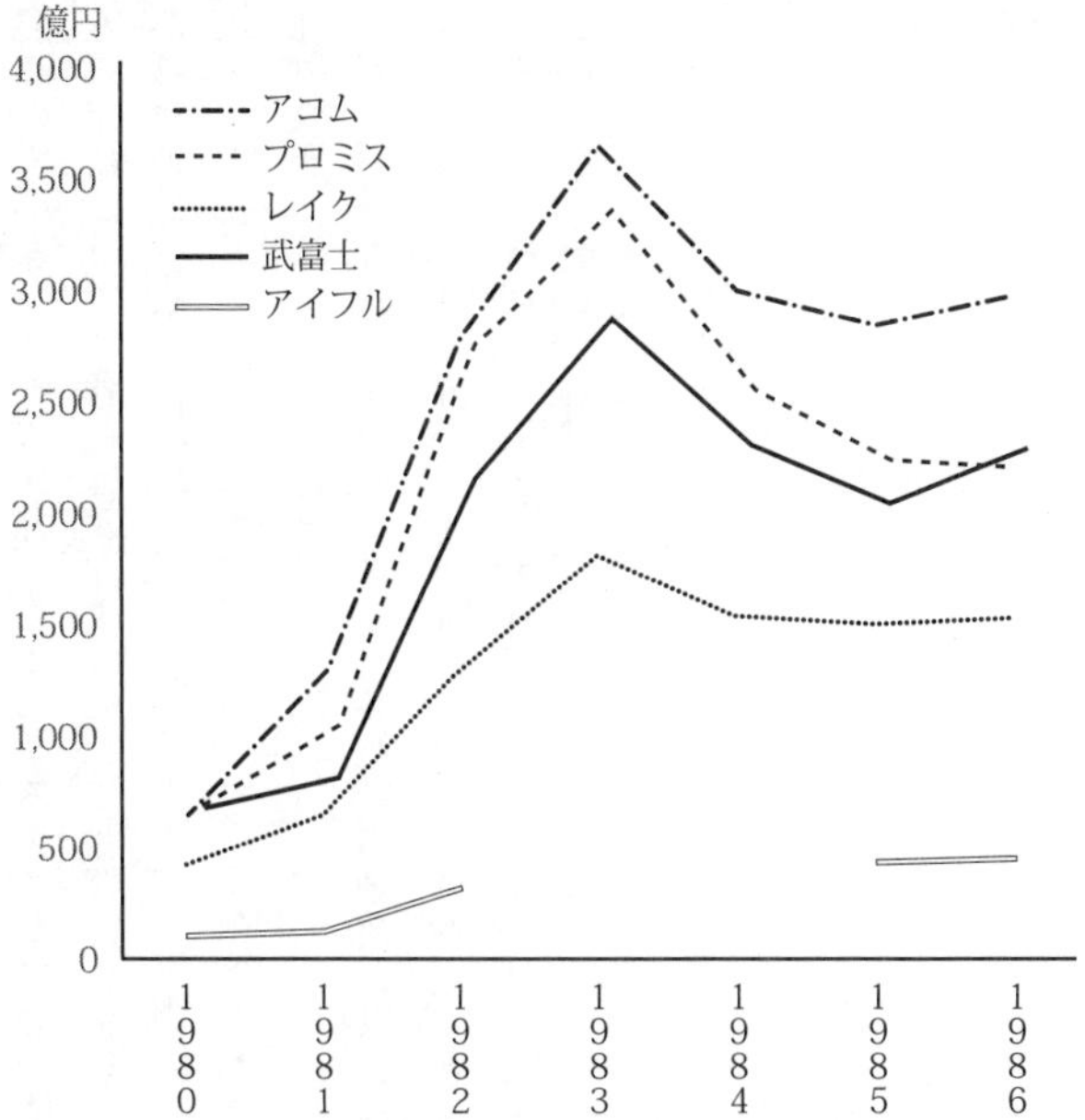

図４‐13　大手４社の融資残高推移　出典：川波・前田（2011）より作成

八一年までは四社の中で最も店舗数が少なかったにもかかわらず、一九八二年には業界最多の三九四店となり、ピーク時には五二五店を出店していた。図４‐12に見られるように、地方重視と言われたプロミスに劣らず、アコムも一九八三年には全国ネットを完成させている。サラ金への規制強化が検討される中で、銀行に対する厳格な出店規制が業界に持ち込まれるとの憶測もあり（川波・前田二〇一二）、各社は規制のないうちに店舗を増やそうと躍起になっていた。

図４‐13には、一九八〇年から八六年までの大手四社の融資

残高の推移を示した。一九八五年に至るまで業界の順位に入れ替えはないが、一九八一年から八三年にかけて、各社は競うようにして融資残高を急増させていた。一九七九年から八三年にかけての伸び率を比較すると、武富士が一一・四倍（三一七億→三六一五億円）、プロミスが八・六倍（三七七億円→三二二九億円）、アコムが七・八倍（三五一億円→二七五二億円）だった。激烈なデッドヒートである。

だが、一九八三年をピークに、各社の店舗数と融資残高は減少に転じた。一九八二年前後の急拡大によって「第二次サラ金パニック」が生じ、高まる批判を背景に貸金業規制法が一九八三年にようやく制定されたためである。規制を大幅に強化した同法は、数々の行政的介入にもかかわらず成長を続けてきたサラ金業界に対し、ついに深刻な打撃を与えたのである。

第5章　サラ金で借りる人・働く人――サラ金パニックから冬の時代へ

1　債務者の自殺・家出と精神状態

前章で見た一九八〇年代初頭のサラ金各社の急激な融資残高の拡大は、再びサラ金パニックを引き起こした。第一次サラ金パニック（一九七七〜七八年）と区別して、第二次サラ金パニック（一九八一〜八三年）と呼ばれている。被害の実態に特に大きな差はないが、第二次サラ金パニックでは、過剰な債務を背負って人生に行き詰まる人びとの存在がより明瞭に可視化された。それを端的に表しているのが、自殺者数の傾向的な増大だった。

図5‐1には、戦後の自殺者数の推移を掲げた。自殺者数は、高度経済成長期にいったん減少したものの、一九七〇年代に入ると増えはじめ、一九七九年には再び二万人を超えた。一九八三年には二万五〇〇〇人を超えて戦後最悪を更新しており、サラ金問題に伴う経済苦が増加の一因だった（『朝日』一九八四年四月三日付朝刊）。

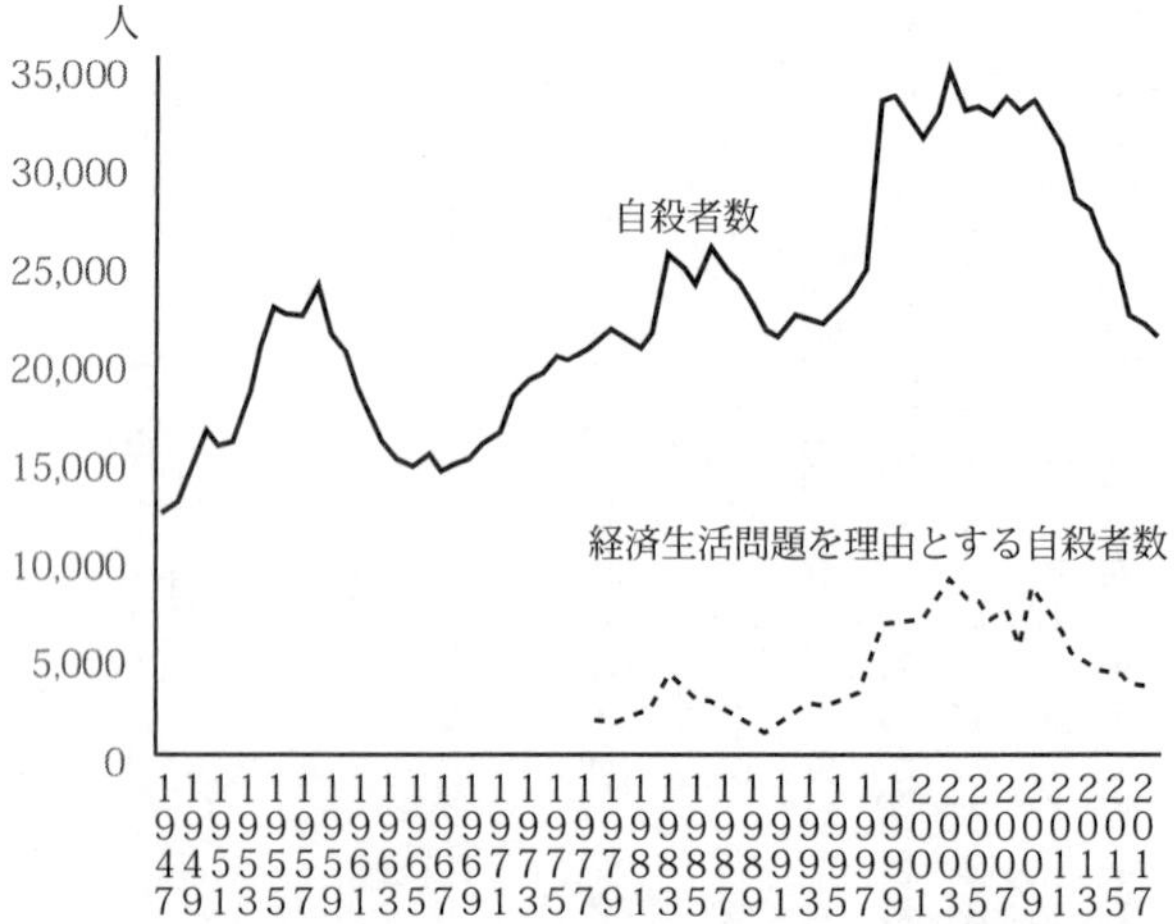

図5－1　戦後の自殺者数の推移　出典：警視庁『自殺の状況』、厚生労働省『自殺死亡統計の概要』より作成

表5－1は、一九八三年前半のサラ金苦を原因とする自殺や心中に関する報道をまとめたものである。その内容は「会社員夫婦がサラ金の借金を苦に二児を道連れに排ガス心中」、「息子の借金を苦に両親が首つり自殺、息子の会社員も半日後に自殺」など、悲惨と言うほかないものだった。

本章では、貸金業規制法の立法作業が一向に進まない中で引き起こされたサラ金パニックの実態を、利用者とサラ金社員の両視点から明らかにし、それを踏まえて貸金業規制法の制定過程とその影響を検討したい。

サラ金苦と性差①家出する女性

サラ金苦を理由とする自殺や犯罪の増加を重く受け止めていたのが、警察庁だった。同庁は、貸金業が犯罪や自殺・家出の温床にな

No.	月日	地域	事件概要
1	1月30日	福岡県行橋市	サラ金の借金を返済するため自宅に放火、保険金を詐取しようとした男が送検
2	2月6日	佐賀県唐津市	会社員夫婦がサラ金の借金を苦に2児を道連れに排ガス心中
3	2月6日	兵庫県神戸市	サラ金から多額の借金をした妻が家出、残された夫が小学生の2児を刺殺し、自殺未遂
4	2月12日	三重県磯部町	サラ金の借金を苦に左官業者が大学生、高校生の子と排ガス心中
5	2月14日	東京都世田谷区	サラ金の借金を苦に主婦が夫と息子を絞め殺す
6	2月15日	秋田県由利郡	息子の借金を苦に両親が首つり自殺、息子の会社員も半日後に自殺
7	2月16日	東京都	警視庁が50万円を詐取した男を逮捕。被害者の夫婦はサラ金の借金を返済できず自殺
8	2月20日	鹿児島県鹿児島市	自動車用品販売店主が経営難と借金苦から一家4人心中
9	2月20日	香川県大川郡	家政婦がタクシー運転手の息子とサラ金心中
10	2月23日	埼玉県狭山市	老夫婦と二男が長男の借金を苦に首つり心中
11	3月2日	兵庫県尼崎市	サラ金苦のガードマンがオノで妻子3人を殺傷、無理心中図る
12	3月16日	神奈川県横浜市	借金苦の男が自宅に灯油をまき焼身自殺を図る。4棟焼失、本人は逃げる
13	3月20日	岐阜県中津川市	運転手一家がサラ金苦で排ガス心中。子供4人死亡
14	3月22日	愛知県稲沢市	左官業夫婦が小学生の子供2人を殺して蒸発。保証人となっていた数家族も姿を消した
15	4月8日	広島県広島市	タクシー運転手一家が排ガス心中、夫婦と長女が死亡。むち打ち症の後遺症とサラ金苦が原因

表5-1　1983年初頭のサラ金関連事件　出典：『日経』（1983年4月16日付西部朝刊）より引用

属性		男性				女性			
		家出		自殺		家出		自殺	
		人	%	人	%	人	%	人	%
職業別	主婦	-	-	-	-	196	53.0	11	61.1
	公務員	51	5.2	13	8.0	1	0.3	0	0.0
	会社員	269	27.5	63	38.9	23	6.2	1	5.6
	学生	18	1.8	2	1.2	0	0.0	0	0.0
	自営	202	20.6	26	16.0	24	6.5	3	16.7
	無職	136	13.9	25	15.4	39	10.5	1	5.6
	その他の有職者	301	30.7	32	19.8	87	23.5	2	11.1
	不明	2	0.2	1	0.6	0	0.0	0	0.0
	計	979	100	162	100	370	100	18	100
借入金使途別	生活費	50	5.1	15	9.3	133	35.9	4	22.2
	物品購入	14	1.4	1	0.6	16	4.3	1	5.6
	レジャー	106	10.8	12	7.4	34	9.2	1	5.6
	ギャンブル	419	42.8	70	43.2	12	3.2	1	5.6
	営業資金	149	15.2	16	9.9	28	7.6	2	11.1
	その他	66	6.7	14	8.6	27	7.3	2	11.1
	不明	175	17.9	34	21.0	120	32.4	7	38.9
	計	979	100	162	100	370	100	18	100

表5－2　1978年における職業別・借入金使途別借金を原因とする家出・自殺人数　出典：警察庁「貸金業の利用に関連を有する利用者の自殺・家出状況調」（全国サラ金問題対策協議会〔1980〕所収）より作成

っているとの認識から、一九七八年に貸金業の利用に関連する自殺・家出状況を調査している。その結果を示したのが表5－2である。これによると、自殺や家出といった多重債務者の極端な行動には、明瞭な男女差が存在した。まずは女性の側の事情から見ていこう。

同表によると、女性債務者の自殺者数一八人に対し、家出人数は三七〇人で、圧倒的に家出が多かった。過剰な債務を背負った女性たちは、自殺の衝動を抑制しうる程度には理性的な状態を保ちながらも、家出に走る可能性が相対的には高かった。

なぜ彼女たちは家を出なければならなかったのか。借金を苦に家出したある主婦は、家族に向けて次のような手紙を書き送っている。

「最初に、だまって家を出た事をゆるして下さい。あやまってすむ事ではないこともわかっています。どんなにせめられても、ののしられてもしかたのない事です。

又、多額の借金を残した事も申しわけありません。前に話をした時に、あんなにこれだけかと言われたのに、額が大きすぎて、とても言えませんでした。結果的には、言わなかったのがもとで、ふえることになりました。自分ではどうにも出来ない事もわかっていたのに。

家を出てからというもの、一人で居るという事のさみしさといい、つらい事といい、これもみな自分自身のまいた事。今、罪をうけているのだと思います。

暗くなるのを待って、なんべんも家の近くまで行きました。こんな不祥事をおこして家を出たわたしが、二度とあなたや子供達の前に姿を現してはいけない事もわかっています。夜になり、七時、七時三〇分、八時と時間がたつにつれて、どんなテレビを見ているのかなあ、九時になると、もうねたかなあと思うだけで、涙があふれてとまりません。

これもみな自分が悪いのだと思うばかりです。

会社も改築して、これからだというのに申しわけありません。こんなわたしなんか、妻として、母親として資格なんかないのです。みんなのそばにいない方がいいのです。」（甲斐一

九八二）
二一世紀に入ってからの調査だが、宮坂（二〇〇八）は、多重債務問題を「家族には言えない・言いたくない」者の比率や、多重債務問題を契機に「別居や離婚の話が出ている」者の比率は、男性よりも女性の方が高かったと報告している。女性の方が婚姻解消のリスクが高く、多重債務問題を打ち明けにくいという構造があり、そのことがこの手紙にもよく表れている。
手紙は、「こんなわたしなんか、妻として、母親として資格なんかないのです。みんなのそばにいない方がいいのです」と結ばれている。多重債務という家計管理責任からの逸脱が、妻・母親としての「資格」喪失という自己否定に直結するものとして認識されており、そうであるがゆえにこの女性は「家出」を選択しなければならなかった。「家族の戦後体制」の下で主婦が担っていた家計管理責任の負担が、多重債務を抱えた女性に家出を選択させる一因だった。

サラ金苦と性差②自殺する男性

再び表5－2に戻って男性について見ると、一九七八年に借金苦で自殺した一八〇名のうち、九〇％に当たる一六二名は男性で、自殺に追い込まれた債務者には圧倒的に男性が多かった。自殺した男性の四割以上がギャンブルを理由とする借金に苦しんでいたから、半ば自暴自棄に陥って自死を選択した者も少なくなかったと推測される。

だが、男性による自殺の要因は、ギャンブル依存に伴う異常な精神状態だけに帰せられるものではない。男性の自殺者が多い背景には、生命保険の設計上の問題や、「男らしさ」に関わる性規範の存在など、いくつかの要因が複合していた。

一九七〇年代後半の団体信用生命保険（団信）の導入についてはすでに触れた。だが、サラ金利用者の大多数は、自分に生命保険がかけられているとは知らなかった。借入契約を結ぶ際に、団信に関する説明がほとんどなかったからである（中川二〇〇六）。

そのため、一九八〇年代の借金苦による自殺者の中には、団信とは別に自ら生命保険に加入し、免責期間である契約後一二ヵ月が経過するのを待って自死したと思われる例が少なくなかった。保険業界で言うところの「一三ヵ月目の自殺」である。

たとえば、「一三ヵ月目の自殺」で亡くなったある自営業の男性は、債務不履行を苦に自ら命を絶ち、保険金を使って債務を整理するよう遺書で指示していた。この男性の遺族にＮＨＫ取材班がインタビューを試みた際、遺された妻は、自殺した夫に対する心境を次のように語っている。

「ありがたかったです。債権者の人からも銀行や同業者の人からも「男の中の男やったなあ」とほめられました。（中略）あの人は予科練の出身でしたもんね。最後は死んでも私ら

のためになろうとしたんです。潔くて勇気のある人でした」（NHK取材班・斎藤一九八六）

夫が自殺してくれて「ありがたかった」。遺された妻の言葉は、いささか衝撃的である。しかし、この発言を取材班から聞かされた別のある男性は、自らも「一三ヵ月目の自殺」の未遂者だったため、次のように理解を示していた。「遺族の方の気持ちは、正直なところだと思う。私だってあのように思われたいという気持があったからこそ、自殺を考えたんですからね。潔い日本男子でありたかったんですよ」

男の中の男。潔い日本男子。自殺した男性もその一人だったという予科練（海軍飛行予科練習生）は、多くの特攻隊員を出したことで知られている。「一三ヵ月目の自殺」の当事者たちの発言には、戦争の記憶やナショナリズムとも絡み合いながら、「男らしさ」に関わる意識が端々に顔をのぞかせていた。

多重債務に陥った男性がしばしば自殺を選んだ背景には、家族に迷惑はかけられないという「家長」としての責任意識とともに、潔さや自己犠牲、「男らしさ」といった、男性に期待される固有のジェンダー規範が色濃く影を落としていた。戦後日本に特有の「「男らしさ」の価値体系」が、返済に行き詰まった男性債務者たちに「一三ヵ月目の自殺」を選び取らせていた。

家出や自殺に至らずとも、多重債務に陥った人びとが一種の異常な精神状態に陥ることは、男女を問わず決して珍しくなかった。毎日のように借金返済に追い立てられれば、金を返せない不甲斐なさと情けなさで自己否定に陥り、将来への不安から精神的な問題を抱え込むのは無理からぬことである。

精神科医の野田正彰《のだまさあき》は、多重債務者の病的な精神状態をつぶさに観察し、それを著書『日本カネ意識』（一九八四）にまとめている。同書で野田は、多重債務者が陥る病的な精神状態を「ローン・アカシジア」と名付けた。

「アカシジア」とは、着席不能、静坐不能などと訳され、不安・焦燥・興奮などの精神状態に伴って見られる運動亢進の症状を指す。多重債務者は、不安と後ろめたさからどうしても落ち着かず、しばしば足踏みをしたり、手を盛んに動かしたり、身体を前後左右に揺すったりする。自分でも異常だと思いながら動かずにはいられない。動くことで多少とも焦燥がやわらげられるように感じられるからである。立ったり座ったり、部屋を歩き回りながら、「こんなはずではなかった。こんなはずではなかった」と我知らず独語する。これが、典型的なローン・アカシジアの症状である。

ローン・アカシジアの焦燥状態から抜け出すには、取り立てそのものを止めるか、夜逃げ・自殺以外に手立てはなく、罹患すると自分の家でさえ安住の場ではなくなってしまう。野田は、異様な精神状態に陥った多重債務者の事例を数多く収集し、サラ金が引き起こしている社会的な病理現象を生々しく報告している。

その野田があとがきで「残念」としているのが、「消費者金融にたずさわる人の研究ができなかったこと」だった。野田の観察によれば、消費者金融の従業員は、役員でさえ自社に勤めることに不安と後ろめたさを抱えていた。その反面、利用者を好ましくない「敗北者」として見下しており、自己の職業を卑下する気持ちと利用者への軽蔑の念は表裏一体を成していた。

だが、『日本カネ意識』が刊行された一九八〇年代半ばの時点では、サラ金企業に勤める人びとの声はまだ表立って現れておらず、インタビューも難しかったのだろう。野田は、サラ金従業員の「不信と不安の構造」に関する検討の必要性を、同書の末尾で提起している。

翻って現在では、消費者金融の元従業員が発表した様々な手記や、内情を暴露的に描いた報告が数多く出版されており、サラ金で働く人びとの精神状態を検討するための資料は豊富に存在する。次節では、そうした文献資料を利用して、債務者を追い詰める側に立っていた「消費者金融にたずさわる人」の心の動きと労働のあり方を、具体的に検討してみたい。

2　感情労働と債権回収の金融技術

男女間の役割分担

サラ金の有人店舗には、原則として男女がそれぞれ最低一人は配属された。窓口での対応や、一回目の延滞を起こした顧客に対する連絡は男女問わず担当したが、基本的には女性が営業、男性が債権回収というように、男女の分業がはっきりしていた。業界内で女性支店長はめずらしくなかったものの、最大手の武富士では、回収は基本的に男性社員の仕事であり、回収できなければ支店長にはなれないという暗黙の了解があったという（中川二〇〇六）。

小田（二〇〇六）は、こうした男女間の性別役割分業の理由を、客には男性が多いので女性の甘い声で営業をかけた方が成績が上がり、反対に債権回収は男性でないとなめられるうえ、客の暴力などの危険があるからだと説明している。

貸金業者は、「貸すときの地蔵顔、返すときの閻魔《えんま》顔」などと言われることがある。サラ金では、女性に地蔵顔、男性に閻魔顔を割り振ることで、店舗の運営が円滑になるよう工夫していた。貸し付ける時には顧客の自尊心を尊重して丁寧な接客を心がけ、反対に回収の際には軽く思われないよう力強い態度で返済を要求する。サラ金における男女間の分業は、女性社員を債務者の予期しない行動から隔離する配慮と同時に、顧客（特に男性）の感情を自社に都合よくコントロールしようという意図に基づいていた。

顧客の感情に働きかけるサービス業に独特な労働のあり方は、「感情労働」と呼ばれる。漫画『闇金ウシジマくん』を社会学の視点から丹念に読み解いた難波（二〇一三）は、「感情労働」という言葉を生んだホックシールド（一九八二＝二〇〇〇）が、集金業務を感情労働の一つとして挙げていることに着目している。

肉体労働者が肉体で稼ぎ、頭脳労働者がアイデアや専門知識を売っているように、感情労働者は自らの感情をコントロールし、顧客の感情を雇主に有利なように誘導することで賃金を得る。営業スマイルを浮かべ、航空機内で「真心」のこもったサービスを提供するキャビン・アテンダント（CA）は、典型的な感情労働者である。

ホックシールドによれば、CAだけでなく、顧客の未払い代金を回収する航空会社の集金人も感情労働に従事していた。集金人は、必要に応じて怒りや苛立《いらだ》ちを露わにし、料金を滞納する顧客の罪悪感や恐怖心に働きかけて回収を行うからである。

サラ金の社員もまた、航空会社の集金人に類似した業務に従事しており、ホックシールドの言う感情労働者とみなせる。以下では、サラ金やクレジットカード会社などの消費者金融に特有な感情労働である債権回収に注目して、その実態に迫ってみたい。

感情労働としての債権回収

現在、一般の消費者に対する債権回収には厳しい規制が加えられている。一九八三年に制定された貸金業規制法によって、債務者に返済を督促できる時間帯の制限や、「威迫《いはく》」の禁止などが明確化され、その後も段階的に規制が強化された。一九九〇年代のプロミスで「資金回収の神様」と呼ばれたある幹部は、顧客の心を巧みに開かせ、個人的な信頼関係を構築して金を取り立てることに長けていたという（岩田一九九六）。

しかし、こうしたマイルドな取り立ての一方で、脅迫的に支払いを求めることも珍しくなかった。サラ金業者は、巧みに法の抜け穴を探り当て、言葉を慎重に選びながら事実上の「威迫」を加えており、過酷な取り立ては二一世紀初頭に至るまで止むことはなかった。

感情労働としての債権回収について生々しい証言を残しているのが、元中堅サラ金業者の室《むろ》井《い》忠道《ただみち》である。室井・岸川（二〇〇三）によれば、債権回収の際には、延滞している債務者に「効率よく怖がって貰う」ことが必要だった。一日に何軒も回収に行くのだから、四六時中怒鳴っていては声が嗄《か》れてしまう。そのため、服装は「おっかなそうな格好」でなければならない。「我々の取立の時は、アメ横で買ってきた特攻服を若いヤツに着せたり、ダークスーツで行ってたけど、いまのヤミ金の連中もそういうドスを利かせる感じでしょう。作業着やジャージじゃ怖がらないから」。恐怖という感情を掻《か》き立てる強面の回収スタイルは、大手の消費者金融も大同小異だったと室井は述べている。

加えて、室井の店舗では、回収を行う別室のテーブルとして特に幅の狭いものを選んで置いていた。顧客と顔が接近している方がプレッシャーをかけられ、取り立てや交渉で有利になるからである。債務者の精神を効率的に圧迫し、恐怖心を煽るための細々とした工夫は、回収業務の過程に様々な形でちりばめられており、そうした工夫が債権回収の成績を上げるうえで不可欠だった。

債権回収の担当者が感情をコントロールする対象は、債務者本人だけに留まらず、時に債務者の家族にも及んだ。法律的には、浪費的な使途のために借りた金は、債務者本人以外に返済の義務はない。一九八三年に制定された貸金業規制法では、家族を含む第三者への支払い要求が明確に禁止されている。

にもかかわらず、同法制定後も某サラ金は勉強会を開き、債務者の家族に入金を説得するロールプレイング研修を行っていた（ほのぼの二〇〇三）。講師となる上司が夜逃げした債務者の父親を演じ、回収役の社員は代理返済に応じるよう働きかけるのである。

社員の間では「学芸会」などと揶揄《やゆ》されていたが、父親役の上司は豊富な債権回収の経験を持っており、役作りは真に迫っていた。研修では、入金を説得する際には「返済しろ」とは決して言わず、「協力」を「お願い」するという形で、貸金業規制法違反を免れようとしていた。本来は違法であるはずの代理弁済を引き出すためのノウハウが、研修の場で議論され、共有されていた。

さらに、親だけでなく子どもに対して督促を行うこともあり、サラ金業者が小学校宛てに支払催告書を送りつけて問題化したこともあった（『朝日』一九八三年六月一八日付朝刊）。督促を受けて恐怖を感じた子どもが、夜尿や自傷行為を起こした例も報告されている（武富士被害対策全国会議二〇〇三）。一九九九年に大手サラ金に入社した金太（二〇〇三）は、子どもを利用した債権回収の方法を、やや冗談めかして次のように紹介している。

延滞している債務者に電話で督促していると、支払いを引き伸ばすために子どもに受話器を取らせ、「親はいません」などと居留守を使われることがある。そんな時には、子どもに向かって「僕、アンパンマンだけど……」と名乗るのがよい。子どもは「ホントに?」と食いついてくるから、今度家に行くからね、などと言って丸め込めば、親に電話を代わってくれる。結果的に親が電話口でアンパンマンにペコペコ謝ることになるので、子どもの夢を壊してしまうが、やむをえない。小学生になると疑われるから、あくまでも対象年齢は五～六歳くらいまで。年末ならば、アンパンマンはサンタクロースに置き換えてもよい。

債務者本人だけでなく、家族の感情をもコントロールしながら債権回収を行う手立ては、しばしば面白おかしく話題にされ、共有された。小手先の小細工も含めた工夫の積み重ねによって、サラ金の回収技術は徐々に進化し、債務者をさらに追い込んでいく。「パパ／ママはどうしてアンパンマンに謝ってたの?」などと子どもに聞かれた債務者が抱くであろう屈辱感とやり切れなさは、察するに余りある。時に家族も巻き込みながら、債務者本人に精神的打撃を与えることが、債権回収を効率的に進めるうえでは有効であり、必要だった。

感情労働と重層的な労務管理

だが、こうして債務者を精神的に追い詰める側の感情も、常に平穏ではいられない。先にも取り上げた『闇金ウシジマくん』の舞台、カウカウ・ファイナンスの社員たちは、追い込みをかける債務者に対して時に同情を覚え、罪悪感さえ抱く。そんな時、社長の丑嶋は社員に向かってこう言う。

「後味の悪さを金に換えたンだ。受け入れろ。それが俺たちの仕事だ」。借金の取り立てに従事する人びとは、債務者の感情をコントロールする一方、業務に付随して発生する自らの負の感情をも受け入れて、働き続けねばならない（難波二〇一三）。

新卒で信販会社に就職した岡崎昂裕《おかざきたかひろ》は、債権回収部門に配属された直後、担当していた二人の顧客が督促後に相次いで自殺したため、心身症直前にまで落ち込んだことがあった（岡崎二〇〇二、同二〇〇三）。「自殺した顧客の妻から、恨みの籠った声で電話が掛かってくるのではないか、督促したら、また誰かが死んでしまうのではないか」と恐怖を覚え、平日でも頻繁に会社を休むようになった。精神的に問題を抱えた岡崎を、陰でこう言って嘲《あざけ》る同僚がいたという。

「そんなことくらいで落ち込むようなやつに、金貸しは無理だろうな」

債務者に対して同情心や罪悪感を覚えるという人間的な心の動きは、債権回収業務にとってはノイズでしかない。顧客の自殺を「そんなことくらい」と片付けられる精神的な鈍感さが、債権回収の担当者には求められていた。

この後、岡崎は配置換えとなり、かつて支店で一緒だった親しい先輩の下で債権回収に従事することになった。しかし、環境が変わっても鬱々とした状態は一向に克服できない。すると、直属の上司となった先輩から、「顧客をお客様として尊重し、誠意をもって交渉すれば結果は出るはずだ」と諭され、さらにこう発破をかけられたという。「お前な。女房子どもがいるんだろうが。見殺しにするつもりか。いつまでも、甘ったれてんじゃねえぞ」。

誠意をもって職務を遂行すれば必ず報われると励ます一方で、家族への愛情と責任感に訴えて突き放す。硬軟あわせた激励と説得が、岡崎を立ち直らせた。岡崎は、この先輩の言葉で債権回収のプロになろうと決意し、職業人生上の大きな転機になったと振り返っている。

だが、第三者から見ると、この説得の文言は、やや紋切り型であるようにも思われる。うがった見方をすれば、こうした部下への説得は、ある種の労務管理技術ともみなせる。債権回収を担当する部署の管理職は、債務者や遺族の激しい負の感情に直面して動揺する末端職員の感情をも、巧みにコントロールしなければならない。この先輩にとって、岡崎のように回収業務に躊躇《ちゅうちょ》する部下を奮い立たせることは、日常的な業務の一つにすぎなかったのだろう。

丑嶋社長が負の感情を受け入れるよう社員に命じ、岡崎の先輩が誠意と家族愛に訴えて部下を説得したように、債権回収の感情労働は重層的に展開していた。図式的に言えば、恐怖心や屈辱感を煽られる債務者→債務者に直接対峙《たいじ》することで感情を揺さぶられる末端社員→その末端社員の感情をケアし、コントロールする上位の社員、というように、いくつかの感情労働が重層的に折り重なることで、サラ金の債権回収業務は遂行されていた。

職務の「脱人格化」と自己責任論

債権回収に伴う精神的負荷を軽減する方法は、感情労働の金融技術というべきものだった。たとえば、元アイフル社員の笠虎崇《かさこたか》にとって、入社当初は債権回収ほど嫌な仕事はなかった。その嫌悪感を払拭する上で、上司から受けた次のような助言が有効だったという。

「いいか、殺人犯や凶悪犯の役をやる役者が、素の自分でやっていたら罪悪感にさいなまれて嫌になっちゃうだろう。取り立ても同じ。素の自分で取り立てしていたら嫌になるのは当たり前。ドラマだと思って、こわもての取り立て役になったつもりで演技するんだよ。そうすれば、舞台（仕事）の上でどんなにえぐい取り立てやっても、その舞台が終われば、そこで起こったこととは関係のない、自分に戻れる。仕事とプライベートをしっかり分けてやれば、取り立てで辛い思いはしなくなるぞ」（笠虎二〇〇六）

取り立て役を演じる「役者」になりきることで、仕事とプライベートを切り分ける。これは、ホックシールドが depersonalization（「脱個人化」あるいは「脱人格化」）と呼んだ対応である。取り立て役を「演じる」ことで、業務から本来の自己の人格を分離し、債権回収につきまとう罪悪感を受け流すのである。

こうした職務の「脱人格化」は、自分を偽ることになるため、しばしば労働者本人の自尊心を傷つける。ホックシールドは、「脱人格化」を行う感情労働者は、やがて自分を偽ることに嫌気が差し、最終的には燃え尽きる可能性が高くなると指摘している。

この指摘は、確かに一面では正しい。就職氷河期にカード会社に入社した榎本まみは、「脱人格化」に成功しているように見える練達の社員でも、心身を病んで退職する者は少なくなく、それはまるで「人の消費や使い捨てのような労働だった」と述べている（榎本二〇一二）。

だが、「脱人格化」が感情労働者を燃え尽きさせるというホックシールドの見立てに対しては、鈴木（二〇一二）が的確に整理しているように、多くの批判が寄せられている。実際、サラ金の感情労働者が、職務の「脱人格化」によってむしろ精神的な負荷を軽減し、自尊心を守ろうとしていたという証言は、数多く残されている。

その一つが、債権回収をある種のゲームとみなす方法である。某サラ金の元社員は、「相手の債務状況や家族関係、営業店の交渉履歴などのデータを駆使して、いかに回収できるかを考え、追い込む。まさにゲームだった」と述べている（『朝日』二〇〇六年九月一九日付朝刊）。債権回収をゲームだと考えれば、返済に苦しんで延滞する債務者は「勝負」の相手なので、打ち負かしても同情する必要はない。単純に債権を回収できれば「勝ち」だから、勝利の達成感で罪悪感を打ち消すことができた。典型的な職務の「脱人格化」である。

加えて、債権回収に伴う心理的負荷を軽減するもう一つの方法が、自己責任論の内面化だった。サラ金社員は、延滞する債務者を自業自得だと割り切り、徹底的に追い詰めたのである。

元大手サラ金のある社員は、次のように振り返っている。

「当時の上司の口癖は、「悪いのは客。どんなことを言っても許されるんだ」と。しょせんは電話での督促ですから、何を言おうが、どんな悪態をつこうが気楽なんです。だんだん相手を攻めたてる面白味にも目覚めちゃって、こいつら人生の負け組なんだと……。責任転嫁もいいところですけど、当時の私はほんとにそう思っていました。」（須田二〇〇六）

債務の返済に苦しむ顧客を自業自得であると決めつけ、「こいつら人生の負け組なんだ」と自らに言い聞かせる。そうすれば、債務者を責め立てることには「面白味」さえ感じられた。債務者に対する共感や同情を意識的に断ち切り、債権回収業務を円滑に進めるうえで、自己責任論の内面化は有効だった。だからこそ、上司は部下に向かって「悪いのは客。どんなことを言っても許される」と口癖のように繰り返したのだろう。

こうした自己責任論の内面化や、職務の「脱人格化」が、感情労働に従事する人びとの心理的な負担の軽減に貢献したことは間違いない。自業自得の客にならどんなことを言っても許される」と信じ、取り立ては「演技」や「ゲーム」にすぎないと自分を納得させれば、債権回収に伴う精神的な負荷を、少なくとも短期的には軽減できた。顧客の追い込みに付随する心理的な葛藤を回避し、自尊心を守るための方策が、職場の上司と部下、先輩と後輩という感情労働の重層的な構造の中で伝承されていた。

債権回収者の皮膚感覚

ところで、債務の回収業務は原則的には弁護士にのみ許されており、不用意に返済を迫れば、弁護士法で禁じられた非弁行為に該当する可能性があった。また、回収の過程では脅迫まがいの行為を伴うことが少なくなかったため、債権回収の記録を残す際には極度の慎重さが要求された。

しかし、中堅貸金業者だった室井忠道の会社では、回収ズレして社員が無感覚にならないよう、担当社員に債権回収の日報を提出することを義務づけていた。社員の側でも記録を付けるのを面白がるようになり、中には「文学的表現」を持ち込む者も現れたため、日報賞なる社内表彰制度さえ設けていたという。

こうした試みそれ自体が、サラ金業者のある種の痛覚の欠如を物語っているとも言える。しかし、日報の作成と回覧は、各自が編み出した回収技術を社内で共有するうえでも有用であり、経営的な合理性を有していた。その報告書が室井・岸川（二〇〇三）の巻末に掲げられているので、最後にそこから記事を一つだけ引用してみよう。

「M・S（無職）

昭和五三年五月九日　二三時〇〇分（報告者、IとH）

新規のお客でありながら、一度も入金なし。会社にも出社していない。夜二三時〇〇分頃アパートを見つける。ドアを叩くが、応答無し。裏に回り、窓ガラスを叩いたり懐中電灯で照らすが同じ。再びドアを叩く。郵便受けを指で開け、口をつけて「中にいるのは解っている。空気の匂いで解るんだよ、Mさん」何度か続けると、十分程して電灯がつき、本人、パンツ姿で登場。ふてくされている。しばらくやりとりして、一万円入金する。妻を連帯保証人とする。

豪雨の為、クリーニング仕立ての背広がびっしょり。急に腹が立つ。　完済」

五月上旬の夜中、取り立てを恐れて窓を締め切っていれば、パンツ姿になりたくなるほど蒸し暑かったのだろう。豪雨の中でドアの郵便受けに口をつけ、室内の匂いを嗅ぐ。そのムッとした匂いが、こちらにまで伝わってくるようである。

ここで、家の中にいるのが「空気の匂いで解る」と言っているのは、単なる脅し文句ではなかったらしい。室井自身、多重債務者に特有な体臭を嗅ぎ分けられるとして、その理由をこう述べている。「自己破産前の逃げ回る生活を強いられている人間は、よくいうイヤな汗をかくんですよ。始終そういう状態だからね。一日中追い詰められまくってるんだから。異常な体のストレスで体の循環がいかれちゃうんですよ」。室井は、その汗の臭いが嫌で、多重債務者が逃げ込むことの多かった町のサウナにも行けなくなってしまったという。

室井が言うように、本当に多重債務者の「体の循環がいかれ」ているのかはわからない。二〇一八年には、化粧品メーカーの資生堂が「ストレス臭」の原因物質を特定したとの報道もあったが（『日経産業新聞』二〇一八年一〇月三日付）、筆者にその科学的な当否を判断する能力はない。

いずれにせよ、担当社員の嗅覚を含む身体感覚に支えられた回収技術は、他の金融機関が容易に真似できるものでなかった。サラ金の回収担当者たちは、皮膚感覚を研ぎ澄ませた取り立ての専門家集団であり、高い債権回収率を現場の最前線で支えていた。債権回収という感情労働は、担当者の個人的な熟練に強く依存しながら遂行されたのである。

この点で、統計学やコンピュータを駆使して洗練の度を高めつつあった事前の信用審査と、事後の債権回収とは、顕著な対比を見せていた。泥臭く足を使って対面する機会を作り、外見や言葉で恐怖心や屈辱感を与えて債権を回収する感情労働の金融技術が、サラ金の高収益を支え、債務者をさらに社会的・精神的に追い込んでいった。

3　貸金業規制法の制定と「冬の時代」

「サラ金被害者の会」結成

「いくら苦しくても、死ぬのはやめてともに助け合い、サラ金地獄から抜け出そう」

そう呼びかけて「サラ金被害者の会」（以下、「被害者の会」と略）が結成されたのは、一九七七年一〇月のことだった。組織づくりを主導したのは、同年五月に大阪で一五名の若手弁護士が結成した「サラ金問題研究会」である。この研究会の目的は、サラ金に対する法規制を議論し、被害者の救済方法を検討することだった。サラ金苦に陥った被害者と、被害者を支援する弁護士とが起こした社会運動は、やがてサラ金に対する規制強化実現の大きな原動力となる。

弁護士の木村達也の回想によると、被害者の会が結成された経緯は、次のようなものだった。

一九七七年五月、サラ金苦の相談が増えていることに気づいた大阪の若手弁護士たちが、解決法を探るために「サラ金問題研究会」を結成した。同年六月にメディアで好意的に紹介されると、全国から相談が殺到する。中でも研究会の呼びかけ人だった木村は、相次ぐ取材や相談者への対応に忙殺された。見かねた先輩弁護士の中村康彦は、木村に「被害者の会」を組織するよう助言している。

中村は、公害訴訟の分野で多くの経験を積んでおり、被害者を組織することの重要性を知る人物だった。さらに、森永ヒ素ミルク中毒事件で名を挙げた中坊公平《なかぼうこうへい》も、一九七七年に大阪弁護士会の公害委員会から消費者保護委員会を独立させて委員長となり、七八年には木村を同委員に選任した。一九六〇年代後半以降、四大公害病や食品汚染問題が次々と訴訟に発展しており、そこで蓄積された弁護士たちの経験と組織が、サラ金問題でも活かされていた。そんな経緯もあって、サラ金問題は「第二の公害」とも呼ばれた。

中村の助言を受けた木村は、さっそく「被害者の会」の組織化に動き出した。しかし、日々返済に追われ、昼も夜も懸命に働いている人びとの中から、運動の核になってくれそうな候補者を探すのは難しかった。

図5－2　木村達也（1978年）
提供：朝日新聞社

ある夜、木村は、協力してくれそうな相談者たちを会議室に集め、被害者の会の必要性を説いた。しかし、彼らに「被害者」の意識は少なく、反応も発言もほとんどない。そこで、木村は自己紹介を兼ねて全員に厳しい取り立ての体験を話してもらうことにした。すると、次々に発言が続き、参加者の緊張感と警戒心が一気に薄れ、仲間意識が芽生えた。後に、木村は、「サラ金被害者は孤独と不安の中で悩み苦しんでも人に相談できず、一人耐え続けていたのだ。借金返済に苦しむ同じ仲間を見出して安心し、結束したのだ」と振り返っている。

木村らの努力の結果、一九七七年一〇月二四日に全国で初めて被害者の会が大阪で結成された。記者会見には新聞社やテレビ局の記者が数多く集まり、マスコミの「サラ金地獄」報道はさらに加熱していった。

この時、被害者の会の初代会長職を引き受けたのが、当時五〇代の男性Mだった。Mは、多重債務者としてサラ金からの厳しい取り立てを受け、親子四人で心中しようと夜の街をさ迷ったことがあった。空腹に耐えかねて一本のコーラを買い、公園の水で薄めて分け合って飲み、そのうまさから心中を思いとどまったという経験の持ち主である（江波戸一九八四）。

余談だが、サラ金被害者の救済に奔走した弁護士の木村晋介《きむらしんすけ》は、右の内容とはやや異なるM会長の経験談を聞いて衝撃を受け、サラ金問題に関わるようになったと振り返っている（木村一九九〇）。こちらの木村弁護士は、椎名《しいな》誠《まこと》の自伝的小説『哀愁の町に霧が降るのだ』に登場する木村晋介、「怪しい探検隊」や「東日本何でもケトばす会（東ケト会）」のメンバーである。

この時期のサラ金問題は、メディアで盛んに報道されたこともあり、若く勢いのある弁護士を多数引きつけていた。後に日弁連会長となる宇都宮健児《うつのみやけんじ》も、多重債務者に関わる案件を引き受けることで事務所独立の契機をつかんだ。北海道釧路市の今瞭美《こんあけみ》のように、地方に波及したサラ金問題の実態を鋭く告発し、武富士から「天敵」（中川二〇〇六）と恐れられた弁護士もいた。皮肉にも、サラ金業界は、被害者を増やしすぎたがゆえに借金問題を扱う弁護士に安定した収入を与え、被害者運動を継続して支援することを可能にしたのである（上川二〇一二）。

話を被害者の会に戻そう。Mが会長職を引き受けることでようやく組織された被害者の会に対し、世間の目は冷たかった。多くの消費者団体は「借りたものを返さない方が悪い」と関心を示さず、一般からの寄付もごくわずかしか集まらなかった。登録会員は一年足らずの間に八〇〇名を超えたが、自身の問題が片付けば会に寄り付かなくなるか、サラ金に追い詰められて活動どころではなくなってしまった。逆境の中でもM会長はくじけず、「夫や妻、兄弟がサラ金禍にひそかにあえいでいるかもしれないんですよ。他人事じゃないんだ」と、熱心に活動に取り組んでいた。

被害者の会の運営に意欲を燃やすMは、自宅の電話番号を公開して相談者からの電話に連日対応し、優しい言葉をかけ続けた。しかし、会結成から三ヵ月が経つ頃、Mは心身に不調をきたしてしまった。「どの相談も暗く重く悲しいものであったから、その精神的苦しみから逃れられない」と言うのである。さらにその三ヵ月後、Mが被害者から預かった返済金約八〇〇万円の使い込みが発覚した。「酒を飲まずにはいられなかった」というのが、Mの釈明だった。

被害者の会は、横領したMを自首させることに決めたものの、この経緯が某新聞にすっぱ抜かれ、運動は一時苦境に陥った。精神的にも経済的にも深い傷を負った当事者たちが被害者運動に従事するのは、決して容易ではなかった。

それでも、一九八三年までに全国で二一の被害者組織が結成され、運動は着実に全国へ広げられた。恐怖心や罪悪感を煽られた多重債務者たちが業者に毅然《きぜん》と立ち向かうには、法律的知識を身につけるだけでは不十分で、弁護士や被害者の会といった背後の「味方」が必要だった（大山二〇〇二）。サラ金禍に苦しむ人びとの声は、有能な弁護士たちや自助グループの支援もあって、徐々に大きくなっていった。

破産件数の急増

追い込まれても返す金のない多重債務者が、自殺や夜逃げ以外の方法で問題を解決しようとすれば、最後に残された手段は自己破産である。その方法を確立したのが、被害者の会と、それを支援する弁護士たちだった。

図５－３には、一九五二年から二〇一七年までの全国の地方裁判所で新規に受理された破産事件数の推移を掲げた。二〇〇三年のピーク時と比較すれば小さいが、貸金業規制法が制定された翌年の一九八四年にまず一つ目の山があることに注目されたい。

一九五二年から七〇年代までの破産事件数は、おおよそ年間二〇〇〇件前後で推移していた。しかし、一九八四年には二万六三八五件へと急増し、このうち貸金業関係の比率は、初めて数値の得られる八五年には六七・一％と、三分の二以上を占めた。

一九八三年六月一八日付の『朝日新聞』朝刊は、「自殺、心中や夜逃げよりは、なけなしの財産を投げ出しても自己破産の宣告を受けた方が――。サラ金の返済に困り、ぎりぎりのがけ

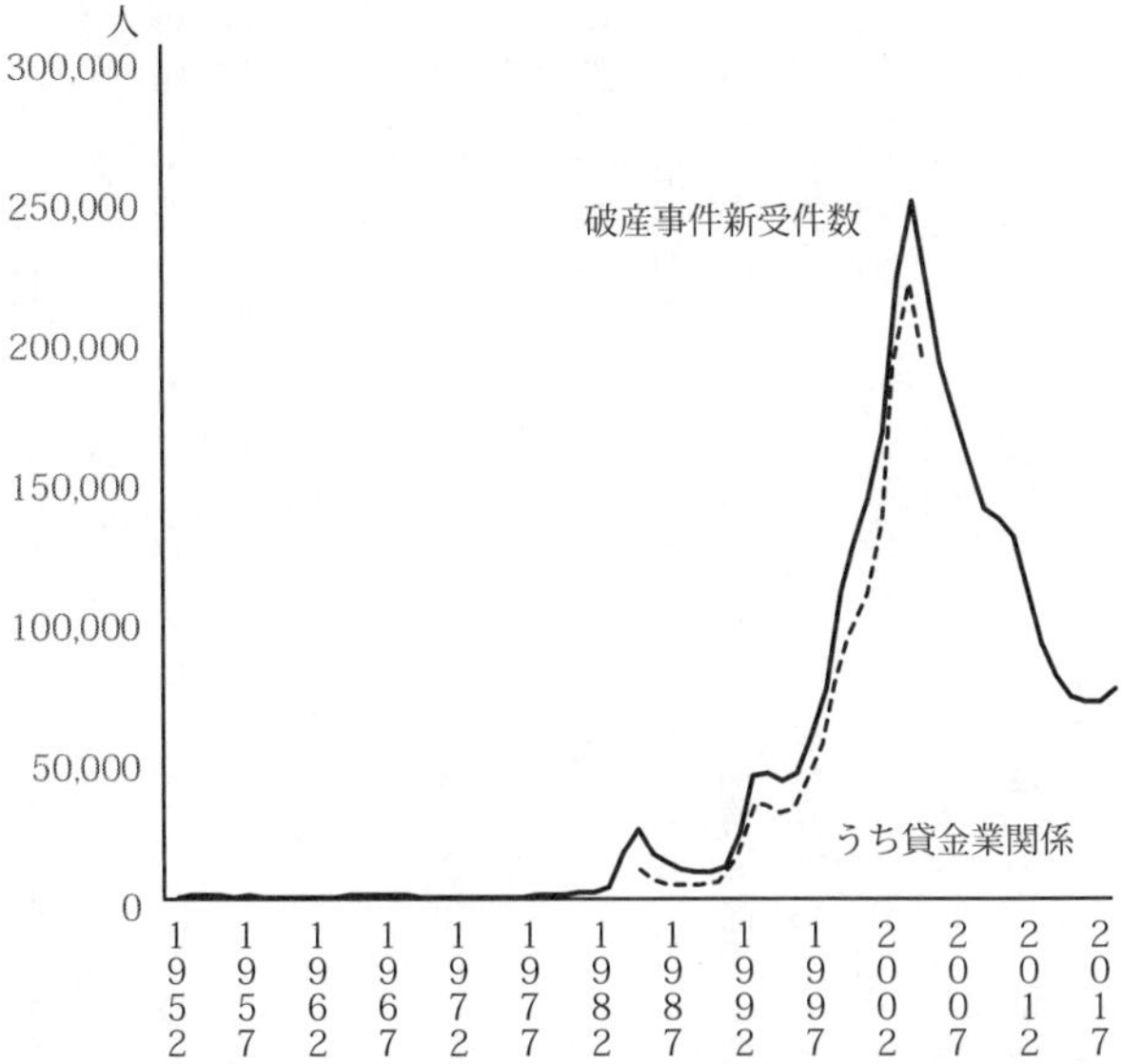

図5-3　破産新受件数の推移　出典：『司法統計年報』各年より作成

っぷちに立たされて、裁判所に自ら破産を申し立てる人が急増」と報じている。貸金業規制法が制定される前後の時期から、多重債務によって破産を余儀なくされた人びとの存在が明らかになりつつあり、サラ金の引き起こした社会問題として大きな注目を集めていた。

　こうした破産件数の増大は、多重債務者の深刻な状況を一面では反映していた。しかし、そこから債務者の悲惨な状況のみを読み取るのは正確ではない。破産件数の増大は、苦境にある多重債務者たちが、過剰な債務の支払いを回避するべく積極的に抵抗を試みたことの反映でもあった。

　一九八〇年当時、サラ金問題研究会

に集まっていた弁護士たちは、利息制限法を活用して元本を減額する調停申立や任意整理には限界があり、最後の救済手段は自己破産しかないと判断していた。しかし、この頃はまだ自己破産は一般的ではなく、破産宣告を受けるには最低五万円、ときに五〇万円もの高額の予納金を裁判所から請求された。サラ金問題研究会の弁護士たちは、まずこの予納金の減額を求めていくつかの訴訟を起こしている。五万円も払えないような多重債務者が、相談者の大多数だったからである。

次いで、一九八二年一〇月には、サラ金問題研究会が編者となって小冊子『自分でできる破産』を発行した。同書は一般書店では流通しなかったにもかかわらず約二万冊も売れ、自己破産件数増加の最初の呼び水となった。

この間の動きに深く関わっていた木村達也は、「破産・免責手続きを認めなければ、多重債務者は自殺か犯罪に走るしかない。消費者信用に多重債務、返済不能者の発生は不可避であり、破産・免責手続こそ消費者信用の安全弁である」と訴え続けていた。

その甲斐もあって、破産宣告をまるで「死の宣告」かのように考える誤解が徐々に解け、中には『自分でできる破産』を持って法律事務所に駆け込んでくる人も現れた。弁護士たちの粘り強い努力により、破産はサラ金問題の有力な解決策となったのである。破産件数の増加は、弁護士たちの熱意と、多重債務者たちが過去の失敗を乗り越え、人生の再出発に踏み出そうとした苦闘の結果でもあった。

貸金業規制法の立法過程

だが、木村たちは、自ら利用の道筋をつけた破産中立も、結局は事後的な対症療法に過ぎないと自覚していた。本質的には、サラ金をはじめとする貸金業に適切な規制を加え、高利の多重債務に苦しむ人びとをこれ以上生み出さないような立法措置が不可欠だった。

前述したように、利息制限法と出資法の関係を整理し、上限利率を引き直す作業は困難を極めた。業界・被害者・与野党・政府の利害が複雑に絡み合う中で、上限金利については容易に意見がまとまらず、七年近い歳月をかけて一九八三年にようやく貸金業規制法が制定された。貸金業規制法が制定されるまでの道のりは、長く困難に満ちたものだった。

一九七九年に政府が法案作成を断念した後、与野党や業界・日弁連から提出された貸金業規制法案は、過剰取り立てや過剰融資に規制を加える点では一致していた。しかし、上限金利の扱いについては鋭く意見が対立しており、この不一致が法案成立に多くの時間を要した最大の原因だった。

利息制限法と出資法の間のグレーゾーン金利については、最高裁が一九六八年に「不当利得」と判示していた。にもかかわらず、規制法案の検討過程では問題が蒸し返された。業界と与党がグレーゾーン金利の合法化を求め、これに反対する野党・運動側と真っ向から対立したのである。結局、各党と運動側、業界の間で議論はいつまで経ってもまとまらず、最終的には大蔵省が間に入って法案を成立させている。

こうして一九八三年に国会を通過した貸金業規制法では、上限金利は一〇九・五%から四〇・〇〇四%へと半分以下に引き下げられた。業界の利害を重視する自民党は上限利率五四・七六%を求めていたから、野党や運動側の主張を認め、業界に一定の譲歩を求める判断だった。

その一方で、たとえ利息制限法違反のグレーゾーン金利であっても、債務者が任意に支払い、法令で定める書面が提出されていれば、有効な弁済とみなされることになった。いわゆる「みなし弁済」条項である。一九六八年の最高裁判決で「不当利得」とされたグレーゾーン金利が、貸金業規制法のみなし弁済条項によって合法化されたのである。

被害者の会や弁護士たちは、当然ながら「貸金業界寄りの法案で賛成できない」とすぐさま反対の意見を表明した。しかし、木村達也は成立した規制法を見て、腹の中で密かに「やった!」と快哉《かいさい》を叫んだという。約七年にもわたって繰り返し法案が流れたこともあり、上限金利四〇%が引き下げの限界と考えていたからである。当時の情勢は、それほどまでに厳しいものだったのだろう。

だが、みなし金利条項は後日に禍根を残した。二〇〇六年の貸金業規制法改正の際、グレーゾーン金利の扱いは再び大きな問題として取り上げられることになる。

ともあれ、こうして一九八三年四月にようやく貸金業規制法が成立し、施行は同年一一月からとされた。制定から施行までの半年余りの間に、大蔵省は規制法に関連する政省令を策定しなければならない。

その政省令案について、日弁連に事前の内示と意見の照会があった。大阪から呼び出されたサラ金問題研究会の木村達也たちは、東京のホテルに泊まり込んで内示された政省令を何回も検討し、貸金業者の債権取立規制をはじめ、詳細な規定を追加した。貸金業規制法に命を吹き込む政省令の検討過程で、木村たちは「この法律は私達が作ったのだ」という自負の念を強めたという。

さらに、貸金業規制法成立後も、木村たちは解説書を出版して各地で学習会を開催し、貸金業者の違法行為に対して厳しい告発運動を展開した。木村は、「成立後の法律を健全に成長させたのも私達だった」と語っている。貸金業規制法の成立・運用の両面で、被害者の運動とそれを支える弁護士たちの経験と手腕が果たした役割は、確かに極めて大きかった。

「冬の時代」到来

貸金業規制法では、段階的な金利引き下げやグレーゾーン金利の合法化など、業界側の立場がある程度は尊重されたとはいえ、経営に対する影響は深刻だった。ただでさえ激しい競争を展開してきた大手各社は、業務全般に細かな規制が加えられたために対応に追われ、融資額を抑制し、債権回収の成績も落とさざるをえなかった。

プロミスの神内良一は、このタイミングでの貸金業規制法の成立を、「ちょうど戦国時代の真只中に明治維新がやってきたようなものだ」と評している。その「明治維新」は、貸金業界にとって極めて厳しい「冬の時代」の幕開けとなった。

規制法成立から二ヵ月後の一九八三年六月、大蔵省銀行局長は、金融機関に対して改めてサラ金への融資を抑制するよう通達した。もとより銀行は規制法によってサラ金業界が苦境に陥ることを見越しており、この通達は金融機関の慎重な融資態度をさらに保守的なものとした。

この頃、一九八〇年二月から続いた戦後最長の不況はすでに底を打ち、貸金業規制法が施行される四ヵ月前の一九八三年七月には、経済企画庁が景気の底離れを宣言していた。サラ金各社は、不況期に国内銀行との力関係を逆転させたにもかかわらず、規制法制定に景気の好転が重なって、一九八三年下期には再び資金調達に苦しむ弱い立場に逆戻りせねばならなかった。

かつて、一九七八年の徳田通達の際には、外国銀行がサラ金の救世主となった。しかし、今度は逆に、外国銀行が資金繰り悪化の引き金を引いた。一九八四年二月、名門商社と言われた大沢商会が負債額一二五〇億円を抱えて戦後三番目の大型倒産を起こすと、外国銀行はにわかにサラ金への融資を引き締めはじめたのである。国内の金融機関が、外国銀行にも見放されつつあったサラ金業界からさらに距離を取ろうとしたのは、当然の成り行きだった。

こうして資金調達環境が著しく悪化した結果、一九八四年六月から七月にかけて、多くのサラ金業者が相次いで経営危機に陥った。最初に問題が表面化したのが、準大手のヤタガイ・クレジットだった。アイデアマン・八谷光紀に率いられたヤタガイは、一時は全国に約二〇〇店舗を展開し、融資残高は約二〇〇億円に達していた。しかし、一九八三年の年末以降、大蔵省の自粛要請によって資金繰りが悪化し、過去の無理な拡大策が祟って顧客の延滞も急増した。一時的に新規の融資をストップして債権回収に全力を上げたものの、貸金業規制法によって取り立てに大きな制約が課せられたため、思うようには回収できなかった。結局、約四億円の手形決済ができず、一九八三年六月に不渡りを出している。

さらに、翌七月には同じく準大手のエサカが倒産した。エサカは融資残高八八億円と相対的には小規模だったが、ヤタガイの負債総額三五〇億円に対し、エサカはそれよりも多い五〇〇億円の負債を抱えての倒産だった（『日経』一九八四年一〇月二〇付朝刊）。

大蔵省は、ヤタガイやエサカの苦境に対して、「自己責任でやってもらうしかない」という突き放した見方をしており、業界健全化のためにはある程度の淘汰《とうた》・選別はやむをえないと判断していた（『朝日』一九八四年六月一二日朝刊）。結局、一九八四年中に、合計一四社もの中小サラ金企業が相次いで破綻している。当然ながら、金融機関のサラ金に対する融資態度はさらに硬化していった。

そして、一九八四年九月には、業界第二位のプロミスが、債務不履行の寸前にまで追い込まれた。プロミスの資金繰りが悪化した最大の要因は、外国銀行からの融資打ち切りだった。大沢商会に続いてヤタガイとエサカが倒産したことで、外国銀行はプロミスに対する融資をも厳しく引き締めたのである。

そもそもプロミスの資金調達を担う財務部には、商社からの中途入社組が多かった（川波・前田二〇一二）。商社は、製造業などと比べると資金の回転が早く、短期の資金調達を好む傾向がある。多くの商社出身者が財務を担当するプロミスは、業界の中でも特に短期資金に依存する比率が高いことで知られていた。短期資金は小回りが利く反面、長期資金と比べて安定した資金とは言い難い。外国銀行が短期資金の借り換え延長（ロールオーバー）に応じず、融資を引き上げたために、プロミスは経営危機に陥ったのである。

プロミスの経営危機と救済

戦後の日本で経営危機に直面した企業は、まずメインバンクに救済を求めるのが普通である。しかし、ヤタガイ・エサカはもちろん、最大手クラスのプロミスでさえ、メインバンクを持っていなかった。プロミスは、すでに一〇年以上にわたって銀行から資金を調達していたが、サラ金に厳しい世間の目が向けられる中で、特定の金融機関と長期的かつ親密な関係を築くのは容易ではなかった。プロミスの資金的な基盤の弱さが、「冬の時代」に露呈していた。

ヤタガイの手形不渡りが報じられた一九八四年六月から、すでにプロミスの資金繰りには暗雲が立ち込めていた。神内は、経営に不安はないことを説明するために詳細な経営計画を作成させ、ヤタガイの手形不渡り報道があった三日後の六月一五日から、精力的に金融機関を回って融資量維持のために奔走している。

危機の最中《さなか》の七月一日には神内の実父が死去するという個人的な不幸があり、また八月一日からはＡＴＭでの出金を停止するなどの綱渡りが続いたものの、神内の必死の努力が実り、八月二二日には大口取引先の銀行から「まだメイン（バンク…引用者）とは公にいえないけれど、その気持ちははっきりと持っている」との発言を引き出した。九月三日には東京タイムズが「三〇〇億円決済／プロミス〝冷や汗〟」と資金繰りの悪化を伝え、一〇月二〇日には読売新聞が朝刊の一面トップでプロミスの「資金繰り危機」を報じたが、この時にはすでにプロミス救済のための交渉はほぼまとまっていた。

読売の記事が出た一〇月二〇日に、長銀と住友信託銀行（住信）がすぐさま共同で記者会見を開き、プロミスの先行きに不安はないとして協調融資の実行を言明している。一〇月二六日には、当時の蔵相竹下登《たけしたのぼる》が、「健全良質なサラ金」に対して金融機関が自主的判断に基づいて協調融資を行うことには何ら問題ない、との見解を明らかにし、プロミス救済の動きを追認した。長銀と住信を中心とする協調融資団は、プロミスに対する社内調査の結果を一二月六日に公表し、正式に救済を決定している。半年近い悪戦苦闘の末、プロミスはようやく危機を脱したのである。

一般に、銀行による取引先企業の「救済」には、貸付金の減免、新規資金の供給、経営者の交代、銀行役員の派遣、資産の売却といった、経営再建策が含まれる（星・カシャップ二〇〇六）。プロミスの救済に際しても、①長銀・住信から主要役員を派遣する、②これまでの緊急融資とあわせて二五〇億円を年内に融資する、③外国銀行にも約九〇億円を融資させる、といった立て直し案が策定された。

加えて、神内は会長に留まるものの代表権を返上し、社内生え抜きの社長・矢野《やの》覚《さとる》の退任と、大蔵省出身の副社長・大塚《おおつか》俊二《しゅんじ》の社長昇格が決定された。大塚の社長就任は、協調融資団からの希望によるものだった。

神内の代表権返上が明らかになると、プロミス草創期からの取締役が後を追うように次々と辞任し、これを補う形で長銀と住信から代表権を持つ専務、日本生命保険から常務が送り込まれて、経営陣が一新された。貸金業規制法制定に伴う経営危機を契機として、プロミスは資金面からも人事面からも、銀行を中心とする金融システムの一環に強固に組み込まれたのである。

銀行との関係強化

倒産寸前にまで追い込まれたプロミスに限らず、「冬の時代」のサラ金各社は、経営危機を免れるために銀行との関係強化に腐心していた。アコムはすでに三菱信託銀行というメインバンクを持っていたが、一九八四年一一月には資金繰りが悪化し、融資量の維持を各金融機関に要請している。

その際、三菱信託銀行は、「アコムは当行が主要取引銀行として全面的に支援する」と繰り返して信用不安の払拭に努め、アコムとの関係は一層深まっていた（『日経』一九八四年一一月九日付朝刊)。一九八八年には、三菱信託銀行の元専務を取締役会長に迎えている。

一方、レイクは、当面の資金繰りに不安はなかったものの、メインバンクがないと経営危機に陥りかねないと判断していた。だが、有力な借入先だった長銀と住信はプロミスの主力銀行となって救済に動いていたため、「プロミス、レイクの両方とも面倒をみることはできない」と、つれなかった。

そこで、全米第九位の商業銀行を有するセキュリティ・パシフィック・コーポレーションからの資本参加を受けて資金基盤を強化し(『朝日』一九八四年一二月六日付夕刊)、一九八五年九月には三井信託銀行と長期的に安定資金の供給を受けることで合意に達している(『日経』一九八五年九月六日付朝刊)。

武富士は、一九七〇年代後半には早々に東京相互銀行から役員を受け入れ、大蔵省や住友銀行のOBを独自にスカウトして社長などの要職に据えていた。「冬の時代」にも業界トップの座を堅守していたが、一九八七年には安田信託銀行と太陽神戸銀行の出身者を役員に迎え、両行をメインバンクとすることを内外に示している(川波・前田二〇一一)。

総じて一九八三年の貸金業規制法施行が、業界にとって極めて厳しい結果を招いたことは間違いない。だが、規制法の施行は、サラ金が「消費者金融」として銀行システムの一環に組み込まれる上で、不可欠のプロセスだった。メインバンクという安定した資金的基盤を得たことで、「冬の時代」を脱した後の大手各社は、さらなる飛躍を遂げることになる。

「冬の時代」の経営改革

なお、銀行との関係強化と並び、サラ金が「冬の時代」から脱する上でもう一つ重要だったのが、社内体制の強化だった。

貸金業規制法が制定されるまでの急激な業容の拡大は、サラ金各社の組織内部に多くのひずみをもたらした。店舗数の急増に支店長の育成が追いつかず、場合によっては新卒一年目でいきなり支店長に抜擢《ばってき》される場合すらあった。経験の乏しい社員が審査を行えば、適切な与信判断を下せず、貸倒れのリスクが高まる。融資残高の増大に伴って債権が劣化したのは、人的側面から見ても当然だった。

プロミスは、「冬の時代」を乗り切るために、「一にも二にも社員教育を徹底させる」と強調し、レイクは一九八三年春に研修センターを建設、アコムも新経営計画の中で人材開発の重要性を真っ先に取り上げている（『日経産業新聞』一九八四年一月一三日付）。各社は、まず人事面から業務の改善を図ろうとしたのである。

金融技術の観点から見ると、「冬の時代」の社員教育の充実は、コンピュータの本格的な利用と結びついていた点で重要だった。

たとえばプロミスは、貸金業規制法が制定された一九八三年四月に、神内直属の「会長室プロジェクト」を立ち上げている。その中心は「与信チーム」で、新たな与信システムの開発が最大の課題だった。店長の経験的判断に基づく店長専決の契約制度を改め、統計学とコンピュータを駆使した「自動与信システム」の開発が目指されたのである。神内が終戦後に作報事務所で学んだ統計に関わる知識と経験が活かされていた。

この新システムでは、顧客の信用情報を営業店のコンピュータ端末に入力すると、プロミスの情報センターに送られて直ちに融資の上限額が出力された。顧客の年齢・性別や収入、他社借入件数などから融資上限額をはじき出すクレジット・スコアリングの手法を導入し、電算化したのである。

これに伴い、店長にはコンピュータが算出した融資の上限額を引き下げる権限のみが与えられ、個人の判断で融資額を増やす余地は徹底的に排除された。審査システムの改善によって、与信判断にかかる労力が節約されるとともに、不良債権の発生率を緻密に予測できるようになり、早期カウンセリングの実施や過剰融資の抑制が可能になった。

加えて、ＡＴＭを増設して営業店の入出金作業や債権回収の負担を軽減し、さらなる労力の節約が図られた。与信判断の自動化とＡＴＭ増設によって浮いた労働力（特に男性社員）は、全国七九ヵ所に設けられた「相談室」に再編・集約されている。相談室といっても、実態は不良債権の回収を専門に担う部署で、営業店で延滞後五〇日間を経過した債権を一手に引き受けるものとされた。

貸金業規制法によって、督促は午前八時から午後九時までに限られ、支払い義務のない第三者への請求や、他社借入による返済が禁止されるなど、多くの制約が課せられた。法令を遵守しながら債権回収を進めるには、担当者の一層の熟練が必要との判断だった。経験を積んだ人材の不足を、与信判断の機械化と、営業店・回収部署の分離・専門化によってカバーし、それぞれに必要な社員教育を施すものとされたのである。

アコムでも、事務作業を効率化するため、コンピュータの本格的な導入が進められた。元来、アコムはコンピュータやATMの導入に積極的で、一九七〇年代から窓口業務の機械化を進めていた。一九八三年一月には、日本アイ・ビー・エムから二名のサポート役を迎えて「BSP(Business System Planning) プロジェクト」を発足させている。その目的は、「急激な業容拡大に伴い顕在化した諸問題を解決する」ことだった。

さらに、貸金業規制法が施行された一九八三年一一月には「アクションプロジェクト」を開始しており、これはACOM・TOTAL・INFORMATION・ONLINE・NETWORK・SYSTEMの略称から名付けられた。同年一二月にはホストマシンを当時最新の富士通FACOM M160Fに更新し、一九八五年までに総務・監査・広報・営業・経理・人事・経営計画などの業務全般が電算化・オンライン化されている。急増した社員の経験不足を、コンピュータの利用によって補おうとしたのである。

同時に、一九八三年七月の組織改革で人事課と教育課がそれぞれ人事部・教育部に昇格し、両部の上位機関として人事本部が設けられた。人事本部長は、最初に「勤め人信用貸し」を持ち込んだ常務取締役（当時）の橋本史朗だった。

アコム・プロミス両社は、貸金業規制法制定に伴う「冬の時代」の只中にあって、コンピュータ化・オンライン化への設備投資を積極的に進め、労務管理の充実と効率化を図ることで、急激な組織拡大に伴う副作用の克服を試みていた。融資抑制通達を受けた金融機関との関係で我慢の経営を強いられながらも、将来を展望した積極果敢な投資によって、さらなる飛躍に向けた準備を着実に進めていた。

進むリストラと「冬の時代」からの脱却

ただし、積極的な投資と同時に大規模なリストラが行われたことも「冬の時代」の特徴だった（川波・前田二〇〇一）。

資金調達環境の悪化に伴い、各社は新規貸付を抑制し、融資残高は減少に転じた（図4-13参照）。また、図5-4に示した各社の貸倒金比率に見られるように、一九八三年以降、危険水準の対融資残高三％を遥かに超える一〇％前後もの多額の貸倒金が計上された。貸金業規制法施行までの無理な貸付拡大に伴う焦げ付きが膨大な額に上り、貸倒金の償却は一九八〇年代後半まで続いている。

さらに、社会的信用の回復を目指して一九八四年秋に貸付金利を積極的に引き下げた結果、大手はそろって貸付金利子収入を減少させた。行き過ぎた拡大策の見直しを迫られ、営業店舗

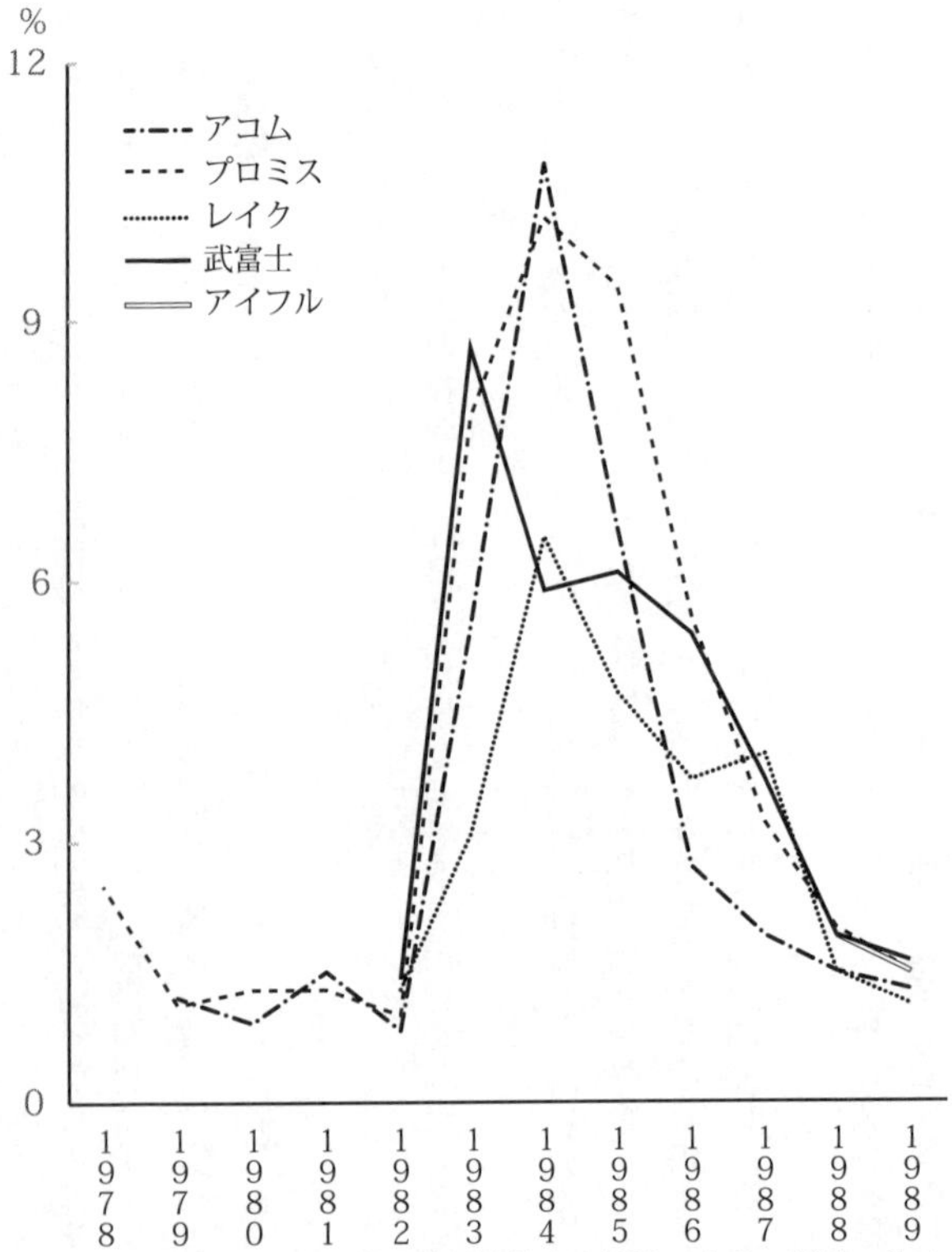

図5-4　各社の対融資残高貸倒金比率の推移　出典：川波・前田（2011）より作成

はピーク時から最大で二〜三割削減され、従業員も三〜四割をリストラしている。店舗・人員の削減は営業力の低下と優良顧客の離反につながり、貸付残高がさらに減少するという縮小均衡が、一九八四年から八五年にかけて続いていた。

「冬の時代」の縮小均衡からようやく抜け出したのは、一九八六年から八七年にかけてのことだった。一九八六年にはそれまでの積極的なリストラが評価されて経営不安が拭い去られ、外国銀行の融資再開や外債発行が実現するなど、資金調達は安定を取り戻した。

一九八七年四月には武富士・アコム・プロミスの三者が横並びで上限金利を引き下げ、同年六月にはレイクがさらに三六%に引き下げて業界最低を更新した。図5-4に見られるように、この頃にはようやく不良債権の償却も一巡している。

加えて、優良債権の積み増しと円高不況に備えた公定歩合の引き下げによって利幅が拡大し、貸付金利子収入が増加に転じた。バブル景気に日本が沸きはじめる頃に、各社は業績回復を確かなものとし、さらなる飛躍に向けた体制を整えていた。

第6章　長期不況下での成長と挫折——バブル期〜二〇一〇年代

貸金業規制法の制定に伴って「冬の時代」に直面したサラ金は、銀行との関係を強化し、リストラを進め、社内体制を整備することで、再び劇的な成長を遂げた。図6－1は、一九八七年から二〇一七年までの主要各社の融資残高の推移を整理したものである。

これを見ると、二〇世紀末の各社の急成長と、二一世紀に入ってからの急落という、顕著な対比を確認できる。この時期のサラ金は、なぜかくも激しい変化を経験しなければならなかったのか。成長と凋落《ちょうらく》の要因はコインの裏表をなしているが、本章ではこれらを分離して検討し、足元の現状までを展望したい。

1　バブル期以降の急成長

株式上場のための低利化

一九八〇年代後半の大手各社は、「冬の時代」の苦い経験から、さらなる低利化の必要性を

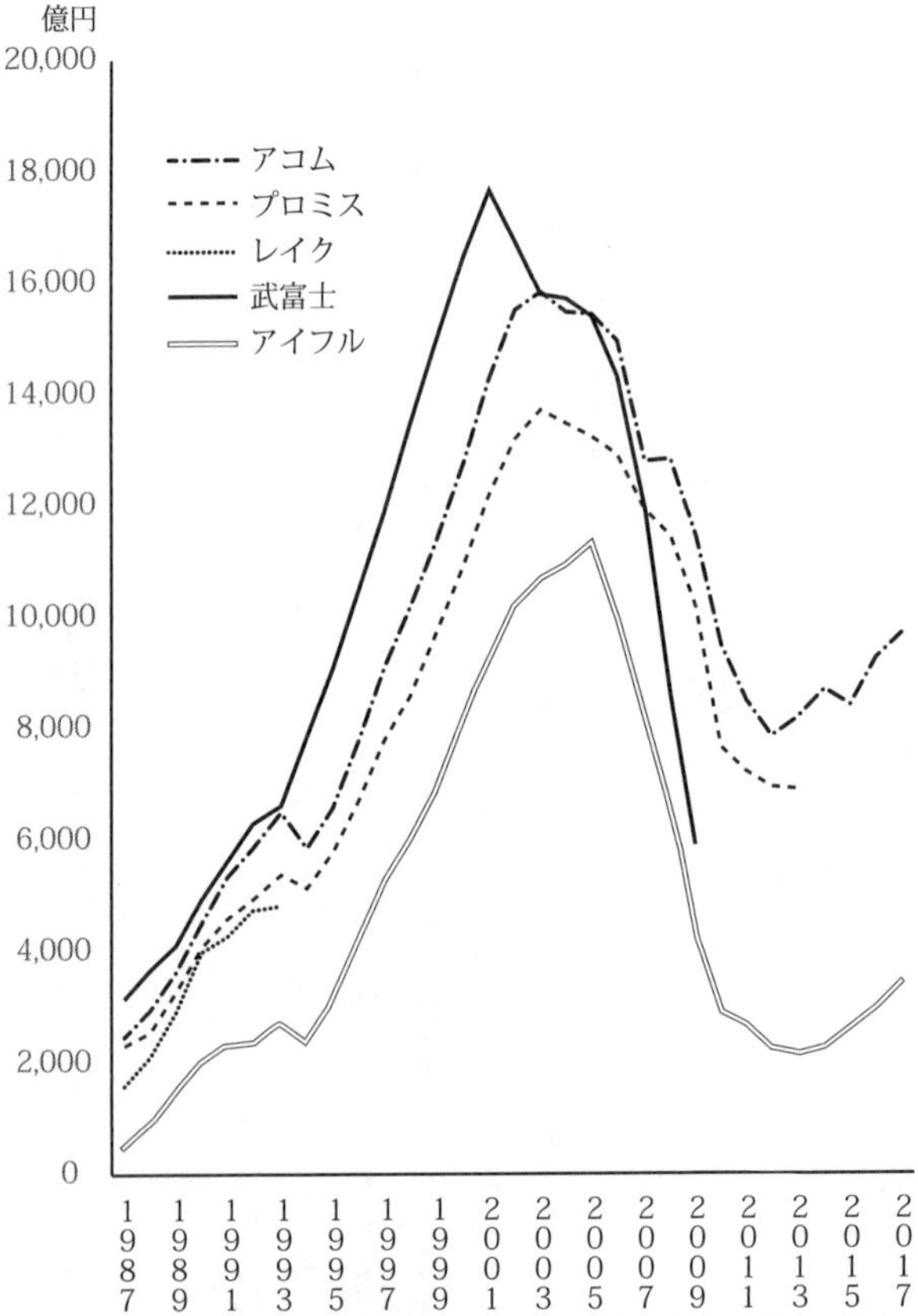

図6‐1　各社の融資残高推移（1987－2017年）　出典：川波・前田(2011)、各社『有価証券報告書』より作成

痛感していた。社会的信用を確保しつつ企業体として成長するには、「儲けすぎ」と批判された高い金利を引き下げ、銀行やカード会社などの他業態に流れていた優良顧客を取り込むことが不可欠だった（川波・前田二〇一二）。

そのため、「冬の時代」を乗り越えた一九八八年には、プロミスが年利三二％、アコム・武富士が三二・八五％へとさらに貸付金利を引き下げている。翌八九年には、武富士が実質金利で最低一三・五％という低金利の目的ローンを売出し、特定商品の購入に限定して貸付金利を銀行並みに引き下げた。各社の金利引き下げの努力の結果、銀行は低金利、信販・カード会社は中程度、サラ金は高金利という従来の棲み分けが崩れ、顧客は金利以外の条件で借入先を選べる環境が生まれていた。

金利以外の面で見れば、サラ金には銀行やカード会社にはない魅力があった。サラ金は、至るところに店舗があり、貸付手続きが簡便で、審査にかかる時間も短かった。利便性の一層の向上のため、サラ金各社は一九八八年頃から新規出店を再び加速している。

図6-2に見られるように、アコムやプロミスの店舗数は、一九九〇年から九一年にかけて八三年のピーク時を上回った。この時期の出店戦略は、単なる量的拡大にとどまらず、営業店舗が持つ宣伝媒体としての「メディア機能」が強調され、表通りの一階店舗への移転やリニューアルといった質的改良も頻繁に行われた。

たとえば、アコムは一九九一年に扉のないオープン型の支店や、女性に照準をあわせた「し

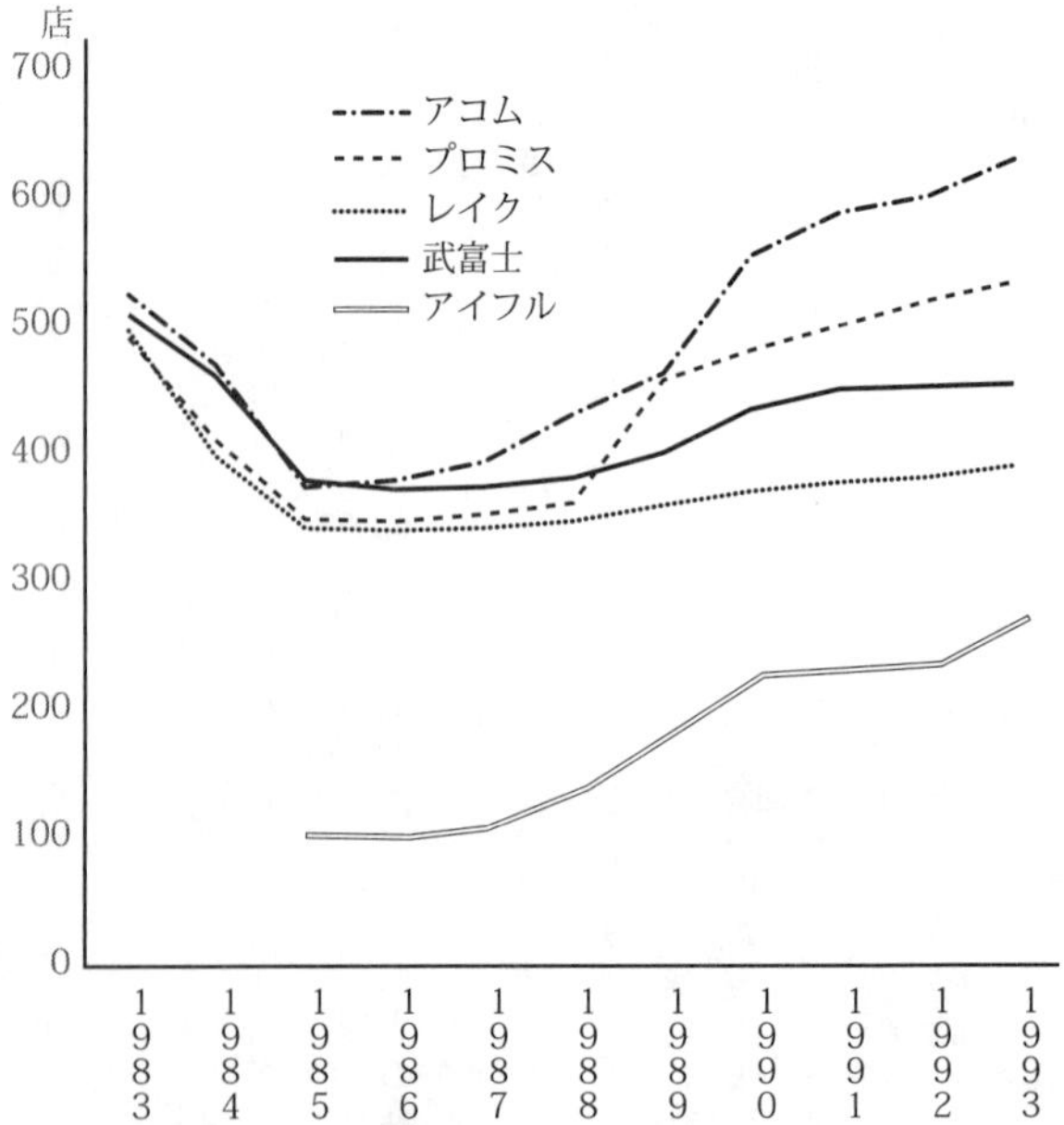

図6－2　大手5社の店舗数推移　出典：川波・前田（2011）より作成

ゃれた内装」の店舗を出し、通りがかりの客が入りやすい店づくりを打ち出している（『日経流通新聞』一九九一年一一月一四日付）。「カツラとサラ金は雑居ビルにある」（村山一九九八）などと言われた暗いイメージを払拭し、店舗を目立たせることで利用者の心理的な障壁を低くする努力がなされていた。

質量両面での出店戦略の推進は、着実にサラ金の体質改善を促した。利用しやすい雰囲気の店舗で新たな顧客を次々と開拓し、一人あたりの貸付額を抑えながら小口契約を積み重ねることで、リスクが分散されるようになったのである。一人あたり貸付額を過剰に増やして融資残高を稼いだサラ金パニック時とは、明らかに異なる成長モデルだった。

一九八九年度から九〇年度にかけては、行き過ぎた景気の加熱に対して公定歩合が矢継ぎ早に引き上げられ、資金調達コストの大幅な上昇から減益決算を余儀なくされた。それでも貸倒れの増大は見られず、経営は順調と言ってよかった。「冬の時代」の苦い経験に支えられた堅実な融資方針が、サラ金にバブル経済の熱狂から距離を取らせていた。

バブル崩壊の影響とレイク

とはいえ、日本を長期不況に陥れたバブル崩壊の影響は、サラ金業界の一部にも及んだ。最大の打撃を受けたのは、浜田武雄のレイクである。同社は、バブル期に不動産担保ローンを拡大し、絵画取引に失敗するなどして損失を被った（『日経流通新聞』一九九六年一一月一二日付）。中でも致命的な影響を与えたのが、浜田による株式投資の失敗だった。

浜田は、自衛隊時代から株の取引を好み、バブル期には子会社の名義を使って特定銘柄に集中的に投資していた。さらに、自らの推薦銘柄を購入させるために一般の投資家などにも資金を融通し、株価を意図的に吊り上げる仕手戦を華々しく展開した。浜田が買い手側に回った株は「レイク銘柄」と呼ばれ、市場の注目を集めていた。

だが、バブル崩壊に伴う株価暴落で浜田は大打撃を受け、融資を受けていた投資家たちも借入金を返済できなくなってしまった（『朝日』一九九二年五月二七日付夕刊）。

レイクは一九九二年二月末時点で一〇〇以上の金融機関から六八二〇億円を借り入れ、そのうち約一〇〇〇億円を株の投機筋に流しており、焦げ付きは三〇〇〇億円以上に上った（『朝日』一九九二年五月二八日付朝刊）。最終的な損失は約五〇〇〇億円、債権回収の延滞額は約三二〇〇億円とも報道されている（『日経』一九九二年六月四日付朝刊）。投機の失敗は、レイク銘柄を購入した投資家たちとの裁判にまで発展し、レイク危機説が市場に流れ、金融機関はレイクへの融資を手控えるようになった。

危機感を抱いた浜田は、巨額の損失を出した責任をとって会長に退き、住宅などの個人資産を担保に差し入れて追加の融資を各方面に依頼した。本業の消費者金融部門は好調を維持していたから、複数の金融機関が融資依頼に応じ、メインバンクの三井信託銀行と、中央信託銀行の二行から役員が送り込まれて、レイクの再建が図られている（『朝日』一九九二年六月六日付朝刊）。

この間の混乱によってレイクは株式上場の機会を逸し、金融機関からの資金調達面でもしこりを残したとされ、最終的には一九九八年に世界最大の外資系ノンバンクであるGEキャピタルに営業譲渡されている（『日経』一九九八年七月二五日付朝刊）。

その際、浜田はレイクの株式を大量に売却し、同年の高額納税者番付で第一位となった（『日経』一九九九年五月一七日付夕刊）。納税額は約七〇億円で、税額公表が始まった一九八三年以降、最多額だった。巨額の売却益と引き換えに、浜田はこの年以降、手塩にかけて育てたレイクの経営から手を引くことを余儀なくされている。

銀行の消費者ローン拡大

株式投機の失敗によるレイクの凋落は、しかし、業界における数少ない例外だった。バブルに踊らされたのは、サラ金というよりむしろ銀行だった。図6-3は、一九八三年から九六年までの消費者信用供与額を主体別に見たものである。「冬の時代」に消費者金融会社（サラ金）が資金供与額を減らしたのとは反対に、民間金融機関（銀行など）が供与額を急速に伸ばしており、その額はピーク時には一〇兆円を超えていた。

この頃、バブル期の異常な地価高騰によって自宅の評価額が上がり、「知らないうちにまとまった資産をもつようになった」という人が少なくなかった。そうした人びとに向けて銀行が売り出したのが、土地または有価証券（株式）を担保にとった個人向けの大型ローンだった。

たとえば、一九八七年三月には、東海銀行（現：三菱UFJ銀行）が土地を担保に最高三億円を貸し出す使途自由の個人向け大型ローンを発売した。同行は大型ローンの利用について、「賃貸用マンションや別荘の建設、都心でのマンションの買い替え、自宅の増改築などの資金のほか、ゴルフ会員権の購入や教育費などに利用される」とみており、年間一〇〇〇件、融資額三〇〇億円を目標にしていた（『朝日』一九八七年三月三日付朝刊）。同時期に三井銀行は最高二億円、三菱銀行は一億円の個人向け大型ローンを売り出しており、その他の銀行でも数千万円台の個人向けローンは決して珍しくなかった。

さらに、銀行は無担保信用貸付というサラ金の得意分野にも本格的に進出した。その先駆けとなった住友銀行は、一九八八年四月に「トータルバックサービス」を開始している。

これは、同行に給与振込口座を設ければカードローンの金利を割り引く仕組みで、最優遇金利は九・三％という当時としては相当な低金利だった。給与振込口座を押さえて収入を正確に把握し、カードローンの返済も同じ口座から引き落とせば、貸倒れのリ

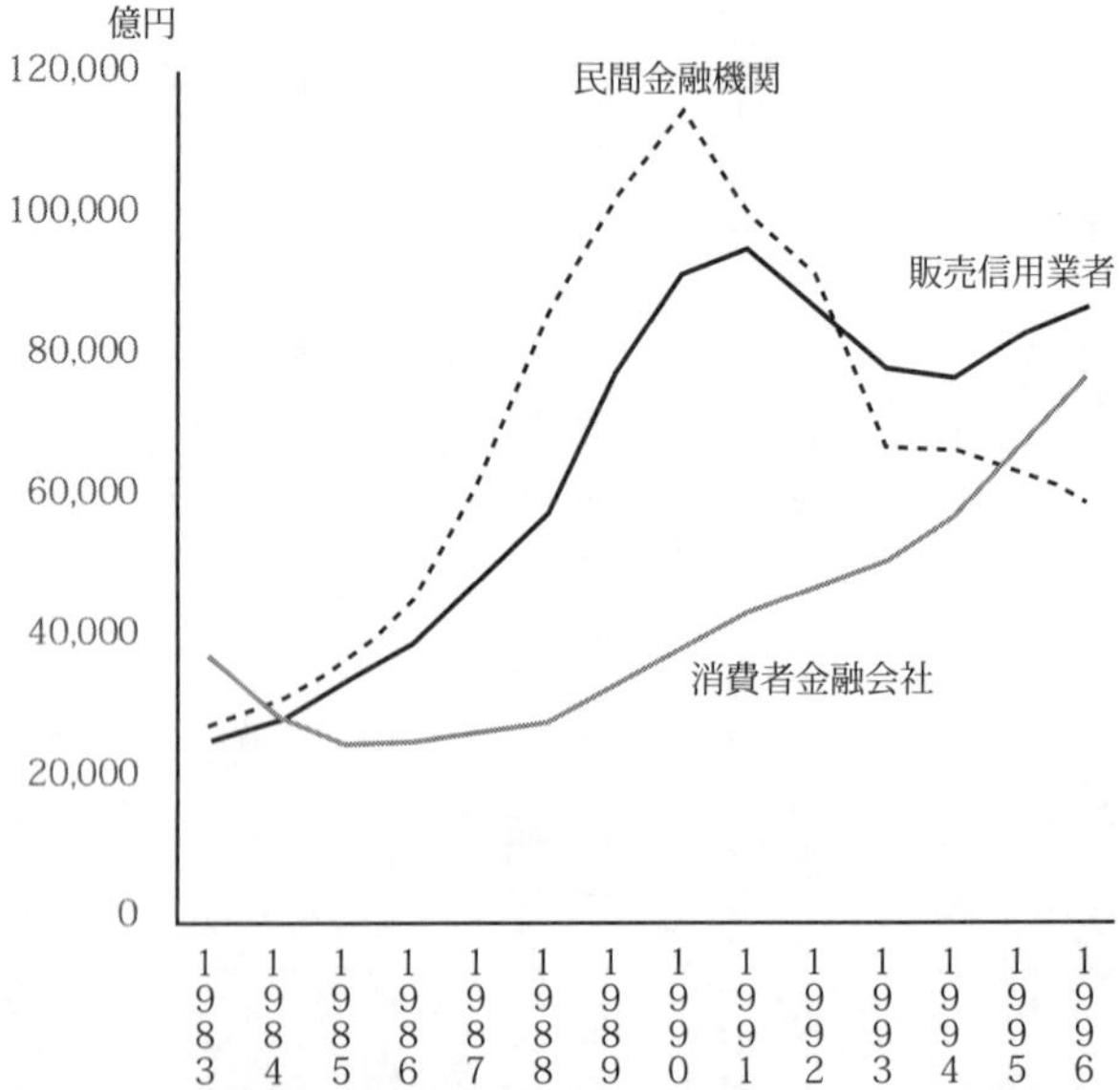

図6-3　主体別新規消費者信用供与額の推移　出典：『日本の消費者信用統計』より作成

スクは著しく低下する。預金口座を介して家計とつながる銀行ならではの戦略だった。他行も追随し、たちまち銀行カードローンの金利競争が始まったと報じられている（『朝日』一九八九年六月一〇日付夕刊）。

なぜ、銀行は一九八〇年代後半に消費者向け融資を再び積極化したのだろうか。もちろん、バブル期の浮かれた世相も作用していただろう。だが、それ以上に重要なのが、一九八八年七月のバーゼル合意だった（川波・前田二〇一一）。

この合意によって、世界中の銀行が一定以上の「自己資本比率」を維持するよう規制を加えられた。いわゆるＢＩＳ規制の嚆矢《こうし》である。ここで言う「自己資本比率」とは、リスク資産（≒貸付金）に対する自己資本の比率を意味している。銀行が自己資本額に不釣り合いな過剰貸付に走り、金融不安が国境を超えて連鎖するのを防ぐための措置だった。

バーゼル合意によって貸付金総量の抑制を求められた銀行は、たとえ安全でも利率の低い大規模融資を敬遠するようになった。限られた融資枠の中で、低利の大口貸付は全体の平均利回りを悪化させかねないからである。反対に、消費者ローンは小口でも利ざやが大きく、リスクは高くとも多くの利益を期待できた。銀行は、グローバルな金融規制に適応する過程で、消費者向けの貸付に注力したのである。

だが、億単位の大型ローンを含む個人向け融資が、バブル崩壊後にどうなったかは自明だろう。高利回りを期待できたとはいえ、投機的な需要も含む銀行の個人向けローンは、バブル崩壊後に不良債権問題を悪化させる一因となった。図6-3からもわかるように、銀行を含む民間金融機関の消費者向け信用供与額は、一九九〇年代に入ると大幅な抑制に転じている。

無人貸付機と自動契約機の歴史

不良債権処理に苦しむ銀行とは対照的に、バブルをほぼ無傷で乗り越えたサラ金各社は、一九九〇年代に飛躍を遂げた。その原動力となったのが、一九九三年に登場した自動契約機だった。

アコムの「むじんくん」のイメージが強烈だったためか、「無人貸付機」と呼ばれることも多い。しかし、機械の背後で従業員がモニター越しに申込者を観察している場合もあり、必ずしもすべてが無人というわけではなかった。業界では、「無人」とは言わず、「自動契約（受付）機」と呼んでいる。自動契約機と無人貸付機の違いは、単なる言葉の違い以上に重要な意味を持っている。

人手をかけずに顧客に金を貸す無人貸付機の歴史は、意外なほど古い。最初に開発を手がけたのは、日本クレジットセンターの田辺信夫である。

田辺は、酒やタバコの自動販売機が終夜営業を実現していることにヒントを得て、「現金の自動販売機」を作ろうと考えた。自動販売機メーカーの立石電機（現：オムロン）にアイデアを持ち込んで一台四〇〇〇万円をかけて開発し、一九六六年七月には第一号機を銀座通りに据え付けている。すでに取引のある既存顧客に対して穴の開いたパンチカードを事前に発行し、借りたい時にカードを機械に入れると二～一〇万円の現金が出てくる仕組みだった。図6－4の写真からは、「電子頭脳による現金自動販売機」などという大仰なキャッチコピーも読み取れる。

さらに、一九七〇年には、マルイトも日本クレジットセンターと類似の「現金の自動貸付機」を導入した。名称はマルイト・スペシャル・ローンの頭文字を取ってMSLとし、キャッチコピーは「カードを入れるとキャッシュがポン」だった。当時のマルイトの総務部長は、「現金の自動販売機」のメリットを次のように説明している。

図6－4　現金の自動販売機（1966年）
出典：『朝日』1966年12月9日付夕刊

「夜は、人目につかないし、ちょっと自動販売機の前で立飲みしている風情で、レジャー資金を調達できる。日曜日の朝の利用も多い。カミさんに、ゴルフ資金をせびるのも、千円亭主の悲しき性《さが》で、いい出せないとき、

少し遠回りになるが、カードローンを利用する層もある。最高記録は三連休の二百通で、採算は十分とれる」（篠原一九七六）

封筒一通につき二万円が入れられていたから、二〇〇通といえば四〇〇万円の売上である。店を閉め、従業員が連休を楽しんでいても、機械はずっと稼ぎ続けてくれた。篠原（一九七六）は、事故さえなければこんな楽な商売はないだろうとコメントしている。

だが、「現金の自動販売機」方式の無人貸付機は、新規顧客を獲得できない点で大きな限界を抱えていた。この頃、利用者が初めて融資を受ける際には、有人店舗で対面審査を行うのが原則で、無人貸付機の利用者はすでに取引がある顧客に限定されていた。つまり、新規顧客の開拓にはほとんど意味を持たなかったのである。

この点は、一九七〇年代後半に導入が本格化するCDやATMでも同様だった。CDは「現金自動支払機」の略称で、すでに取引のある顧客にカードを発行し、融資限度額内であれば機械で現金を借りられるものだった。本質的には、現金の自動販売機とほぼ同等の機能である。ATMは「現金自動預け払い機」の略で、現金の預け入れ、つまり返済も受け付けられ、一九八〇年代半ばには二四時間営業が可能になっていた。「冬の時代」以降、各社はCDやATMを積極的に導入し、窓口費用を抑制する努力を払っていた。

しかし、CDやATMも、審査の必要な新規顧客の取り込みには貢献できなかった。既存顧客への対応は機械化できても、新規顧客の審査ではどうしても窓口で直接対面しなければならない。そうした金融技術上の限界を打ち破ったのが、自動契約機だった。自動契約機なら、顧客に画面上で必要事項を入力させ、免許証などの証明書類をスキャンして情報センターで読み取れば、対面せずに審査ができる。アイデア自体は一九八〇年代から存在したものの、画像処理に関わる技術的基盤が不十分だったため、九〇年代に入ってようやく実現に漕ぎ着けたのである。

自動契約機の登場は、各社の店舗数と顧客増大の起爆剤となった。最初に自動契約機を開発したアコムは、業界全体の拡大を企図し、あえて特許を取得しなかったため、他社も次々と「むじんくん」に類似した自動契約機を開発・設置した。プロミスの「いらっしゃいまし～ん」、アイフルの「お自動さん」、武富士の「¥enむすび」、レイクの「ひとりででき太」等である。

窓口業務の大部分が機械化された結果、サラ金各社は従来以上にコストを節約しながら出店できるようになった。

図6‐5は、一九九三年以降の各社の店舗数の推移を示したものである。「冬の時代」を経て、バブル期に出店を再度活発化していた大手各社は、自動契約機の導入以降、さらに急激に出店数を伸ばした。一九九八年にはアコム・プロミス・武富士が一〇〇〇店舗を超え、二〇〇一年にはアイフルも含めて軒並み一五〇〇店以上を出店している。これには社員を一人も置かない無人店舗が含まれており、その比率は一九九八年にはすでに五〇％以上、二〇一〇年頃に

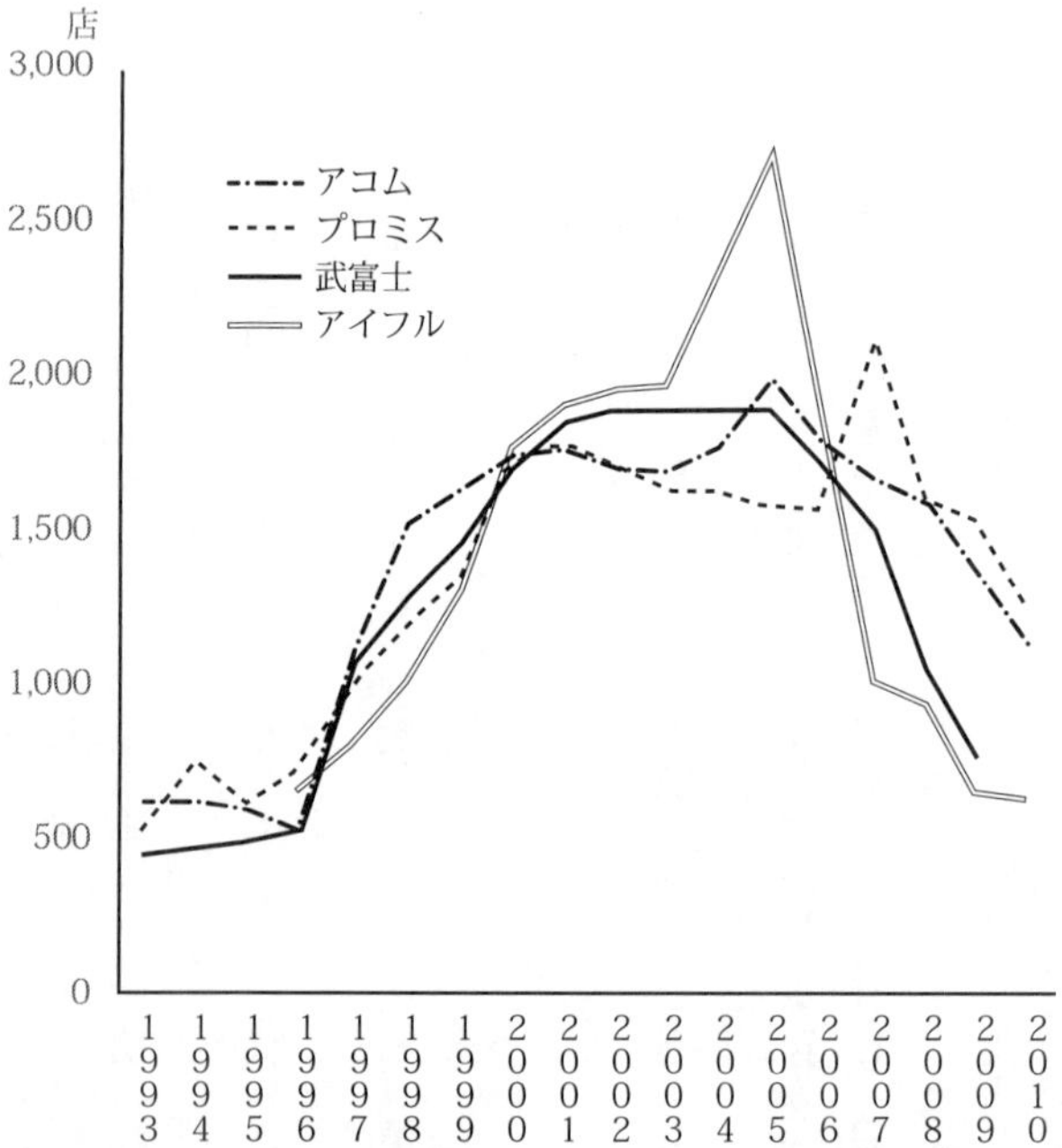

図6－5　大手4社の店舗数推移　出典：各社『有価証券報告書』より作成

は八割から九割以上を占めていた。自動契約機を利用した一層の機械化による出店コストの低下が、この時期の急速な出店攻勢を支えていた。

さらに、自動契約機は、都市部に偏した従来の出店戦略をも変えた。それを象徴するのが、郊外の道路沿いに立地するロードサイド店舗だった。

一九九四年四月、アコムは福島県郡山市にドライブスルー型のATMを設置した。ガソリンスタンドを改装した業界初の郊外型店舗である。さらに、自動契約機の本格的な全国展開のために、「むじんくんBOX」を開発。工場で完成させたボックスユニットに自動契約機とATMを一台ずつ据え付け、交通量の多い郊外の道路沿いに設置した。すでに都市部では店舗が飽和しつつあったため、勢い出店先は地方や郊外が選ばれた。

一九九八年一一月、弁護士の木村達也は、ロードサイド店舗の出店ラッシュによって「田舎でも随分、街の風景が変わってきた」と観察している（『読売』一九九八年一一月一五日付朝刊）。現在でも、郊外の幹線道路沿いにサラ金の自動契約機が固まって設置されている光景は、意識して探せばいくらでも見つけられるだろう。都市部だけでなく、地方にも機械化された店舗を低コストで設置し、サラ金はさらに多くの新規顧客を獲得していった。

株式上場と社会的信用の向上

自動契約機の開発によって一層の発展を遂げたサラ金にとって、株式上場は悲願だった。最初に上場を射程圏内に捉えたのは、一九七〇年代後半のことである。銀行との取引を開始し、融資残高を急速に伸ばしていたこの頃の大手各社は、次々と上場の計画を発表し、株式公開への意欲を見せていた。

だが、一九七八年の徳田通達と八三年の貸金業規制法の制定によって、計画は頓挫する。その後、一九八〇年代の「冬の時代」の経験から、スコアリング・システムの整備・開発や小口分散融資などのより適切なリスク管理に努め、満を持して店頭公開に踏み切ったのが、一九九九〇年代だった。アコム・プロミス（ともに一九九三年）に次いで、武富士（一九九六年）、アイフル（一九九七年）が株式を店頭公開し、間もなく一部上場を果たしている。

各社にとって、株式公開の効果は大きかった。株式を発行する資本市場からの資金調達が可能になっただけでなく、サラ金に対する社会的な信用度が向上し、銀行からの借入も容易化したのである。長引く不況の下で政策金利が引き下げられたことも、業界にとっては好都合だった。

さらに、一九九九年には、サラ金も一定の条件を満たせばコマーシャル・ペーパー（短期の社債のようなもの）の発行が可能になり、資金調達の選択肢はさらに増えた。神内良一が、「まるで地を這うような」資金調達活動を行っていた頃とは比較にならないほど、サラ金の資金力は潤沢なものになっていた。大手各社の株式は不況に強いディフェンシブ銘柄とされ、株価はおおむね堅調な推移を見せている。

加えて、株式の店頭公開が実現した一九九三年以降、サラ金のCMに門戸を開く民放テレビ局が相次ぎ（『朝日』一九九三年七月二六日付夕刊）、最後まで自粛していたTBSも二〇〇一年に解禁した（北二〇〇八）。一九九六年八月から放送が開始されたアコムのテレビCM「ラララむじんくん」シリーズは、出演キャラクター（セイン・カミュら）がCDデビューも果たし、評判を呼んでいる。大手六社によって組織された消費者金融連絡会の『TAPALS白書二〇〇七』では、自動契約機とテレビCMが、若年層や女性層などから潜在顧客を掘り起こし、利用者数一〇〇〇万人を突破する原動力となったと評価されている。

そして、サラ金の社会的信用度をさらに高めたのが、日本経済団体連合会（経団連）への入会だった。二〇〇二年一一月にアコム、プロミス、武富士、翌年一月にアイフルが経団連への入会を果たし、名実ともに一流企業の仲間入りを果たしている。

一連の企業イメージ向上によって、メディアはサラ金の広告をさらに積極的に引き受けるようになった。宣伝を通じたイメージアップによって資金量と顧客が増え、自動契約機などへの設備投資を積極化してさらに融資規模が拡大するという好循環が生まれた。二〇世紀から二一世紀の世紀転換期には、毎年のように高額納税者番付や、雑誌『フォーブス』の日本の富豪リストに、サラ金の創業者が名を連ねている。この頃、業界の繁栄はピークに達していた。

躍進するアイフル

絶頂期にあった一九九〇年代のサラ金業界で、最も急速に業績を伸ばしたのがアイフルだった。創業者は一九四七年生まれの福田吉孝《ふくだよしたか》である。福田は、戦後のベビーブーマー、いわゆる団塊の世代に属し、大手サラ金創業者の中でただ一人の戦後生まれだった。

福田は、一〇歳のときに父親を亡くし、母親の手によって育てられた。出身地である京都市右京区の西院中学を卒業すると、直ちに叔父が経営する金融会社に就職している。中卒の若年労働者が「金の卵」ともてはやされ、地方からの集団就職が盛んに行われていた頃のことである。

叔父から貸金業のノウハウを学んだ福田は、一九六七年に一九歳の若さで貸金業者として独立し、松原産業を創業した。元手となる資金はわずか五〇万円に過ぎなかったものの、事業の先行きには自信を持っていたという（『日経金融新聞』一九九三年三月二九日付）。

創業から八年が経った一九七五年、まだ二十代後半だった福田は体を壊し、約一年間の入院生活を余儀なくされた。病床の福田は、必要に迫られて「会社の経営を人にまかせられる仕組み」を作らざるをえず、これが後の事業拡大につながった（『宝石』一八巻一〇号、一九九〇年）。創業期のサラ金業者は、どうしても経営者本人の個人的な経験やカン、熟練に依存する傾向がある。福田は、入院を機に権限移譲や業務のシステム化を図り、自らの培ってきた金融技術を誰でも再現可能な形に体系化したのである（『日経金融新聞』一九九七年七月一七日付）。

松原産業は順調に成長し、一九七六年には会社を法人化して「大朝」に改称した。さらに一九七八年には新たに丸高を設立し、いくつかの子会社とともに「ダイチョーグループ」を形成、一九八二年には丸高を存続会社としてグループ三社を合併し、社名を「アイフル」に変更している。

この合併直前の時点で、ダイチョーグループは融資残高約一〇〇億円に達しており、業界第八位の準大手に成長していた。アイフルとなって最初に策定された「経営三カ年計画」では、一九八四年までに約五〇店舗を新設して全国一〇〇店舗体制を整え、貸出残高五〇〇億円を目標に掲げている。これは、合併を機に大手の一角に食い込もうという姿勢を鮮明にしたもので、準大手としては初めて大手並みの「一社による全国営業網づくり」に乗り出したと受け止められた（『日経産業新聞』一九八二年一月四日付）。

だが、一九八三年四月の貸金業規制法の制定によって、アイフルも「冬の時代」に巻き込まれ、三カ年計画最終年度の一九八四年度には出店計画を大幅に下方修正せざるをえなかった（『日経産業新聞』一九八三年一二月二二日付）。それでも、転廃業を余儀なくされた多数の零細同業者から債権を買い取って規模を拡大し、一九九〇年代には武富士・アコム・プロミス・レイクの大手四社に次ぐ地位を確立。一九九三年の福田は、「最近八年間の成長率は当社が業界で一番」と誇っている（『日経金融新聞』一九九三年三月二九日付）。一九九七年三月期には、株式投機で躓《つまず》いたレイクを営業収益で追い抜き、業界四位に浮上した（『日経金融新聞』一九九七年七月一七日付）。同年に株式を店頭公開し、一九九八年に二部上場、二〇〇〇年に一部上場を果たしている。

アイフル躍進の要因

アイフル急成長の第一の要因は、技術革新の成果を積極的に取り入れる姿勢にあった。自動契約機の導入はアコムに次いでプロミスとほぼ同時期で、一九九五年九月には自動契約の総設置台数で一時的に業界トップに立った（『日経金融新聞』一九九五年九月四日付）。武富士やレイクが自動契約機の導入に出遅れたのと比較すれば、これは英断だった。

さらに、一九九五年七月に、アイフルはパソコン通信を利用した二四時間融資申込サービスを業界で初めて導入している。申込者がパソコン通信の画面上で住所や年齢、年収などを入力し、アイフルの情報センターに送信すると、最寄りの営業店に転送されて融資の可否を審査するというものだった（『日経金融新聞』一九九五年七月三日付）。

同年一一月には、アイフル専用のホームページを開設しており、これも業界初の試みだった（『日経産業新聞』一九九五年一一月三〇日付）。マイクロソフト社のWindows 95が発売され、パソコンやインターネットが家庭へ本格的に入り込み始めた頃に、アイフルは早くもその利便性を認知していたのである。アコムのオンライン支店開設が一九九九年一〇月、プロミスがドコモのｉモードを利用した新規契約受付を開始したのが二〇〇〇年七月だったことを考えれば、アイフルは情報技術の活用に極めて積極的だった。

こうした戦略の背後には、自動契約機で取り込まれた客層には若年層が多く、インターネットの利用者にも同じく若年層が多いという判断があった（井上二〇〇三）。適切なセグメンテーション（市場細分化）を踏まえ、最新の情報技術を積極的に導入することで、アイフルはさらに存在感を大きくしていった。

アイフルが急成長した第二の理由は、住宅などの不動産を担保にとった一括借り換えの重視だった。いわゆる「おまとめローン」である。複数の会社から金を借り、自転車操業的に借入と返済を繰り返す多重債務者にとって、低利の借り換えによって債務を一本化するメリットは大きかった。利払いの負担が軽減されるだけでなく、返済と借入のために複数の店を渡り歩く必要がなくなるからである。

しかし、多重債務に陥った人に金を貸すのは、言うまでもなくリスクが高い。そこでアイフルが採用したのが、不動産を担保に取る「おまとめローン」だった。

不動産担保ローンは、無担保信用貸付を主業とするサラ金にとって、ややハードルが高かった。不動産の取引には相応の知識と手数が必要で、土地や家屋の現金化は必ずしも容易ではなく、競売に付してもしばしば安く買い叩かれた。サラ金の大手各社は、バブル期には多かれ少なかれ有担保貸付に手を染めたが、バブル崩壊後には無担保貸付に回帰する動きを見せている。担保に取った不動産の評価額が下がり、損失を出す危険が高まったからである。

にもかかわらず、アイフルは「おまとめローン」を逆に拡大し、他社借り換えの不動産担保ローンによって融資残高を伸ばす戦略を採用していた。一九九七年にアイフルに入社した笠虎崇によると、アイフルが「おまとめローン」に成功した理由は、担保の資産価値を厳しく評価したからだった（笠虎二〇〇六）。

バブル期の銀行は、たとえば三億円の資産価値と評価された不動産に対し、単純に七割程度の掛け目で二億一〇〇〇万円を融資した。一方、アイフルは担保となる土地の坪単価を低く見積もり、掛け目も引き下げて融資額を可能な限り低く抑えていた。担保価値の下落を見越して、意識的に自社に有利な不動産評価を行っていたのである。返済に窮した債務者は、喉から手が出るほど現金が欲しいから、サラ金に対する交渉力は弱く、安い担保評価額を提示されても大多数はそれを受け入れざるをえなかった。

また、担保評価額三億円の商業ビルと、三五〇〇万円の戸建て住宅とを比べた場合、アイフルは価格の安い後者を好んで担保にとった。高価な商業ビルよりも、平均的な戸建て住宅の方が買い手が付きやすいからである。単純な資産価値だけでなく、換金可能性も重視し、万一融資が焦げ付いたときには担保を売却して確実に債権を回収できるよう、入念な計算のうえで融資額が決定されていた。

換金性の高い不動産を低評価で担保にとってリスクを抑えれば、金利の引き下げも可能になる。一九九七年度のアイフル『有価証券報告書』によれば、無担保ローンの貸付金利が二一・五~二九・二%であるのに対して、有担保ローンは九・二~二六・〇%と相対的に低利だった。不動産担保ローンの低利性は、後に過払い金問題が本格化した際に重要な意味を持つことになる。利息制限法の上限金利（年利二〇%）以下の不動産担保ローンは、過払い金返還の対象になりにくかったからである。不動産担保ローンを重視し、過払い金返還の不要な債権を比較的多く保有していたことは、アイフルの経営に少なからぬ恩恵をもたらしたと考えられる。

ただし、担保の換金可能性を重視したおまとめローンでは、債務不履行を起こした顧客の担保不動産は容赦なく処分された。平均的な戸建住宅を好んで担保に取ったことは、顧客の住む家を奪う形での債権回収に帰結する。住生活の基盤を失えば、債務不履行に陥った顧客が経済的に立ち直るのはますます困難になってしまう。不動産担保ローンに依存して成長したがゆえに、アイフルは後に世評の著しい悪化を甘受せねばならなかった。

2　長引く不況と高まる批判

クレジットカードを契機とする多重債務問題

栄華を極めたサラ金業界は、二一世紀に入る頃から一転して凋落をはじめた。その直接の要因は、やはり貸倒れの増大だった。

一九九〇年代に急速な成長を遂げたアイフルは、一九九八年から継続的に融資残高に対する貸倒れ金の比率が三％を超え、二〇〇二年には五・三％に上った。二〇〇一年以降は、アコム・プロミス・武富士もそろって危険水準の三％を超え、二〇〇二年にはプロミスが五・一％、武富士が六・六％を記録している（川波・前田二〇一一）。

さらに、各社の有価証券報告書から計算すると、二〇〇六年以降の貸倒れ金率は一〇％を超えることも珍しくなかった。九〇年代の融資残高の急増に伴って、各社は再び高リスク層への貸出を増やしながら激しく競争を展開し、貸倒れ金比率を高めていったのである。

なお、サラ金が順調に成長していた一九八〇年代から九〇年代半ばにかけての時期にも、問題がなかったわけではない。しかし、借金と人びとの生活をめぐる問題は、この時期にはサラ金というより、銀行やクレジットカードとの関連で注目を集めていた。

一九八五年、サラ金問題に精力的に取り組んでいた弁護士の今瞭美の提案により、被害者と支援者・弁護士などで組織される全国サラ金問題対策協議会が「全国クレジット・サラ金問題対策協議会」に改称された。クレジットカードとサラ金との「複合汚染」が目立ちはじめていたからである。

図6-3に見られるように、銀行ほどではないにせよ、バブル期のクレジットカードの消費者向け融資残高も急増していた。一九八三年のカード発行数は約五七〇〇万枚だったが、一九八九年夏には一億四〇〇〇万枚を突破し、一九九〇年四月に実施された「第一回全国一斉クレジット・サラ金一一〇番相談」では、二日間で一〇〇〇件を超える相談が寄せられた。相談者は一人平均で一〇枚のカードを持ち、計一〇社から四〇〇～五〇〇万円の債務を抱えていたという（『朝日』一九九〇年五月一三日付朝刊）。

クレジット問題に警鐘を鳴らす宇都宮健児は、次のように批判している。「サラ金に手を出すのは最後です。最近の問題は、信販、流通会社や銀行がクレジットカードを安易に発行し、消費者が能力を超えて借りられるようおぜん立てをしていることにある」（『朝日』一九九一年一二月一二日付朝刊）。

心理的抵抗の少ないクレジットカードのキャッシングで首が回らなくなり、サラ金に駆け込む多重債務者の数は、景気が悪化したバブル崩壊以降、急速に増加した。そのため、被害者運動や世論の批判の対象は、入り口となるクレジットカードのキャッシングに集中している。一九九〇年代前半までのサラ金は、融資額を急増させていた銀行とカード会社の陰に隠れ、批判の矢面に立たずに済んだのである。

日本型雇用・「家族の戦後体制」の動揺とサラ金

一九九一年には、貸金業規制法で定められた猶予期間が終わり、出資法の法定上限金利が四〇・〇〇四％に引き下げられた。低利化すれば、顧客一人あたりの利益は減るから、さらに顧客を増やさねばならない。この頃、「冬の時代」から脱却しつつあった業界では、さらに多くの顧客を獲得するため、再び審査基準を緩和しはじめていた。

たとえば、プロミスは一九八九年九月に、パート・アルバイトへの貸付を解禁した。「フリーター」という言葉が生まれてまだ間もない時期である。厚生労働省（二〇〇〇）は、パート・アルバイトとして働くフリーター人口を一九八七年に七九万人、九二年に一〇一万人と推計しており、着実に厚みを増していた。

一九九〇年代には、女性と若年層を中心に正規雇用から非正規雇用への入れ替えが進み、日本型雇用は急速に解体しつつあった（海野二〇〇四）。プロミスは、企業社会の変化をいち早く捉え、顧客数を確保するためにリスクの高い非正規労働者にも融資を実行する姿勢を打ち出していた。
最大手の武富士も、顧客の基盤は非上場企業に勤める低所得層にあると認識していた。一九九六年のインタビューで、武井保雄は次のように述べている。

「すべての上場企業、店頭登録企業と従業員五〇〇人以上の企業の労働者数に全公務員を合わせても、全労働者の四分の一にすぎないんです。たいがいの方が、そういった大企業の社員や公務員が全体の六〇%から七〇%程度を占めると思っているようですが、実際はこの程度なんです。そして、大企業では社員が困ったときにはお金を貸すような制度があって、それで救済していると思うんですね。ところが、従業員二〇人、三〇人程度の企業にはそういう救済制度がないんです。ここに、私ども消費者金融の存在価値があると思います。これらの層がいかに厚いかわかりますよ」(『投資新聞』一九九六年一月一日号、長野(一九九六)より再引用)

武井は、大企業に守られたエリート社員ではなく、中小企業に勤務する人びとを明確に自社の顧客とみなしていた。景気変動の影響に敏感な高リスク層を金融的に「包摂」することが、自社の強みとして認識されていたのである。「日本的経営」の見直しが進められ、リストラや賃金カット、福利厚生の縮小が進む中で、サラ金の顧客の裾野は所得階層の底辺に向かって着実に広げられていた。

同時に、バブル崩壊前後の時期には、女性に対する融資拡大も意識的に図られていた。プロミスは、一九九〇年一二月に共働き世帯に対する一保険証二契約を解禁している。サラリーマン世帯の専業主婦率は、一九六〇年の七〇・五％から九〇年には四七・一％まで低下し、逆にサラリーマンの妻で雇用されている者の割合は、一九六〇年の一四・二％から九〇年には四四・二％にまで高まっていた（金城一九九八）。一九七〇年代以降、サービス経済化の進展のなかでパート労働者となる既婚女性の数は増大し続けており、一九八〇年代には男性を中心とした日本的雇用慣行の埒外《らちがい》にある女性労働者が大量につくり出されていた（木本二〇〇四）。プロミスは、こうした「家族の戦後体制」の変化を的確に察知し、パートに出て扶養の範囲内で収入のある妻に対して、夫に借入があっても柔軟に融資しようという姿勢を見せていた。

バブル崩壊後のサラ金利用者

サラ金各社は、戦後日本の企業社会と家族の変化を巧みに捉え、再び融資基準を緩和しはじめた。その結果、業界の過当競争が再び激化し、各社は過大なリスクを冒しながら融資拡大に前のめりになっていった。岩手県盛岡市で営業していた中堅サラ金業者の饗庭耕夫は、二〇世紀末には「競争の渦に巻き込まれ、うちが貸さなければ他社が貸してしまうという強迫観念にかられ、実需が見定められなくなっていた」と反省的に振り返っている（ＳＴＰプロジェクトほか二〇〇八)。

激しい貸付競争の結果、またも過剰貸付が横行し、多重債務者や自己破産者が著しく増加した。図5-3によると、破産件数は一九八四年に約二万六〇〇〇件で一度ピークに達した後、「冬の時代」には一万件程度にまで減少したものの、バブル崩壊後の一九九一年には約二万五〇〇〇件、翌九二年には約四万五〇〇〇件へと急増した。その後、四万件台でいったんは落着いたものの再度増加し、一九九八年には一〇万件を超えている。長引く不況の下で、一九九〇年代後半から破産件数は増加の一途をたどり、二〇〇三年のピーク時には年間約二五万件という膨大な数に達したのである。

貸付競争に狂奔して多数の破産者を出したこの頃のサラ金業界は、利用者の目にはどのように映っていたのだろうか。フリーランスのコピーライターだった大久保権八は、収入の不安定な自分にもリスクを背負って金を貸してくれるサラ金を、「あったかく、ありがたい」存在だと認識していた。

「人間不良債権」を自称する大久保にとって、サラ金業界は「たとえ多重債務に陥ったとしても、そこでなんとか生きのびることのできる密林か何か」のようなものであり、「三〇年間も密林の中で生きて生還してきた旧日本軍の兵士のように、そこでしぶとく生きのびながら、なんとかチャンスを捉えて無事『生還』するつもりでいた」という。「みんなガンバって借金をしよう、しのいでしのいで、いつか無事『生還』しよう」。それが、大久保の著書『実録サラ金ガイド』(二〇〇一年)の呼びかけだった。

大久保のように、当座をしのぐために複数のサラ金から借金を重ねる人びとの数は、決して少なくなかった。勤労者世帯の消費支出が前年を割り込んだのは、バブル崩壊からしばらく経った一九九四年のことである。当時の多くの人びとは、好景気の記憶がまだ鮮明だったためか、実態よりもかなり楽観的な将来予測を捨てきれず、景気が回復するまで借金によって生活レベルを維持しようと試みていた。早期の景気回復を期待する積極的な消費行動が、サラ金の融資残高を伸ばす一因だった(石橋一九九七)。

さらに、一九九四年頃に始まる就職氷河期に直面し、フリーターなどの非正規労働者となって正規雇用の機会をうかがっていた若年層は、テレビCMと自動契約機が掘り起こした最も重要な顧客のセグメントだった。不況下で日々をしのぎ、景気の好転を待ち続ける人びとの存在が、バブル崩壊後のサラ金の成長を支えていた。

だが、周知の通り劇的な景気回復はなく、日本経済は「失われた二〇年(三〇年)」に突入した。図6-6によると、一九九〇年代の日本では、可処分所得に対する消費者信用残高の比率が高止まりし、一九八九年から九七年にかけては消費者金融大国のアメリカを超えていた。その後も二〇〇三年まで危険ラインとされる二〇%(鈴木一九九五)を上回り続けていた。

一九九一年にはクレジット問題とも絡み合いながら第三次サラ金パニックが始まったとされるが(木村一九九二)、それは実質的に一〇年以上も続いた。可処分所得は時に前年比マイナス

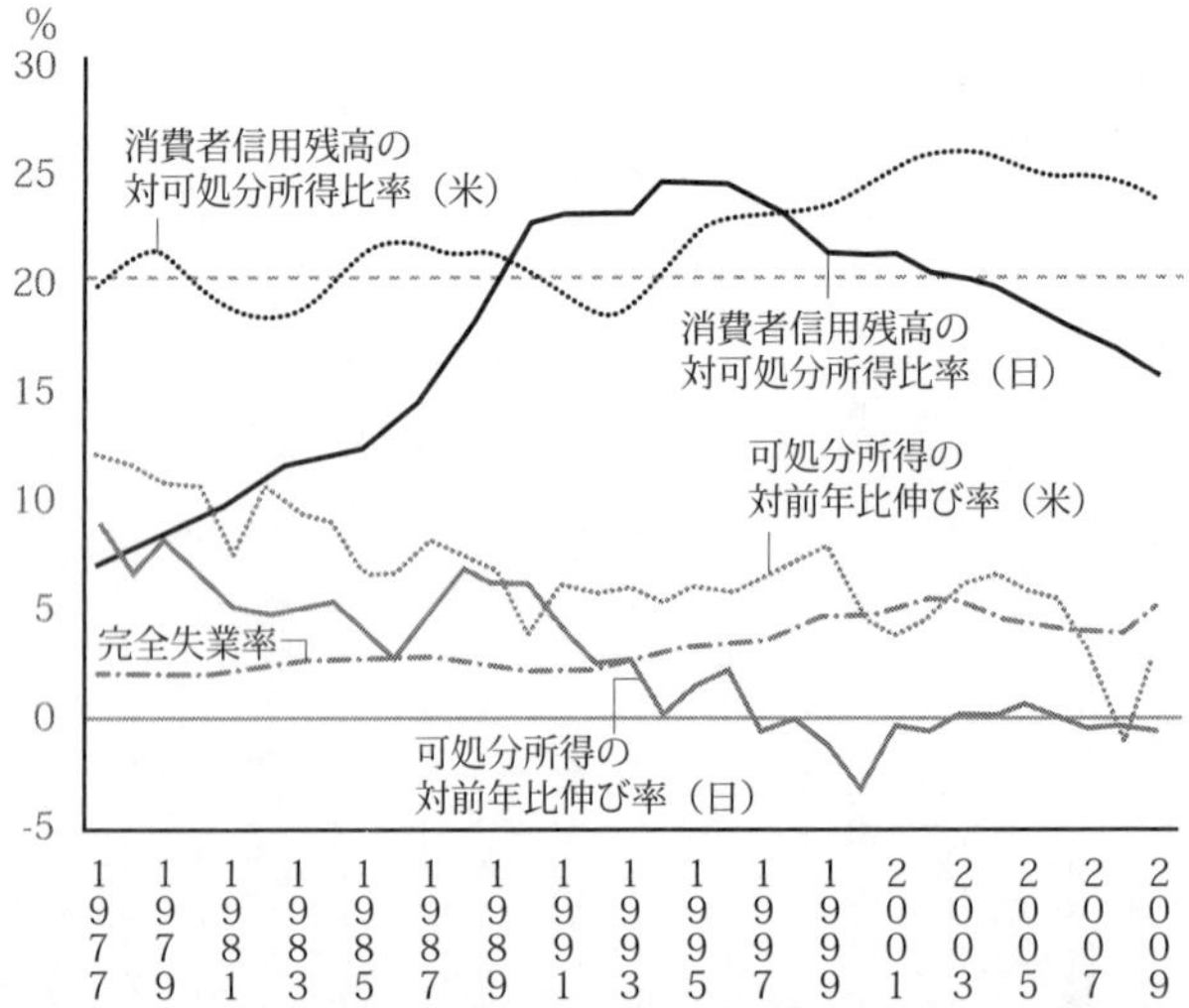

図6-6　可処分所得に対する消費者信用残高の日米比較　出典：『日本の消費者信用統計』、「国民経済計算年次推計」、Statistical Abstract of the United States : 2012、労働政策研究・研修機構ウェブサイトより作成。注：日本の可処分所得は、1993年までは1990年基準、1994年以降は2011年基準による

を記録したにもかかわらず、借金は増大し続け、家計は徐々に返済の負担に耐えられなくなっていった。

図6-6には、完全失業率の推移も図示した。これによると、一九九五年に戦後初めて三%を超え、戦後最悪を記録する二〇〇二年（五・四%）まで上昇し続けている。特に、二十五歳未満の若年男性の年平均失業率は、一九九九年から二〇〇〇年にかけて一〇%を超えるなど、著しく高かった（玄田二〇〇一）。当時のアコム社長・木下恭輔は、一九九九年のインタビューで、顧客の失業が「最も恐い」経営リスクであると述べ

ている（日本消費者金融協会ら一九九九）。長引く不況の悪影響は、サラ金業界にも着実に忍び寄りつつあった。

顧客の苦境によって貸し倒れの増大に直面した多くのサラ金企業は、二〇〇〇年頃になると徐々に融資を引き締めはじめた。大久保（二〇〇一）は、この頃のサラ金業界がかっての「あったかさ」を失い、ゴキブリ駆除に使われるバルサンを焚《た》くように多重債務者を締《し》め出していると嘆いている。サラ金各社が他社借入のない「はじめて」の新規顧客を意識的に取り込みはじめたのも、ちょうど二〇〇〇年前後のことだった。

サラ金各社の審査基準の引き締めは、多重債務者たちにとって深刻な事態だった。ちょうどこの頃、融資を打ち切られた人びとの破産や自殺が相次いでいる。既存顧客の犠牲にもかかわらず、審査の厳格化は、経営の好転に必ずしも貢献しなかった。先にも引用した中堅サラ金業者の饗庭耕夫は、次のように振り返っている。

「二〇〇〇年六月に二九・二％に（上限金利が…引用者）下がってからは、当社の場合でもわずか一年ほどで返済に行き詰まるお客さまが急増。どれだけ与信を厳しくしてお客さまを絞りこんでも、三年半か四年ほどのうちには多重債務化が進行しているのです。ボリュームの拡大によって貸倒の損失を補わなければならないという悪循環に、実に多くの経営者が陥っていました」（STPプロジェクトほか二〇〇八）

サラ金を利用せねばならない当時の高リスク層は、景気好転への期待を裏切られ、長期不況の下でズルズルと貧困に落ち込みつつあった。サラ金各社は、貸倒れ損失を穴埋めするために貸付を増やす必要があったものの、新たに獲得した顧客も景気低迷に苦しみ、やがて返済不能に陥るという悪循環から抜け出せなくなっていた。たとえ「はじめて」の新規顧客であっても、時の経過とともに大久保の言う「密林」の奥深くへと足を踏み入れざるをえず、そこから救い出してくれるはずの好景気は、すぐにはやって来なかったのである。

商工ローンとヤミ金融

多重債務者や破産者が増加し続ける中で、サラ金に対する批判の声は、次第に大きくなっていった。その呼び水となったのが、一九九〇年代後半に深刻化したいわゆる商工ローン問題だった。

この頃の銀行は、バブル期の放漫融資によって多額の不良債権を抱え、中小企業向け融資を渋るようになっており、零細事業者の多くが資金繰りに苦しんでいた。そこで中小企業の「駆け込み寺」となったのが、日栄と商工ファンドに代表される商工ローンだった。

商工ローンは、手形を担保にとったうえで連帯保証人を付け、年利二〇〜三〇%で事業資金を貸し付けた。資金繰りに苦しむ企業を狙って営業をかけるため、融資後の倒産リスクは極めて高く、債権回収は苛烈を極めた。「腎臓売れ、目ン玉売れ」という取り立ての脅し文句は多くのメディアで取り上げられ、若手社員の一人が脅迫の容疑で逮捕されている。この商工ローン問題が、二〇〇〇年に最高利率が二九・二%へと引き下げられる直接のきっかけとなった。

なお、商工ファンド創業者の大島健伸《おおしまけんしん》は、一九七八年に同社を創設した際、サラ金はすでに寡占化が進んでいたため、「いまから参入してもとても勝ち目はないと判断して、商工ローンのほうへ参入することにした」と述べている（渡部・大島二〇〇四）。サラ金と商工ファンドは、その出発点において兄弟のように近い存在だった。

同時に、ヤミ金の問題も顕在化しはじめていた。弁護士の宇都宮健児が最初に異変に気づいたのは、やはり一九九〇年代後半のことだった。相談に来る多重債務者や自己破産者に宛てて、なぜか借入を勧誘するダイレクトメールが届くようになったのである。

不審に思って調べてみると、送り主は暴利を貪る違法なヤミ金業者で、一〇日で一割の「トイチ」どころか、一〇日で五割の「トゴ」をとる者も少なくなかった。中には一日二〇割（年利七万三〇〇〇%）という途方も無い高金利をとる業者さえあったという。

ヤミ金の取り立ての激しさは、サラ金や商工ローンの比ではなかった。時には債務者の子どもの貯金箱を割って金を取り立て（大久保二〇〇二）、「家を燃やす」、「娘をかっさらう」、「子どもの腕を削ぎ落とす」、「金がないなら今すぐ死ね」などと脅迫することもめずらしくなかった。貸金業規制法どころか刑法にも抵触するような債権回収法である。

宇都宮（二〇〇九）によれば、ヤミ金業者のバックには暴力団が付いていた。特に日本最大の暴力団である山口組は、この頃に東京へのさらなる進出を画策しており、その資金源としてヤミ金を活用していた。宇都宮たちは、二〇〇〇年一二月に「全国ヤミ金融対策会議」を結成し、ヤミ金の一掃に乗り出している。

こうした運動の盛り上がりと、後述する貸金業界の思惑もあって、二〇〇三年にはヤミ金問題に対処するために貸金業規制法が改正された。この改正によって、違法業者に対する罰則が強化され、「高金利無効条項」が追加されている（阿部・阿部二〇一八）。同改正法は、特にヤミ金対策に力が入れられていたため、「ヤミ金対策法」とも呼ばれている。

一部の貸金業界やヤミ金の反社会的性格が明らかになるにつれて、サラ金に対する批判も徐々に高まっていった。商工ローンやヤミ金の利用者の多くは、サラ金からも金を借りており、両者は決して無縁ではなかったからである。二一世紀に入ると、商工ローンとヤミ金融に続き、サラ金に対する社会的な批判が、かつてないほど高まりを見せることになる。

武富士の凋落

そのサラ金批判の矢面に立たされたのが、最大手の武富士だった。一九九〇年代後半の武富士は、規模に関する効率性を特に大きく上昇させており（茶野二〇一三）、融資残高の拡大に極めて熱心だった。大久保（二〇〇一）は、大手サラ金の中で武富士が最も借りやすく、「あったかい」業者だったと評価している。

その反面、強引な営業や回収の手法が問題化する傾向があり、二〇〇一年頃からは暴力団などとの関係が取り沙汰され、社内からの内部告発が相次いでいた。

武富士は、一九八五年に京都駅前の七条・崇仁《すうじん》地区の開発事業の話が持ち込まれたのをきっかけに、反社会的勢力との関わりを持つようになったとされる（木村二〇〇七）。この事業は、細切れの土地を持つ地権者から土地を買い集めて開発するという地上げ案件で、巨額の利益が見込めるという話に武井は前のめりになった。

その過程で、暴力団などの抗争に巻き込まれ、株式上場を潰されかねないほど追い詰められた。反社会的勢力が、武富士と自分たちとの深い関わりを暴露し、金を渡さねば上場を妨害すると脅迫したのである。

すでに一九九三年には、アコムとプロミスが先行して株式を店頭公開していたこともあり、焦慮した武井は、一九九四年に自らの発案で反社会的勢力との関係清算を目的とする「渉外部」を設置した。その部長となったのが、武富士が初めて大学新卒で採用した社員、藤川忠政だった。

藤川は、一九七五年に国士舘大学を卒業すると武富士へ入社し、傾きかけた複数の支店で成績を劇的に回復させた。特に債権回収の手腕に優れており、その交渉力を買われて渉外部長に起用されたのである。

渉外部の最初の仕事は、武井が起こした女性社員に対するセクハラ問題の処理だった。その後は、当初の予定通り暴力団や右翼団体との折衝に従事し、株式上場の地ならしをしている。藤川は、ある種の「汚れ仕事」を引き受けたことで、武井から「部長以上の職はやれないが、もし、なにかあっても藤川の一生の面倒はおれが見る」と約束されたという。

だが、藤川は、武井と約束した五〇億円の報酬が支払われなかったとして二〇〇一年に訴訟を起こした。法廷では、武富士と反社会的勢力との根深い関係を暴露し、勝訴している（木村二〇〇七）。

加えて、二〇〇二年一〇月には、弁護士の新里宏二《にいさとこうじ》を代表とする武富士被害対策全国会議が結成された。同会議に協力した武富士の元社員二人は、大阪労働局に残業代の未払いを告発し、二〇〇三年一月に同局による武富士本社や大阪支社など七ヵ所での強制捜査を引き出している（武富士被害対策全国会議二〇〇三）。

さらに、渉外部の課長代理だった中川一博は、二〇〇三年に内部資料を持ち出し、武富士に批判的だったフリージャーナリストの山岡俊介《やまおかしゅんすけ》に手渡した。中川の資料によって武井が山岡宅の電話を盗聴していたことが明らかになると、武井は二〇〇三年一二月に電気通信事業法違反の容疑で逮捕されて会長を辞任、翌年には執行猶予付きの有罪判決を受けている。

武井が盗聴を指示した理由は、株価低落に対する危機感だった。武富士の発行済株式の約六割が金融機関に担保として提供されており、株価の下落は追加担保の要求につながりかねなかった。また、二〇〇三年三月時点で、武富士の発行済株式のうち少なくとも約四分の一が武井一族によって保有されており、株価の維持は武井個人にとっても死活的に重要だった。

二〇〇〇年一〇月まで一万円前後で推移していた武富士の株価は、同年一一月末に、半額の五〇〇〇円前後に下落した。武井は、その要因が山岡の執筆した武富士批判の記事にあると考えた。山岡の背後には信用情報機関「テラネット」をめぐって対立したレイク創業者の浜田武雄がいると邪推し、株価下落と山岡・浜田の関連を探るために盗聴に踏み切ったともいわれている（山岡二〇〇四）。創業者の逮捕という武富士のスキャンダルは社会的な注目を集め、あまりに異常な武富士の社風が世間に広く喧伝されていった。

武富士の粗雑な労務管理

相次ぐ告発によって明らかにされた武富士の内実は、確かに異様なものだった。武富士の社員は、出社すると最初に武井の「御真影」に向かって「おはようございます。今日も一日、よろしくお願いします」と声に出して挨拶し、退社するときも「会長、今日も一日ありがとうございました。明日もよろしくお願いします」と言って拝まねばならなかった。

研修の際には、武井の自宅でもある研修センターに泊まり込み、武井とその妻のために宴会を開くのが恒例だった。酒に強かろうが弱かろうが上長に注がれた酒は必ず飲まねばならず、もし酔い潰れれば出世が遠のいた。武井は、かつて自らが実践した「命懸け」の接待を、部下にも要求したのかもしれない。

そればかりでなく、社員たちは、初任給・昇給・降格・賞与・慰安旅行などの度に武井やその妻などへ感謝の手紙を書かされた。「武井会長の言うことは、たとえ間違っていても正しい」とされ、武井やその息子が出す指示は絶対だった。反抗すれば直ちに降格ないしクビにされる反面、好成績を上げた支店は全国支店長会議で表彰され、数百万円ものボーナスが支給された（中川二〇〇六）。巧みなアメとムチの使い分けによって武井を崇拝する社員も少なくなく、逆に社風に馴染めない者は早々に退社していった。

武富士は、ノルマの厳しさでは業界随一と言われていた。ティッシュ配りを「命の配布」と呼んでノルマを課し（北二〇〇八）、督促や営業の電話件数は本社で逐一モニタリングされた。電話の件数が少ないと、営業本部から全店舗に「C支店の鈴木とS支店の山田は、どうなってるんだ！」などと社内放送が流され、ノルマを達成できないとその理由を書いた「答弁書」を持って本社に出向かねばならなかった。そこでは「未達会議」が開かれ、社員の人間性を否定する人格攻撃が行われた挙げ句、「お前の顔が悪い」などという話に落ち着くのが通例だった（中川二〇〇六）。

二〇〇三年一二月には、武富士の元男性社員が、武井保雄の次男で専務の武井健晃からノルマ未達を理由に罵倒され、精神的苦痛を受けたとして提訴している（『赤旗』二〇〇四年一月二五日付）。武富士社内では、上司からの追い込みの電話は罵声《ばせい》と檄《げき》を合わせて「バキ」と呼ばれ、どんなに屈辱的なことを言われても謝罪せねばならなかった。元社員が証拠として裁判所に提出した音声テープでは、ノルマ未達を責め立てる上司の罵詈雑言《ばりぞうごん》に対して、元社員の男性は「申し訳ございません」と「(絶対)やります」の二通りの返答しかしていない。謝罪と決意表明を繰り返させることで自責の念を植え付け、武富士は執拗に社員を追い込んでいった。

過剰なノルマを背負わされた社員は、貸付や回収の目標額を達成するため、顧客に対して「助けてください」と頭を下げ、時には不正融資に手を染めることもあった。たとえば、「淳」という名前は、「あつし」とも「じゅん」とも読める。そこで、わざと読み間違えてクリーンな信用情報を取得し、ブラック客でも別人扱いで融資してしまうのである。武富士元支店長の御木威は、「貸付違反をしないことが〝貸付違反〟」だったと振り返っている（武富士被害対策全国会議二〇〇三）。

管理職のほとんどが厳しい取り立ての経験を豊富に持っていたから、部下を追い込むことにも長けており、社員は貸付や回収のノルマを達成するために必死だった。これは、前章で見たサラ金の重層的な感情労働が、いびつな形を取って現れたものとみなせるかもしれない。そうであるにしても、あまりに粗雑と言わざるをえない労務管理のあり方だった。

困難な貸金業の企業統治

こうした武富士の異常性は、人びとの好奇の目を集め、ワイドショーなどでも取り上げられた。しかし、本書の目的は、武井とその息子の人格的な問題や、武富士の常軌を逸した社風を強調するところにはない。以下では、ジャーナリスティックな報道とはやや異なる角度から、武富士の労務管理のあり方を検討してみたい。それは、貸金業における企業統治の問題である。

多額の現金を扱うサラ金では、社員による横領や詐取を完全に抑止するのは困難だった。規模が小さい頃にはまだ監視の目が行き届き、創業者の個人的なカリスマで不正を抑え込むことも可能だったかもしれない。だが、支店網を全国に広げれば、監視が困難な遠隔地の支店長に、より大きな裁量を与えることになる。本社の目が届きにくいにもかかわらず、大きな裁量を与えれば、その分だけ社員や支店長は会社の利益に反した行動をとりやすくなる。

武富士でも社員の不正はしばしば見られたが、その最大の要因は、一九八〇年代以降の急激な店舗網の拡大に社内組織の整備が追いつかず、企業統治が著しく困難化したことだった。

サラ金の不良社員による詐取の手口は、たとえば次のようなものだった（村山一九九八）。

窓口に来た顧客が、審査にギリギリで通る属性だった場合、不正を働く社員は故意に審査に出さず、自分のポケットマネーで貸し付けてしまう。審査に落ちたように見せかけて、「うちの会社では貸せませんが、あなたに同情しましたので特別に私が貸しましょう。ですからわたしに借用書を書いてください」と持ちかけるのである。

もし客の返済が危なくなれば、勤務先のサラ金から改めて融資させ、その金で自分に返済させればよい。客が怪しんでも「わたしが社長にあなたという人物を保証しましたから金を借りられるようになりました」と言って誤魔化してしまう。すでに返済に窮している顧客に貸せば、会社に損害を与えるのは火を見るよりも明らかである。しかし、自分が貸した金は安全に運用できるので、確実に儲かった。審査権限を持たない窓口の一般社員でも、十分に実行可能な不正である。

より悪質な場合には、相棒にダミーのサラ金会社を作らせることもあった。窓口で申し込みを受け付けると、自社で融資をせずに相棒のダミー会社に客を送り込み、散々に貸し付ける。ダミー会社は信用情報機関に加盟していないから、貸付の記録は残らない。払いきれなくなったら自分が勤めるサラ金に呼び、何食わぬ顔で限度額いっぱいに貸してダミー会社に返済させる。あとは野となれ山となれである。サラ金社員は実務経験を積むうちに豊富な法律・金融知識を身につけるため、不正の方法は徐々に巧妙さを増していった。

さらに、元社員による顧客情報の持ち出しも深刻な問題だった。武富士では、一九九三年に顧客カード二万人分の情報流出事故を起こしている。武富士の元役員が、元部下に顧客情報を持ち出させたのである（『朝日』一九九三年一月二二日付夕刊）。信頼していたはずの役員クラスの裏切りにあい、武井が疑心暗鬼に駆られたであろうことは想像に難くない。山岡（二〇〇四）は、この頃から武井が盗聴を行っていたと指摘している。（元）社員による不正が発覚しても、サラ金は企業イメージの悪化を恐れて刑事告発を躊躇する傾向があったから、水面下で処理された不正はこの他にも数多く存在したと推測される。

武富士では、内部告発が続いた二〇〇〇年代初頭に、営業店での「三人以上でのお茶」と、忘年会が禁止された（武富士被害対策全国会議二〇〇三）。武井は、社員が結託して不正を働いたり、社の方針や経営陣を批判することを極度に恐れており、年を経るごとに社員に対する不審の念を昂じさせていた。

こうした企業統治の困難を解決する方法として武富士が採用したのが、情報技術を利用した監視強化と、パワハラまがいの労務管理だった。社員が顧客に電話をかけた回数をモニタリングし、社内有線放送で「バキ」を飛ばしていたのも、社員の行動を監視する（あるいは監視していると思わせる）ためだろう。武井への異様な個人崇拝も、武富士の社風に馴染めない者をふるい落とし、会社に忠誠心を持ちやすい社員を残す上では「合理的」だったはずである。盗聴事件まで引き起こした武井の猜疑心《さいぎしん》の強さは、もちろん個人的な資質の問題もあろうが、サラ金業界に特有な企業統治の困難に助長されたものだった。

なお、武井保雄は、執行猶予期間中の二〇〇六年八月に七六歳で死去している。かつての「命懸け」の接待が祟ったのか、死因は肝不全だった。

アイフル被害者対策全国会議

武富士に続き、問題を起こしてさらなる規制強化を招き寄せたのが、急成長していたアイフルだった。

武富士のスキャンダルが注目されていた二〇〇二年に、アイフルはチワワ犬の「くぅ～ちゃん」を起用したCMの放映を開始した。娘とともにペットショップを訪れた中年男性（清水《しみず》章吾《しょうご》）が、店頭のチワワに見つめられ、購入を迷うところから始まる連作物である。

このCMは人気を呼び、チワワ犬の店頭価格は一・五倍に跳ね上がった（『読売』二〇〇三年二月八日付夕刊）。二〇〇四年には、CM好感度ランキングで「くぅ～ちゃん帰宅編」が第一位を獲得している（『読売』二〇〇五年五月三一日付夕刊）。二〇〇三年に破産件数がピークに達し、同年までに大手各社が融資残高の減少に転じたのに対し、CMで認知度を急上昇させたアイフル一社だけが二〇〇五年まで融資残高を増やし続けていた。

しかし、チワワのCMに誘われて金を借りた人びとの中から、アイフルの執拗かつ威圧的な取り立てや、不動産担保ローンの被害を訴える者が続出した。二〇〇五年四月には、アイフル本社のある京都で「アイフル被害者対策全国会議」が結成されている（辰巳・年次不明）。急成長するアイフルの被害を告発し、規制の強化を求める動きが、被害者組織の結成という形で顕在化していた。

弁護士の辰巳裕規《たつみひろき》によると、アイフル被害者対策全国会議の代表となったのが、弁護士の河野聡《こうのさとし》だった。河野は、職務には常に厳しい姿勢で臨みつつも、ユーモアを忘れない人物だった。

「運動は楽しくなければならない」と言う河野は、インターネットを駆使して被害者運動を展

図6-7　アイフルおばさん　出典：アイフル被害者対策全国会議HPより引用（2020年2月2日閲覧）

開した。メーリングリストには「チームチワワ」と名付け、オフラインの集会ではお揃いの「チームチワワTシャツ」を着て結束を固めた。ホームページには、チワワを抱えた「かわいそうなアイフルおばさん」の絵を掲げ、「家は取られました。残ったのは…この子だけです」というセリフを付した（図6-7）。チワワのCMと不動産担保ローンで急成長したアイフルを皮肉ったのである。

メディアの多くは、広告の大口顧客であるアイフルをはばかり、アイフル被害者全国会議に関する報道を渋ったものの、河野たちは粘り強く被害を訴え続けた。やがて運動が実り、二〇〇六年四月には大蔵省近畿財務局がアイフルの違法取り立てなどを理由に最長二五日間の業務停止命令を出している。創業者の福田吉孝も、「成果主義が行き過ぎた」として、非を認めざるをえなかった。店舗ごとに貸し付けや返済などのノルマを設け、達成率が社員の賞与に反映される仕組みが、過剰融資や過剰取り立ての要因であるとし、改善を約束したのである（『朝日』二〇〇六年四月一五日付朝刊）。

武富士の元社員による内部告発に加えて、右のようなアイフル被害者運動の盛り上がりもまた、サラ金業界に対する世間の批判を一層厳しいものとした一因だった。

3　改正貸金業法の影響と帰結

スケープゴートとしてのヤミ金

武富士とアイフルに対する批判の高まりによって、サラ金に対する規制強化を求める世論は、日増しに強まっていった。その帰結が、サラ金の凋落を決定づけた二〇〇六年一二月の改正貸金業法だった。本節では、同法の成立過程を二〇〇〇年まで遡って検討し、法律が業界と利用者に与えた影響に触れておきたい。

サラ金被害者運動の関係者は、前述した二〇〇三年の貸金業規制法の改正（ヤミ金対策法）を、部分的な「敗北」であると捉えていた。同年に予定されていた金利引き下げが実現せず、ヤミ金問題に論点がすり替えられたからである。以下、主として井手（二〇〇七）と横田（二〇〇八）に即して、二〇〇六年の改正貸金業法が制定されるまでの経緯を整理しておこう。

貸金業界は、商工ローン問題を受けた二〇〇〇年の金利引き下げに危機感を強め、二〇〇〇年一一月に全国貸金業政治連盟（全政連）を結成した。二〇〇一年には大手サラ金を含む会員から二〇七〇万円の資金を集め、そのうち一七三一万円を政界工作に使っている。政治家に金をつぎ込み、上限金利引き下げを回避しようとしたのである。

全政連が「協力」した国会議員は、二〇〇三年当時で八四名、うち六六名が自民党の議員で、中には党三役や現役大臣などの要職にある人びとも含まれていた。

また、二〇〇〇年三月には、業界が寄付金を出して「消費者金融サービス研究学会」（現：パーソナルファイナンス学会）と「早稲田大学消費者金融サービス研究所」（現：同大クレジットビジネス研究所）を設立した。当時、前者で常任理事、後者で副所長を務めた早稲田大学教授の坂野友昭は、論文「上限金利規制が消費者金融市場に及ぼす影響」を二〇〇二年六月に発表している。

同論文で坂野は、金利の引き下げによってサラ金業者が融資を絞り込んだ結果、高リスクの顧客が金を借りられなくなり、「最終的には非合法的な貸し手に向かう可能性がある」として、上限金利規制を批判した（坂野二〇〇二）。ヤミ金利用者が増大する可能性を理由に、金利引き下げに警鐘を鳴らしたのである。

これに飛びついたのが貸金業界だった。貸金業者の全国団体である全金連のある幹部は、次のように述べている。

「坂野教授には理論武装のご助言をいただきました。まず約三億七〇〇〇万円を使って『ヤミ金苦情キャンペーン』を二〇〇二年一一月から一二月まで実施、金利引き下げでヤミ金業者が増えた実態をつかむために、ヤミ金についての苦情電話を各地で受け付けたのです。結果の集計は広告代理店にお願いし、その報告書を国会議員に郵送した後、四人ぐらいでチー

ムを組んで、現職大臣や自民党三役をはじめ約七〇名の国会議員を手分けして回ったのです」(横田二〇〇八)

さらに、レイクを買収したGEキャピタルをはじめとする外資系の貸金業者や、在日米国商業会議所(ACCJ)も、ヤミ金被害の増大を理由に金利引き下げに反対する意見を政界関係者に伝えていた。

当時、小泉純一郎《こいずみじゅんいちろう》政権の下で規制緩和が進められており、適法な貸金業者に対する規制を強化するよりも、違法なヤミ金業者を取り締まる方が受け入れられやすかった。内外の貸金業者によるヤミ金批判キャンペーンに呼応して、国会議員からも「出資法の上限金利規制よりヤミ金規制の方が重要」との声が上がり、業界の目論見通りに上限金利引き下げが先送りされた。

その結果として実現したのが、前述した二〇〇三年の貸金業規制法の改正(いわゆるヤミ金規制法)だった。業界は、ヤミ金をスケープゴートとすることで、金利引き下げを阻止したのである。

二〇〇六年の法改正に向けた攻防

ヤミ金取締の強化は、被害者運動側にとっても望むところだった。とはいえ、肝心の金利引き下げが見送られたため、次の見直しが予定された二〇〇七年に向けて、運動側は精力的な活動を開始した。

だが、その最中の二〇〇五年九月に、いわゆる郵政選挙で小泉純一郎の自民党が圧勝すると、にわかに見通しが暗くなった。被害者運動の中心的な存在だった弁護士の宇都宮健児は、「これで金利引き下げは厳しくなった」と感じたという。小泉改革による規制緩和路線が継続・強化されれば、金利引き下げが再び見送られかねなかったからである。

逆境の中で、宇都宮たちは貸金業界顔負けの活発なロビー活動を展開した。すると意外にも、郵政選挙で当選一回目となったいわゆる「小泉チルドレン」には、金利引き下げに理解を示す議員が多かった。小泉旋風で当選を勝ち取った議員たちは、世論の動向に敏感にならざるをえなかったのだろう。

また、各地域のサラ金被害者団体は、地元選出の国会議員に陳情するだけでなく、地方議会の議員にも積極的に金利引き下げを訴えた。地方議員は国政選挙の際に票集めの実働部隊となるため、国会議員もその意向を無視できないと考えたのである。宇都宮らの働きかけによって、最終的に四三都道府県、一一三六町村の議会が、金利引き下げを国に求める意見書を採択している。

議会と並んで金利引き下げの主戦場となったのが、二〇〇五年三月に金融庁に設置された「貸金業制度等に関する懇談会」（以下、「懇談会」と略）だった。この懇談会のメンバーには、「金利を引き下げるとヤミ金被害が増える」という貸金業者の主張に懐疑的な者もおり、一部の反対を押し切って被害者からのヒアリングを行うなど、多角的な議論を進めていた。

この懇談会のために毎回膨大な分量の資料を作成したのが、当時、金融庁で信用制度参事官室課長補佐を務めた森雅子《もりまさこ》だった。後に参議院議員となり、第四次安倍内閣（二〇一九年組閣）で法務大臣を務める人物である。

一九六四年生まれの森は、中学一年だった一九七七年の夏に、貸金業者から過酷な取り立てを受けた経験があった。父親が連帯保証人となったことが災いし、債務の弁済を求められたためである。業者はいつも、森と母親、妹たちしかいない時間帯を狙って督促に来た。「長女を出せ。娘を東京に連れていって夜の街で働かせれば、借金なんかすぐに返せるんだぞ」と脅され、森はあまりの恐ろしさから学校も休みがちになった。

しかし、森家の苦境を聞きつけた地元の弁護士が無償で間に入って法的措置を講じると、取り立てはピタリと止んだ。生活再建にも力を貸してくれた弁護士に強く憧れた森は、苦学して東北大学法学部を卒業し、五度目の司法試験で合格。晴れて弁護士になると、ココ山岡事件やオレンジ共済事件といった消費者問題の分野で経験を積んだ。米国留学を経て、二〇〇五年三月に金融庁に二年任期の職員として採用され、「貸金業制度等に関する懇談会」の担当となっている。希望を出したわけでもなく、自分が被害者だったことを誰も知らないのに懇談会担当を割り当てられて、森は「天を仰いだ」と述べている（森二〇一七）。森がこの職務に熱意を持って取り組んだのは、過去の経緯からして当然だった。

ところが、二〇〇五年九月から一二月までの間、それまで月一回のペースで開かれていた懇談会は、事実上の休眠状態に入った。金融庁に不明瞭な「圧力」が加わったためである。この間、森は、「金利規制がない方が多重債務者は少なくて国民は幸せになる」という業界側の主張に疑問を感じ、上限金利のないアメリカとイギリスで実際に貸金業者を回って現地の実情をつぶさに観察した。そこで見たのは、貧困層が高利に喘《あえ》ぐ姿だった。森は、「自由主義経済・自主規制が本来のあるべき姿ではあるが、それを日本で実現するには業界も消費者もあまりにも未成熟である」と報告し、これが懇談会を金利引き下げに向かわせる一因となった（『クレジット・エイジ』三三五、二〇〇七年）。

さらに、二〇〇六年一月一三日には、最高裁がグレーゾーン金利を改めて無効とする見解を示した。この判決を見た金融庁の大森泰人《おおもりやすひと》（森雅子の上司）は、グレーゾーン金利廃止に取り組む決意をはっきりと固めたという。

宇都宮らの運動側では、二〇〇五年一二月に日本最大の労働組合である日本労働組合総連合会（連合）が加わり、二〇〇六年三月に初めて規制強化を求める大規模なデモを行っていた。この頃、運動側の存在感は、かつてないほど高まっていた。

すでに規制強化に舵を切っていた金融庁は、二〇〇六年四月一四日に前述したアイフルへの行政処分を発表してメディアを動かし、その四日後に、まるで狙ったかのように懇談会の「中間報告書」を発表した。そこには、出資法の上限金利引き下げが明記されていた。批判を強める世論を目の当たりにした懇談会の議論は、金利引き下げの方向でほぼまとまったのである。

業界の反撃と決着

しかし、業界側も黙ってはいなかった。懇談会で金利引き下げが望ましいと結論づけられたにもかかわらず、二〇〇六年九月に金融庁が示した法改正の具体案には、少額かつ短期の貸付に限り、経過措置として高金利を認めるとの特例措置が追加されていた。業界や金利引き下げ阻止派が巻き返しを図り、高利貸付のための抜け穴を特例措置として潜り込ませたのである。

これに対し、宇都宮ら被害者運動の側は激しく抗議した。日弁連は、直ちに緊急の会長声明を出して特例措置の導入に遺憾の意を表明している。

各紙の社説でも、「「特例」の名の下で、グレーゾーン（灰色）金利撤廃を骨抜きにしてはならない」（『読売』二〇〇六年九月六日付朝刊）、「高金利で貸し込む業界の体質を温存する抜け道になりかねない」（『朝日』二〇〇六年九月七日付朝刊）、「業界配慮だけでは健全な消費者金融市場はできない」（『毎日』二〇〇六年九月八日付朝刊）と、軒並み批判的な論調が並んだ。

武富士やアイフルが引き起こした問題がすでに社会的に認知されており、世論は金利引き下げを支持していた。特例措置を改正案に盛り込んだ金融庁は、サラ金の味方よばわりされ、強い非難を浴びることになった。

だが、実際には特例措置の恩恵に浴する企業は少なく、規制強化の大勢に影響はないはずだった。金融庁では、金融機関への天下りが禁じられていたため、消費者保護を優先して金融機関に厳しく当たった方が世論の支持を獲得でき、組織の存続・発展につながると考えられていた。森雅子のような消費者問題に強い弁護士を採用したのも、そうした政策志向とは無縁ではなかった。政治学者の上川龍之進《かみかわりゅうのしん》は、金融庁のサラ金に対する厳しい姿勢こそが、改正貸金業法の制定を実現した最大の要因だったと指摘している。金融庁は、被害者運動やメディアを巧みに利用してサラ金批判を先鋭化させ、規制強化を実現したものの、最終的には運動側の影響力をコントロールできないほど強大化させてしまったのである（上川二〇一三）。

一方、政治家たちの間では、サラ金規制をめぐって意見は割れていた。政治献金を受けている議員を中心に、規制に手心を加えようとする動きも少なくなかった。しかし、貸金業規制法の見直しを所管していた内閣特命担当大臣（金融・経済財政政策担当）の与謝野馨《よさのかおる》は、盛んにCMを流すサラ金企業に嫌悪感を示しており、特例措置にも否定的だった（北二〇〇八）。

サラ金業界の要望を受けて特例措置を盛り込んだ具体案が提出された翌日、与謝野の下で政務官を務め、懇談会をリードしてきた衆議院議員の後藤田正純《ごとうだまさずみ》は、金融庁案は「不本意」であるとして、政務官の辞任願を提出している。その際、後藤田は、「もしもこのままのいい加減な法案が通るようなことになったら、自民党は参院選で大変なことになる」（『アエラ』二〇〇六年九月一八日号）という危機感を口にしていた。世論に逆行する「業界寄り」の改正案が、選挙対策の観点から問題視されたのである。

当時、サラ金の借入残高がある人は約一四〇〇万人、一度でも利用したことのある者は約二〇〇〇万人にも上っていた。政治資金を提供してくれる少数のサラ金業者よりも、多数の有権者に「受ける」政策が必要とされていた。

結局、翌二〇〇七年に控えていた参議院選挙を自民党としても無視できず、金利引き下げを求める声が自民党内でも大きくなっていった。中間報告に金利引き下げが明記された以上、それに反対すれば、業界の既得権益を守る「抵抗勢力」になってしまう。「小泉劇場」とも言われた政治手法が、逆に自民党議員らを縛り、金利引き下げに反対しにくい雰囲気が醸成されていた。

そして、最後に決め手になったのが、金利引き下げに理解を示していた公明党からの要請だった。二〇〇六年一〇月二二日、第一次安倍政権が初めて臨んだ国政選挙（衆院補選）では、創価学会が組織票を取りまとめ、自民党の勝利に大きく貢献した。連立を組み、強大な集票力を持つ公明党の意向を、自民党としても無視できなかったのである。選挙勝利の翌日に当たる一〇月二三日に公明党が特例措置の廃止を要求すると、二五日には自民党がこれを受け入れ、自公両党が合意に至っている。最終的に特例措置の撤回を決定したのは、小泉改革の推進者であり、森雅子を福島県知事に担ごうと動いていた中川秀直《なかがわひでなお》自民党幹事長（当時）だった。

こうして改正法案は二〇〇六年一一月に衆議院、一二月に参議院を通過し、改正貸金業法が成立した。日弁連は、「我々が主張してきたことがほぼ全て盛り込まれた」として、法案成立を高く評価する声明を発表している。

改正貸金業法のインパクト

日弁連が手放しで評価したことからもうかがえるように、改正貸金業法はサラ金業界にとって極めて厳しいものだった。出資法の上限金利は二九・二％から二〇％に引き下げられ、利息制限法との間に存在したグレーゾーン金利は消滅した。借入額の上限を原則年収の三分の一とする「総量規制」も導入され、この規制を守るために全業者が信用情報機関への加入を義務づけられた。

総量規制が導入されれば、貸付残高が三割減少するとの観測もあり、業界は危機感を強めた。アコムはすぐさま経費節減のために一〇〇店の有人店舗と約七〇〇人のリストラを打ち出し、武富士も無人店一〇〇店を統廃合する方針を示している（『朝日』二〇〇六年一二月一四日付朝刊）。その後も主要各社は相次いで人員削減を打ち出し、特に批判にさらされたアイフルは二〇〇七年に六四四人（全従業員の約九％）、〇九年から一〇年にかけて二〇九五人（同五三％）もの希望退職者を募っていた（『朝日』二〇一〇年一月二六日付朝刊）。

二〇〇六年度からは過払い金の支払いに当てる「利息返還損失引当金」が有価証券報告書に計上されるようになり、二〇〇七年には大手各社がそろって赤字に転落した。外資系のＧＥキャピタルは二〇〇八年七月にレイクを新生銀行へ売却し、二〇一〇年九月には武富士が会社更生法の適用を申請して倒産している。改正貸金業法によって、業界の再編が一気に加速したのである。

苦況の中でアコムとプロミスが選んだのは、銀行との一層の関係強化だった。すでにサラ金業界は大手が主導して一九九九年に信用情報機関「テラネット」を設立し、武富士や中小業者の強い反対にもかかわらず、銀行とも個人信用情報を共有するようになっていた。二〇〇〇年のテラネット稼働とほぼ同時に、さくら銀行（現：三井住友銀行）系の貸金業者「さくらローンパートナー（後のアットローン）」と、三和銀行（現：三菱ＵＦＪ銀行）系の「モビット」が営業を開始している。

さらに、銀行との関係強化に積極的だったアコムとプロミスは、前者が二〇〇四年に三菱東京フィナンシャルグループ、後者が三井住友フィナンシャルグループと業務提携を発表し、改正貸金業法制定後の二〇〇八年には三菱ＵＦＪフィナンシャルグループがアコムを連結子会社化、二〇一一年には三井住友フィナンシャルグループがプロミスを完全子会社化している。

高度経済成長期に生まれ、長らく金融業界の周縁部にあったサラ金業界は、改正貸金業法を契機として、ほぼ完全に銀行システムの内部に組み込まれたのである。

改正貸金業法と「家族の戦後体制」の変容

一方で、改正貸金業法には、夫婦間の力関係に大きな影響を及ぼしかねない変更が含まれていた。収入のない専業主婦（主夫）がサラ金から借り入れる際には、「配偶者の同意書」が必要になったのである。専業主夫の圧倒的な少なさを考えれば、これは事実上、職を持たない既婚女性による借入を、夫にチェックさせるための措置だった。

かつて、「家族の戦後体制」の下では、家計を管理する自負と責任意識とに支えられ、専業主婦であってもしばしば独断で借金をしていた。そうした専業主婦による独断の借金が、二〇一〇年の改正貸金業法の完全施行によって、少なくともサラ金ではほとんど不可能になったのである。これは、明治民法の「妻無能力」規定ほどではないとはいえ、明らかに既婚女性の自由と選択の幅を小さくする措置だった。

この改正があまり問題視されなかったのは、すでに女性の社会進出が進み、専業主婦が一般的な「生き方モデル」ではなくなっていたことが大きいだろう。一九九〇年代を転換期として女性の「脱主婦化」の動きは著しく、二〇代から三〇代という子育て年齢の既婚女性の労働力率は大幅に上昇した（落合二〇一九）。改正貸金業法の完全施行によって金を借りにくくなる女性の数は、そこまで多くはないと政策立案者たちは考えていたのかもしれない。

もちろん規制強化の実態的な影響が皆無だったわけでは当然ない。朝日新聞の取材によると、大阪のある主婦は、子どもの教育費などを賄うため、夫に黙ってサラ金からの借金を繰り返していた。だが、改正貸金業法が完全施行されると、夫の同意なしには金を借りられなくなってしまった。仕方なく離婚覚悟で借金を打ち明けると、夫は「任せきりにして悪かった」と言って逆に詫《わ》びてくれた。これを機に、夫婦で一緒に話し合いながら家計のやりくりを考えていく約束をしたという（『朝日』二〇一〇年一二月一四日付朝刊）。

右の事例の夫のように、家計を妻に任せきりにしていた非を認め、夫婦でともにやりくりを考えようと約束する男性の姿は、「家族の戦後体制」の性別役割分業とはかなり異質である。『アエラ』二〇一二年五月一四日号によると、一九七八年に九割以上を占めた夫の小遣い制を採用する家庭は、二〇一二年には六七・九％にまで減少した。このうち、「夫のみ小遣い制」を採用しているのは三九・八％にすぎない。同記事では、「家計管理に夫もかかわることで、夫婦ともに満足できる新しい形が見つかるかもしれない」として、夫の家計に対する積極的な関与が推奨されている。

近年、「家族の戦後体制」がゆるやかに解体する中で、家計に対する夫の関与は望ましいものとされる傾向がある。家計をめぐる新たな男女間分業のあり方は、夫婦で財布を完全に分ける、あるいは、そもそも家族を形成しないという「個人化」の可能性も含めて多様化し、現在もそれぞれの立場から模索されている。

「ワイフリスク」と「男の家計革命」

歴史を遡ると、既婚男性の家計に対する関与が強まりはじめたのは、バブル期のことと考えられる。この頃、好んで話題に取り上げられたのが、資産運用を意味する「財テク」だった。

「財テク」という言葉は、一九八四年に初めてマスコミに登場し、一九八六年に「市民権」を得たとされる。マスコミが資産運用に関する意識を煽り、とりわけ一九八七年二月の日本電信電話（NTT）株の上場によって、家計の財テクの一環として株式投資熱が加速した（杉田二〇〇二・近藤二〇一一・武田二〇一九）。

加えて、一九八七年九月には所得税法が改正され、非課税だった三〇〇万円以下の預金から生じる利子収入に対し、一律二〇％で課税されるようになった。いわゆる「マル優」金利の廃止である。これにより、預貯金以上に有利な運用先を見つけ出す「財テク」が関心の的になり、家計は様々な金融商品を購入するようになった。とりわけ、家計管理責任を担う主婦が一定の金融リスクを負担し、投資ないし借金をする余地が拡大していた。

バブル景気さなかの一九八九年には、『男の家計革命――妻に財布を握らせない13章』という露骨なタイトルの書籍が刊行されている。著者は、後に民主党政権で経済産業大臣を務める経済評論家の海江田《かいえだ》万里《ばんり》である。

海江田は、同書の中で「経済観念のない奥さんに家計をまかせる危険性」を「ワイフリスク」と呼び、「家計を奥さんに一切まかせて『我関せず』を決め込むのが、『男らしい』ことだと考えるのはもうよそう」と呼びかけていた。万一、妻が家計運営に失敗し、「ワイフリスク」が顕在化すれば、豊富な社会経験を持つ夫が財布の紐を奪還せねばならない。海江田は、金銭に対する淡白さという「男らしさ」をかなぐり捨てて、家計の主導権を夫が握るよう勧めていた。

バブル期の財テクブームにより、家計の抱える金融リスクは着実に増大し、金銭をめぐる男女間の分業関係が動揺しはじめていた。海江田の呼びかけは、この時期から、男性の家計に対する関与が強化された可能性を示唆している。その詳細な検討はここでは割愛せざるをえないが、少なくとも海江田の言う「ワイフリスク」を抑制するための措置が、二〇〇六年の改正貸金業法に盛り込まれたことは確かである。貸金業に対する規制強化と、家計におけるジェンダー平等の実現との間には、ある種のジレンマが存在することを、ここでは指摘しておきたい。

規制強化とヤミ金の動向

世論に押されて規制が強化された改正貸金業法には、現在でも賛否両論がある。大阪府知事・大阪市長を務めた橋下徹《はしもととおる》は、改正貸金業法に反対した政治家の一人である。同法の完全施行を目前に控えた二〇〇九年、大阪府知事だった橋下は、サラ金に対する規制強化は地域経済への悪影響が大きいと主張し、規制を緩和した「小規模金融構造改革特区」を政府に申請した。後に、民主党政権によって却下されている（堂下二〇一七）。

橋下ら一部の政治家だけでなく、規制に反対する業者や研究者たちもまた、規制が強化されれば表の金融がヤミの世界に潜り、一般の利用者がより大きな危険にさらされると繰り返してきた。貸金市場の利用者が消費者金融から締め出され、ヤミ金市場に流れ込みつつあることに警鐘を鳴らす堂下（二〇一〇）などが、その典型である。

しかし、二〇二一年時点から振り返ると、改正貸金業法による規制の強化は、少なくともヤミ金被害の拡大に直結はしなかった。警視庁（二〇一八）によれば、ヤミ金の被害人員数は、二〇〇八年の約一四万人から、二〇一七年には約一万三〇〇〇人と十分の一以下に減少している。多重債務者の数も、ピーク時の約一八〇万人から二〇一九年三月には約九万人と、ほぼ二〇分の一に激減した（金融庁二〇一九）。破産件数・自殺者数も、二〇一二年以降は前者が一〇万件、後者は三万人を継続して下回っている。

したがって、「貸金業に対する規制強化がヤミ金被害の拡大をもたらす」という規制反対派の主張は、ひとまず外れたと言わざるをえない。街金として活動するテックル（二〇一九）も、ヤミ金の取り締まりが厳しくなってから、人身売買まがいの過酷な取り立てを行う違法業者はめっきり減ったと観察している。

そもそも新古典派の経済学では、自由であるべき市場に介入する規制は、独占や寡占などの「市場の失敗」が存在しない限り、否定されてきた。規制反対派の研究者たちは、主としてこの新古典派の立場から改正貸金業法を批判している。

一方、近年めざましく研究が進んだ行動経済学は、人間は常に合理的な選択を行うわけではないという「限定合理性」を前提に、直近の借入であれば高い金利でもよいと考える「現在バイアス」や、少額であれば高い金利でも受け入れてしまう「金額効果」の存在を明らかにしている。行動経済学者たちは、金利規制に慎重な態度を維持しながらも、限定合理性に起因する債務過剰を予防するために、政策的介入の必要性を考慮に入れている（筒井ら二〇〇七、池田二〇一七）。したがって、改正貸金業法による規制強化は、経済学的な知見と真っ向から対立するわけではなく、一定の正当性を持つ政策判断だった。

とはいえ、改正貸金業法の完全施行によって、貸金業に関わる問題がすべて解決したわけではない当然ない。規制強化の意図せざる結果として、ここでは次の二つの可能性を指摘しておきたい。

一つ目は、特殊詐欺との関連である。ヤミ金と貸金業に対する取締強化がもたらしたのは、ヤミ金業者の「廃業」というより、むしろ「転業」だった可能性が高い。

統計的に確かめる術はないが、オレオレ詐欺などの特殊詐欺を取材した鈴木（二〇一五）によれば、初期の詐欺プレイヤーにはヤミ金経験者が特に多かったという。「金主・番頭・系列店舗」という詐欺結社のヒエラルキーはヤミ金のコピーで、末端の逮捕要員として使われる集金役にも返済に窮した多重債務者が多かった。ヤミ金対策法が成立した二〇〇三年が「オレオレ詐欺元年」と呼ばれたのも、決して偶然ではなかったのである。

金利引き下げに反対する学者や業界によってスケープゴートとされたヤミ金が、規制強化を受けて特殊詐欺に「転業」していたとすれば、実に皮肉なことと言わざるをえない。

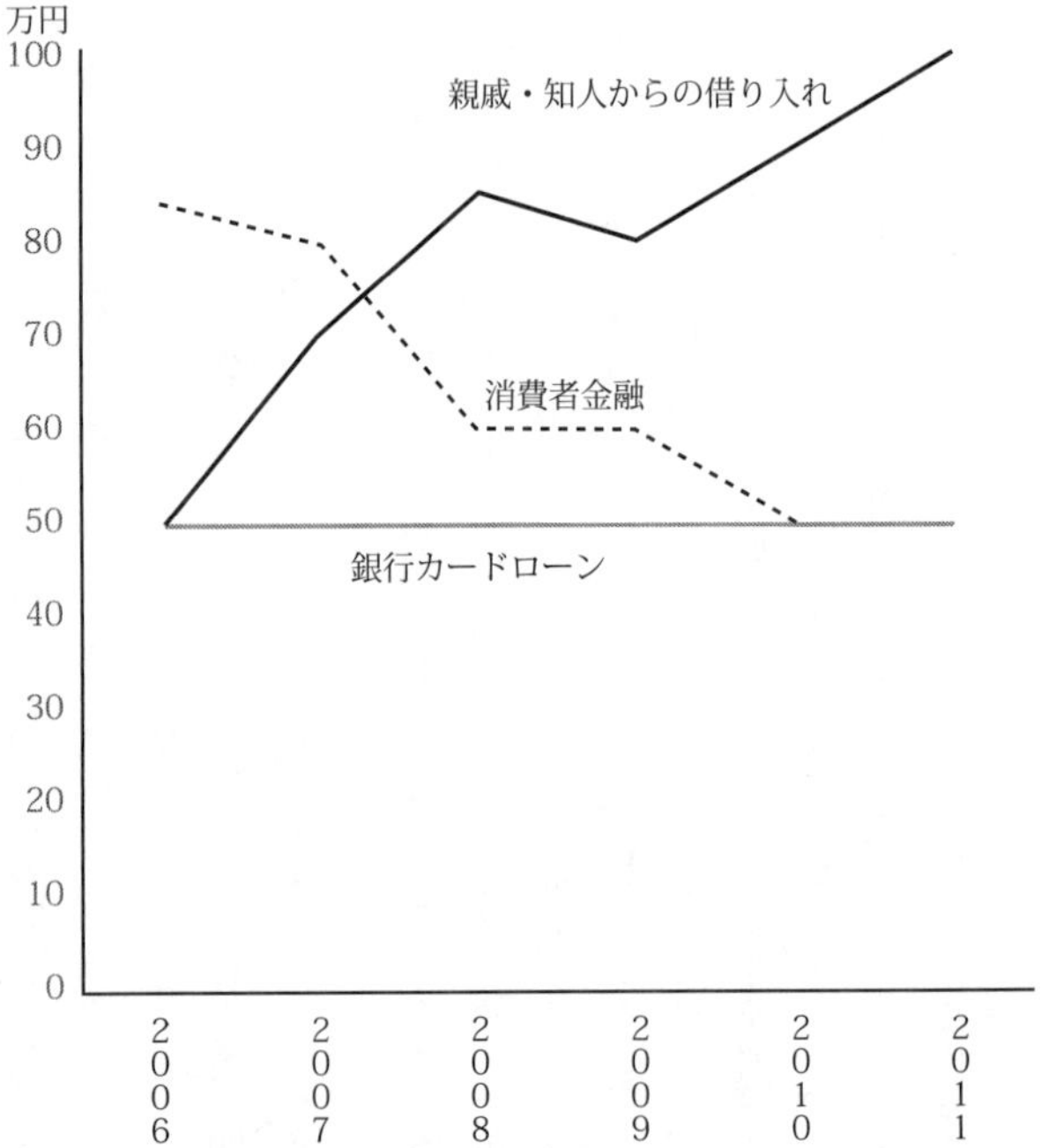

図6‐8　消費者金融現在利用者の借入残高（中央値）　出典：堂下・内田（2012）より作成

個人間金融の「復活」

規制強化による意図せざる結果の二つ目は、個人間金融の「復活」である。

図6‐8には、消費者金融を利用している人びとの借入残高の推移を、借入先別に示した。やや大味なデータではあるものの、この図によると、二〇〇六年には八四万円だった消費者金融からの借入残高は、二〇一一年までに五〇万円に減少し、反対に「親族や知人からの借入」が五〇万円から一〇〇万円へと倍増していた。総量規制の導入によって資金をサラ金から借りにくくなった人びとが、まるで一九五〇

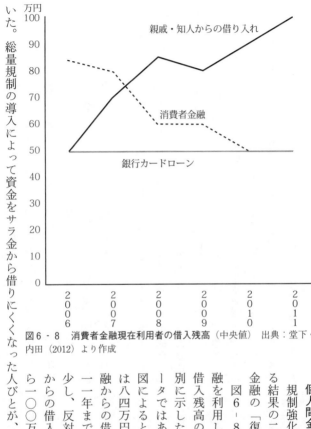

年代までの日本のように、親戚や知人とのつながりの中で資金を調達する傾向が強まったのである。

残念ながら、二〇一一年までの数値しか得られないので、この後の推移はわからない。だが、サラ金に対する規制強化によって個人間の資金貸借が「復活」しているように見えるのは、現象として極めて興味深い。

二〇一九年三月には、インターネットを介した個人間の私的な貸し借りが、違法な金融取引だけでなく売買春の温床にもなっていると報道された（『朝日』二〇一九年三月一九日付夕刊）。個人間金融を装い、女性に金を貸す見返りに肉体関係を求める「ひととき融資」が横行しているのだという（『読売』二〇一九年八月三一日付朝刊）。

実際、ソーシャル・ネットワーキング・サービス（SNS）の一つであるTwitterでは、二〇二一年一月時点でも「ひととき融資」のハッシュタグを付けた投稿が数多く見られた。肉体関係を求めずとも、個人間融資を呼びかける投稿は、検索すれば数え切れないほど確認できる。かつての素人高利貸のように、個人が副業として金を貸し、場合によっては性的にも搾取するような金融が、新たな情報技術に支えられて登場したのである。

こうした個人間金融の形を変えた「復活」は、決して奇異なことではない。出資法の上限金利は、長い時間をかけて二〇％まで引き下げられた。しかし、業者以外の上限金利は、現在も一〇九・五％のままで変更はない。つまり、個人間の貸し借りであれば、上限金利はサラ金が生まれた頃と全く変わっていないのである。だからこそ、強化された規制の下で金を借りにくくなった人びとに対し、高利を取って融資する「個人」が現れたのだろう。貸付金利を引き上げ、債務者の免許証や保険証の写真をメールなどで送らせて信用情報を把握すれば、ネットを介した資金貸借にはそれなりに持続可能性があるらしい。電話番号案内を利用して成功したヤタガイ・クレジットの「現金の通信販売」のようなものかもしれない。

とはいえ、実態は相当に過酷である。個人間融資と言いながら、実際には複数人がシステマティックに関わっており、ヤミ金と大差ないとの指摘もある。Twitterを介して個人から金を借りたある男性は、貸し手と対面した際、傷だらけの男の写真を見せられ、「逃げたらこうなるんだ」と感じたという。また、LINEを利用して「ひととき融資」を受けた女性は、性行為中の動画撮影を条件に金を借り、「返済を怠れば、動画を流出させる」と脅されたと語っている（『朝日』二〇一九年三月一九日付夕刊）。

筆者自身が目にしたTwitterの「借りパク」ハッシュタグ付きの投稿では、債務不履行を起こした顧客の実名だけでなく、証明書類とともに子どもの顔写真がさらされ、顧客の遺体を持ち込んだ者には報酬を支払うと呼びかけられていた。さらに、某サイトは、公開ブラックリストとしての機能を有しており、過去に債務不履行を起こした個人を誰でも検索できるようになっている。ネットを介した個人間金融の金融技術は、ほぼ野放しのまま、今も現在進行形で金を貸す側に蓄積されつつある。

前述したように、改正貸金業法によってヤミ金被害は著しく減少し、破産や自殺も減少に転じた。その一方で、インターネットやSNSという新たな情報技術に支えられて、規制の埒外にある高利の個人間金融が、形を変えながら「復活」しつつある。「上限金利を引き下げ、多重債務者が減少すれば、ヤミ金に手を出す人もなくなります」（日弁連ホームページ「金利引下げQ&A」）という日弁連の主張は、部分的には当たっていたものの、見通しとしては甘かったと言わざるをえない。

実際、二〇二〇年五月二二日に日弁連は、「給与ファクタリング」と呼ばれる給与債権買い取りサービスを事実上のヤミ金であるとして、徹底的に取り締まるよう会長声明を発表している（日弁連ホームページ）。法規制が強化され、上限金利が引き下げられた現在も、個人に金を貸すための金融技術の「革新」は続いており、今後も続いていくのだろう。

金融技術革新のゆくえ

ほとんど違法に近い個人間金融だけでなく、銀行をはじめとする金融機関や、伸び盛りのIT企業も、金融技術の「革新」を着実に進めている。二〇一八年八月、金融庁は「金融デジタライゼーション戦略」を打ち出し、翌年には「金融育成庁」を自称して金融技術《フィンテック》の革新《イノベーション》を推し進める姿勢を鮮明にした（金融庁二〇一九）。その目標は、ビッグデータや情報技術を駆使して金融の取引コストを下げ、生産性や国民生活水準の向上を図ることとされている。

二〇二〇年七月には、LINEの運営会社が手がける個人向け融資サービス「LINEポケットマネー」が、月間新規申込者数でアコムを上回ったとの報道があった。LINEの利用パターン等から算出した独自の信用スコアを、審査で活用しているという（『日経ビジネス電子版』二〇二〇年七月三〇日付）。金融デジタライゼーションの威力は、業界にさらなる再編を促しつつある。

こうした金融技術の革新が行き着く先には、どのような社会が待っているのだろうか。金融デジタライゼーションの一つの極北が、中華人民共和国の「芝麻《ジーマ》信用」だろう。そこでは、顧客のオンライン決済の履歴や、ネット上の人間関係、学歴、保有資産などがスコア化され、与信判断に利用されている。

この金融技術は、元をたどれば、金を借りにくい学生や農民を金融的に包摂するために生み出されたものだった。しかし、中国の一部の自治体では、さらに踏み込んだ道徳的信用スコア制度が導入され、生活の細部が信用評価の対象としてゆるやかにコントロールされている。梶谷・高口（二〇一九）は、こうした管理社会化・監視社会化の動きは、中国だけに限らず、世界的に共通した趨勢《すうせい》であると指摘している。

LINEの例に見られるように、日本でも中国の芝麻信用や道徳的信用スコアに類似したサービスが、すでに展開しつつある。金融包摂を通じた生産性・利便性の向上と、進化を続ける金融技術の制御とをどうすれば両立できるのか。この問いに回答を与える責任は、サラ金の歴史の上に立って現在を生きる、私たち自身に委ねられている。

終章 「日本」が生んだサラ金

素人高利貸の世界から生まれたサラ金は、二一世紀に入って強化された規制により、かつての栄光を喪失した。サラ金は、もはやその「社会的使命を終えた」（須田二〇一〇）と、一応は言えるのかもしれない。

しかし、改正貸金業法が完全施行された二〇一〇年以後、各社は過払い金の返還に苦しみながらも、これまで培ってきた与信・回収技術を生かして信用保証や債権回収の事業を拡大し、アジア圏を中心に海外へ進出することで生き残りを図っている。少なくともサラ金の持つ高度な金融技術は、メガバンクを含む銀行によって取り込まれ、今後も国内外で活用され続けていくだろう。

さらに、二〇二〇年春から流行が本格化した新型コロナ感染症に伴う特例貸付制度の運用過程では、利用を申し込んだ生活困窮者に対し、「消費者金融もあるでしょ」と言って融資を拒絶する担当者がいたという（今野二〇二〇）。コロナ禍でバイト収入が減って骨折の治療費一〇万円が払えず、「アコムにブッ込むしかない」と語る男性（三〇歳）の声も報じられている

（『BUSINESS INSIDER』二〇二〇年一一月二六日付）。本書の冒頭で触れた、サラ金だけが個人の窮状を救ってくれるという「奇妙な事態」は、依然として過去の遺物とはなっていない。

とはいえ、人びとの経済的苦境につけ込む「卑劣」な貸金業者を批判するだけで、問題は解決しない。これまでにも、サラ金に対する批判には、ある種の危うさがつきまとってきた。それは、高利貸の問題を特定の民族の問題に帰して理解しようとする一部の傾向である。

終章では、そうした危うさとも関連づけながら本書の内容を振り返り、私たちが生きる日本社会とサラ金との分かち難い関係を改めて問い直すことでまとめに代えたい。

金融技術と「人」の視点

本書は、サラ金業者の非人道性を告発・暴露するというより、その経済的・経営的な合理性を、あくまでも内在的に理解しようと努めてきた。いかに強欲で異常に見えても、人間の経済的な営みである以上、その行動はある程度までは合理的に説明できるはずである。それが、本書の基本的な立場だった。

そのため、本書では、第一の視点として金融技術に注目し、サラ金による金融技術の「革新」のプロセスを跡づけることに力を注いだ。すでに述べたように、現代のサラ金の源流は、個人間金融の世界で金融技術を鍛え上げた素人高利貸にあった。素人高利貸から生まれた団地金融業者は、画期的な方法で情報の非対称性を最小化し、金融技術に大きな革新をもたらした。

団地金融の経験に学んだサラ金大手の創業者たちは、激しい競争の中で銀行からの資金調達を実現し、女性や貧困層の金融的な「包摂」にも成功する。日本企業の技術革新に対する積極的な経営姿勢は、高度経済成長期を通じて一貫していたとされるが（吉川一九九七）、サラ金もまたその一翼を担っていた。スマートフォン一つで金を借りられるアプリローンの開発に見られるように、サラ金による金融技術の革新は現在も続いている。

そして、第二の「人」の視点について言えば、素人高利貸に源流を持つ団地金融業者や、アコム・プロミス・レイクといった大手サラ金の創業者たちは、勤倹貯蓄という通俗道徳の徹底した実践者だった。彼らは、「家族の戦後体制」における性別役割分業や、情意考課という人事制度の特徴を踏まえ、高度経済成長期のサラリーマン男性に独特な資金需要に的確に応じることで成功の端緒をつかんだ。一九七〇年代以降になると、女性や低所得層による生活防衛的な借入にも対応し、金融包摂の裾野を着実に広げていく。営利企業であるサラ金が貧困層にとって唯一のセイフティネットになるという「奇妙な事態」は、サラ金業者たちの主体的な経営努力によって生み出されたものだった。

だが、サラ金業者の努力と合理性を認める本書の叙述は、多くの人びとが借金によって人生を狂わされたことを考えれば、手ぬるいと感じた読者もいるかもしれない。いかに優れた金融技術を生み出し、自己の努力と才覚とによって企業を大きく成長させたとしても、サラ金は多くの人びとを破滅に追い込んできたのではないか。血も涙もない非人間的な高利貸なぞ、徹底して批判し、否定的に描かれるべきではないか。そんな感想ないし不満を持たれたとしても、決して不思議ではないと思う。

本書で詳述したように、サラ金が過剰融資に走り、多くの人びとを自殺や貧困に追い込んだことは、紛れもない事実である。サラ金の社員たちは、「借りたものを返さないのが悪い」という自己責任論によって自らを励ましながら債権回収に従事する一方、一代で巨万の富を築いた創業者に崇拝の念を抱くことさえあり、過酷な労働環境の下で成果を出そうと懸命になっていた。多重債務に陥った人びとも、「借りたものは返さねばならない」という単純な義務を果たせない不甲斐なさから自己否定に陥り、時に自ら命を絶つことさえ辞さなかった。努力すれば必ず豊かになるはずであり、貧困なのは努力が足りないからだ、と考える「通俗道徳のわな」（松沢二〇一八）に陥りやすい構造を、サラ金業界は確かに持っていた。

しかし、それでもなお、本書はサラ金への過剰な批判を意識的に抑制するよう努めてきた。これまでの歴史を振り返ると、貸金業者に対する負の感情は、憎悪や差別に容易に結びつく危険を孕んでいると考えるからである。

高利貸と民族問題

貸金業者に対する憎悪の念は、人類社会において広く観察される感情である。文学の世界を見ても、シェイクスピア『ヴェニスの商人』に登場する高利貸のシャイロックは強欲な悪役として描かれているし、ドストエフスキー『罪と罰』の主人公ラスコーリニコフは、高利貸の老婆を殺害し、それを歪んだ英雄主義によって正当化している。

これらの作品の高利貸が、ともにユダヤ人であることからもわかるように、ヨーロッパ諸国の高利貸に対する憎悪の念は、反ユダヤ主義と不可分だった。悪名高いナチス・ドイツが、ユダヤ人を高利貸と結びつけて憎悪を煽り、ユダヤ民族の「絶滅」を主張したことはよく知られているだろう。初期ナチスの幹部だった経済学者ゴットフリート・フェーダーは、利子制度を「ユダヤ的資本主義」の本質と捉え、「利子奴隷制の廃止」を訴えていた。アドルフ・ヒトラーに反ユダヤ主義を開眼させたといわれる人物である（石田二〇一五）。

ドイツのユダヤ人が高利貸として非難されはじめたのは、一一世紀末頃にまで遡る。一二一五年には、第四回ラテラノ宗教会議によってキリスト教徒とユダヤ教徒の隔離政策が進められ、ユダヤ人は職工や商業といったほとんどの職業から締め出されてしまった。大澤（一九九一）は、ユダヤ人が高利貸に手を染めたのは、強烈な隔離・差別政策の結果であると強調している。

だが、実際にはユダヤ人だけでなく、少なくない数のキリスト教徒もまた、金融業に従事していた。高利貸の営業は、中世のキリスト教徒にも実質的には許されていたにもかかわらず、その存在はほとんど忘却され、強欲で悪辣《あくらつ》な高利貸のイメージは、ユダヤ人にのみ投影されてきたのである。

こうした研究動向を紹介した佐々木（二〇〇五）は、「債権者にたいする闘いが債権者の一部、つまりユダヤ人にたいする闘いに変換されたメカニズムを追跡すること」を、新たな課題として提起している。キリスト教徒の高利貸にも向けられていたであろう憎悪が、なぜ、どのようにして忘却され、ユダヤ人高利貸に対する憎悪へと一元的に「変換」されたのか。金融取引における貸し手と借り手の間の対立が、民族間の対立へと「変換」された歴史的なプロセスが、現在の研究水準の下では問われている。

翻って二一世紀の日本では、サラ金と在日韓国・朝鮮人との連関を、根拠不明の憶測に基づいて指摘する言説が、とりわけネット上に氾濫している。たとえば、某巨大匿名掲示板には、多重債務問題が深刻化しつつあった二〇〇二年九月に、次のような書き込みがなされている。

「武富士会長、武井保雄は朝鮮人／しかも北出身。／一体、今まで北朝鮮に何億送金してきたのだろう？／日本人債務者の家族から不当に取り立てた金を」

この書き込みに見られるのは、サラ金の引き起こしてきた問題を、特定の民族の問題に「変換」して理解しようという態度である。こうした態度は、決して目新しいものではない。たとえば、一九七六年五月に開催された「全金連顧問並びに関係議員懇談会」において、元法務大臣で自民党衆議院議員の田中伊三次《いさじ》は、列席していた貸金業者へ向けて次のように述べている。

「問題は取り立てだが、たいへん無理な取り立てをして問題を起こしているのは誰かと……どうも第三国人が多い。これを事実をあげて、資料をととのえて、積極的に朝日（新聞

か?)へ持っていきなさい」(『週刊ポスト』一〇巻二九号、一九七八年)

社会問題となっているサラ金の「たいへん無理な強引な取り立て」は、「第三国人」の所業であり、善良な日本人の業者とは無関係のはずだ。「第三国人」の問題をメディアに訴えれば、国内の貸金業者のイメージアップにつながるだろう。田中は、過酷な取り立てを「第三国人」、つまり在日韓国・朝鮮・台湾人といった旧植民地出身者の問題であるとし、民族差別的な憶測に基づいて発言している。佐々木(二〇〇五)が言う典型的な「変換」である。

民族差別に直面するマイノリティは、就業の選択肢がどうしても限られてしまう。田中発言の背後には、在日韓国・朝鮮人が差別的な労働市場の下で一般企業になかなか就職できず、貸金業に従事せざるをえないという事情が横たわっていた。

貸金業は、元手さえあれば比較的容易に開業できるため、世界的に見ても民族差別の下に置かれた人びとに選好される傾向がある。一九五七年に貧しい在日韓国人の家庭に生まれた劇作家兼演出家の鄭義信は、小学生のときに初めて『ヴェニスの商人』を読んだ際、シャイロックがユダヤ人という理由で差別を受けていることに強い共感を覚えたとして、次のように述べている。

「当時、在日韓国人も高利貸業をたくさんやりました。シャイロック時代のユダヤ人のように、選べる職業が多くなかったんです。『汚くて大変な仕事をする』『金に目がない』等がその当時の在日韓国人のイメージでした」（『中央日報（日本語版）』二〇一四年四月四日付）

ただし、韓（二〇一〇）によれば、一九七五年時点で近畿六府県の在日韓国人系企業に占める金融・保険業の比率は、一・一％に過ぎなかった。これは、同年の国内全事業所に占める金融・保険業の比率（一・二％）と比較して、むしろ低い数値である。在日＝貸金業というイメージが、実態以上に強く共有されている可能性は否定できない。

戦後の日本において、サラ金業者の取り立ては、確かにしばしば過酷なものだった。サラ金に対して恨み骨髄に徹した債務者の数は、決して少なくないだろう。だが、そうしたサラ金の問題が、少数の特定民族に引きつけて理解されている一部の傾向には、危うさを覚えずにはいられない。ユダヤ人を非生産的な高利貸と断じてその「絶滅」を目指したナチス・ドイツの発想と、サラ金の引き起こしてきた問題を「第三国人」に帰して理解する偏見とは、佐々木（二〇〇五）の言う民族的な「変換」という点で、その根を同じくしている。

サラ金企業と利用者の視点の統合

サラ金の悪辣さを扇情的に書き立て、徹底的に批判する。そうした言説が必要であり、一定の社会的意義を持った時期は、確かに存在した。ジャーナリストや法曹関係者、元従業員などがサラ金の内幕を暴露する書籍を数多く出版し、本書でも積極的に利用している。これらの書籍が、ある種の公憤と正義感に基づいて執筆されたことは疑わない。

だが、そうした正当な意図にもかかわらず、サラ金を批判する言説が業者の酷薄さや異常性を強調し、結果として特定の職業に対する差別的なまなざしを強化していたとすれば、それは大きな問題ではなかったか。

そもそも、サラ金が成長した歴史的な背景を、利用者とサラ金業者の双方の資料を突き合わせて本格的に跡づける作業は、現在までほとんどなされてこなかった。利用者＝被害者の側の視点に立った告発や研究が発表される一方で、サラ金から資金的な援助を受けている研究者集団も存在し、両者の間での建設的な交流は皆無に近かった。そのことが、業界に対する理解を一面的なものとし、佐々木（二〇〇五）の言う民族的な「変換」を野放しにした一因であるように思われてならない。

サラ金の問題は、ひとまず業界とは距離を取り、歴史として批判的に整理される必要がある。だが、かといって被害者側の視点からだけでは、問題の全貌を明らかにすることは難しい。サラ金業者の主体的で革新的な経営努力が、なぜ多くの人びとを破滅に追いやったのか。その具体的なプロセスを、サラ金業者と利用者の双方の事情を踏まえ、可能な限り内在的に説明しようというのが、本書の試みだった。

すでに見てきたように、団地金融の創始者である田辺信夫は、戦前から続く素人高利貸の伝統を受け継ぎ、模範的な家計運営を行う新生活運動の突出した「優等生」だった。アコム・プロミス・レイクの創業者たちは、それなりに人間的な信念からサラ金事業に取り組み、社会的な認知を受けようと懸命に努力していた。彼らは、同時代の人びとの働き方や、家庭における性別役割分業のあり方を的確に見極め、社業を隆盛に導いた有能な企業家たちだった。

しかし、資本自由化によるグローバルな競争激化と、貯蓄超過というマクロな金融環境の下で、サラ金は銀行からの借入を増やし、巨大企業へと成長した。その過程で無軌道と言わざるをえない信用審査の基準と、過酷な債権回収法を導入し、金融技術に繰り返し革新をもたらしながら、多くの人びとを破滅へと追いやっていった。

膨大な数の「負け組」を絶えず作り出していくことで、サラ金は「勝ち組」にのし上がっていく。「冬の時代」を経て、信用審査を統計的に厳密な手法で行うようになった後も、その構図自体は変わらなかった。社会的な認知を受けるために株式市場に上場したことが、株価の維持を最優先にした経営につながり、過剰融資や強引な取り立てだけでなく、一部の経営者は疑心暗鬼に陥って関係者の盗聴事件まで引き起こした。

一方、成果主義的な人事評価制度に追い立てられたサラ金の従業員たちは、債務者から厳しく債権を回収する際、時に罪悪感や心の痛みを覚えることもあった。しかし、自己責任論によって自らを正当化し、職務を「脱人格化」しながら、進んで債務者を追い詰めていった。そうした従業員も、ある者は心身を病み、ある者は業績悪化に伴うリストラでクビを切られ、業界を去っていった。二一世紀初頭までのサラ金各社の多くは、大量に採用した従業員を使い捨て、顧客本位を装いながらも、その立場を真に重んじることはなかった。

サラ金各社が、ある種の高邁《こうまい》な経営的理想を掲げていたことは、本書でも紹介した通りである。しかし、営利を追求する企業体としてサラ金が大きく成長した後、私たちの目の前に開けたのは、自己破産と自殺者が異常に増加し、サラ金が貧困者の「セイフティネット」になるという、実に荒涼とした光景だった。

繰り返しになるが、サラ金各社の個別的な不当・不法行為は、それとして厳しく批判されるべきである。とはいえ、サラ金の非人道性を強調するだけで、問題が本当の意味で解決するとは思われない。

サラ金は、貯蓄超過や金融自由化というマクロな経済環境の変化と深く結びつきながら成長し、現在も日銀・メガバンクを頂点とする重層的な金融構造の中にしっかりと根を下ろしている。個人間金融から生まれたサラ金を肥大させたのは、日本の経済発展を支えてきた金融システムと、それを利用する私たち自身だった。その事実を、まずは正面から見定める必要がある。

「自分事」としてのサラ金問題

二一世紀初頭、主要なサラ金企業の多くはメガバンクを中心とする銀行の傘下に入った。小口信用貸付の主流は、サラ金を含む貸金業から、銀行カードローンへと移りつつある。二〇一七年には銀行カードローンによる「新・借金地獄」が問題となり（『週刊東洋経済』二〇一七年七月一五日号）、金融当局が規制を強める動きも見られた。

銀行は、サラ金などの貸金業者と異なり、貸付金の原資として一般の個人からも預金を集めている。つまり、銀行カードローンで貸し付けられている金は、元をたどれば私たち自身の預金に他ならない。

さらに言えば、一九七〇年代に銀行や信金・信組からの資金調達によって飛躍的に融資量を増やしたサラ金は、私たちが日常的に利用する金融機関との結びつきの中で成長した。サラ金を「悪魔的ビジネスモデル」などと断じ、格差や貧困の元凶として論難すれば、それで済まされるような問題ではない。ましてや、サラ金の起こしてきた問題を特定の民族と結びつけ、あたかも「他人事」であるかのように切り捨てることはできない。

サラ金の歴史は、日本社会に生きる多くの人びとと決して無縁ではなかった。たとえ利用者ではなくとも、預金口座で給与を受け取り、わずかであっても金融機関に金を預けている私たち自身が、究極的にはサラ金の金主だった。現代を生きる私たちには、スマートフォンの画面の向こう側にいる見知らぬ個人に金を貸し、素人高利貸となって一儲けするチャンスさえ開かれている。

これまで、日本社会と消費者金融との間の深いつながりは、サラ金への轟々《ごうごう》たる非難の声にかき消され、ともすると見えにくくなっていた。しかし、他ならぬこの日本社会が生んだサラ金の歴史を正面から見定めると、思いがけず私たちの暮らし方・働き方に深く関わっていたことが明らかになる。多重債務に陥った人びとを「自己責任」と切り捨てるにはあまりに身近なところで、サラ金は成長してきた。サラ金が引き起こしてきた問題を、他人事ではなく「自分事」として認識することで、初めて将来のあるべき金融や経済のあり方を冷静に議論し、真の意味で人と人とのつながりに支えられた社会を構想できるのではないか。

手前味噌に過ぎるかもしれないが、本書がそうした議論の基礎的な材料となり、ささやかなりとも一助となることを、筆者としては願っている。

おわりに

もう一五年以上前のことになる。二〇〇四年九月、農学部で農業経済学を学ぶ学生だった私は、同期の河野晃典と連れ立って、北海道樺戸郡浦臼町にある「神内ファーム21」という農場を訪ねた。人好きのする河野は、バイト先の蕎麦屋に出入りしていた神内ファームの営業マンにたいそう気に入られ、農業経済学を専攻する友人を連れて見学に来いと、招待を受けたのだという。

この年は就職氷河期の最末期にあたり、企業が金を出して学生をもてなしてくれるなどという話は、ほとんど神話か伝説に属していた。貧乏性な私は、交通費・宿泊費に日当まで出してもらえるという好条件に釣られ、河野の相伴にあずかってノコノコと北海道まで出かけていった。

当時の神内ファームは、牛肉と蕎麦の生産・販売をメインに、植物工場で薬物野菜を栽培し、一メートル掘り下げたハウス内でバナナやマンゴーを作るという、相当に異色の農場だった。

本書をお読みになられた読者なら、もうお気づきかもしれない。この農場を設立したのが、一度は北海道開拓を志したプロミス創業者、神内良一である。

河野と私は、この時、農場内の見晴らしの良い庭園で、車椅子に乗って現れた晩年の神内と面会し、握手を交わすという「栄誉」に浴している。いま思えば、この時期のサラ金業界は、二〇〇六年一二月の改正貸金業法の制定を控えて、相当厳しい批判にさらされていた。若い私たちを招待し、「謁見」まで許した神内は、心血を注いだサラ金に対する社会の心象を、少しでもよいものにしたいという思いに駆られていたのかもしれない。弱々しい見た目とは裏腹に、私の手を握り返す力が驚くほど強かったことを、いまでもよく覚えている。

その日の夜は、私たちを招待してくれた神内ファームの営業マンとその同僚の方から、滝川の松尾ジンギスカンで「接待」を受け、さらに河岸を変えて夜遅くまで酒席につきあってもらった。学生という気兼ねする必要のない人間と経費で飲めるからか、二人はとても上機嫌で、様々な話を聞かせてくれた。

プロミス本体から神内ファームに異動してきただけに、サラ金に関する話題は当然ながら豊富で、中でもクレジット・スコアリングの推計式を組む際の苦労話が面白かった。いくつもの要素を組み合わせて貸付可能な最低ラインを探っていくのだが、その組み合わせががっちり嚙《か》み合った時の達成感は、それは素晴らしいものだったそうだ。

営業マンの方は、一九六八年の東大紛争で安田講堂に立てこもったという元学生運動の闘士で、就職先がなく途方に暮れていた時に神内に「拾って」もらったため、強く恩義を感じているようだった。社会経験のまるでなかった私には、彼らの話はどれも新鮮で興味深く、「血も涙もない高利貸」というイメージは、見事にひっくり返ってしまった。成長著しい業界に独特なエネルギーを持つ人びとの魅力に当てられて、いつかサラ金の歴史を勉強してみてもいいかもしれないと、酔った頭でぼんやりと考えていた。

その時以来、さして気にも留めずに眺めていたサラ金関係のニュースを、意識して追いかけるようになった。すると、サラ金各社が過酷な取り立てで多数の自殺者や破産者を出し、貧困層を重要な顧客として巨額の利益を稼ぎ出しているという報道に繰り返し接した。そんな現実と、神内ファームで出会った魅力的な人びとのイメージとをどのように結びつけたらよいのか。その問いに答えることは、折に触れて思い出す提出期限のない宿題となった。

神内ファームの面々にすっかり懐柔されていた私は、サラ金を一方的に断罪する気にはなれなかった。だが、かといってサラ金の被害者たちを自己責任として切り捨て、サラ金の企業体としての成長を手放しで称賛するようなこともしたくなかった。大学院生、あるいは教員として感じていたこの社会に対する違和感と、サラ金が引き起こしている問題との間には、何らかの関連があるように私には思われ、そのこともサラ金への関心を持続させる要因となった。

経済合理性や技術革新がもたらすものは、経済成長や生活水準の向上だけではない。経済合理的であるがゆえに引き起こされる問題を歴史として跡づけていくことは、経済史の勉強を生涯の仕事と思い定めた自分にとって、意味のある宿題であるように思われた。

二〇一三年、恩師の加瀬和俊《かせかずとし》先生が開いていたゼミナールを母体とする共同研究で、テーマが戦間期の「家計消費史」に決まったとき、手を付けてみようと考えたのがこの宿題だった。先生の退職直前に刊行された加瀬和俊編『戦間期日本の家計消費——世帯の対応とその限界』（東京大学社会科学研究所、二〇一五年）の原稿を準備する過程で、気心の知れた先輩・友人たちと勉強できたことは、消費者金融に関する考えを深める最初の機会となった。

また、政治経済学・経済史学会の二〇一八年度秋季学術大会共通論題で「消費経済史」に関する報告を行うことになった際、ともに登壇した中西聡・満薗勇・浅井良夫・倉敷伸子・鈴木淳・石原俊時の各氏や、矢後和彦・沼尻晃伸両氏をはじめとする同学会研究委員会のメンバー、そして大会当日の参加者の方々（とりわけ鋭く建設的な質問をくださった今泉飛鳥・大門正克・谷本雅之・原山浩介・二谷智子・柳沢遊の各氏）と議論できたことは、本書を執筆するうえで大きな財産となった。担当編集者の上林達也氏に出会えたのも、このときである。氏からは、本を作る上での基本的な原則を教えていただいたばかりでなく、内容にまで踏み込んで様々に有益な助言をいただいた。

加えて、金融学会歴史部会、地方金融史研究会、現代金融研究会、多摩金融史研究会での議論もまた、本書の重要な土台となっている。右の四会すべてに加わっている佐藤政則・早川大介・邉英治の各氏は、私が金融史を勉強するにあたり、常に導き手となってくださった。松浦正孝氏が主催する科研費プロジェクト「戦後体制（レジーム）とは何であったか——『戦後日本』政治経済史の検証――」での刺激的な議論も、戦後を考える手がかりを得るうえで貴重な経験だった。とりわけ、小堀聡氏は生煮えの原稿を丁寧に読み込み、同プロジェクトの研究会で有益なコメントをくださった。本文中でも触れたように、天草市御所浦支所の黒田陽二氏と、経済史研究者の三科仁伸氏からは貴重な情報の提供を受けている。

さらに、本書の草稿を利用して講義やゼミを行った際、学生・院生の皆さんから与えられた意見やコメントも、読者の目線から内容を見直す上で得難いものだった。右に挙げた全ての方々や研究組織との出会いがなければ、本書を書き上げることは到底できなかったはずである。各位に対し、改めて深く感謝の意を表したい。

なお、ごく近い過去を扱っているにもかかわらず、本書の執筆過程では、サラ金関係者や被害者・弁護士といった当事者たちへのインタビューをあえて行わなかった。有価証券報告書等の一次資料や、関連する書籍、新聞・雑誌記事等を網羅的に収集・分析するというオーソドックスな文献史学の方法を、基本的には採用している。とかく論争的な分野で「中立」性を確保するために意識して採用した方法であり、他の類書に見られない試みとして著者なりに自負している（ただし、例外として、アコム広報・CSR部の岡本氏に自動契約機と特許の関係を確認し、室井忠道氏から書籍の提供を受けたことは、感謝とともに明記しておきたい）。

とはいえ、本書を閉じるにあたって感じるのは、家計と金融に関するさらなる検討の必要性である。住宅ローン・自動車ローンとの関連や、ポスト「家族の戦後体制」の家計の分担構造、金融リスク負担の歴史的な変化の問題など、積み残した課題は多い。サラ金各社の経営や業界全体に関する分析も、まだまだ深めるべき余地がある。今後、史料発掘にも努めながら、サラ金の歴史に関する検討を継続したいと考えている。

最後に、本書の校正を行っていた二〇二〇年一二月末に、父方の祖母を喪った。祖母は、一九三〇年に銀行員の家に生まれた。「ねえや」まで付いていたという箱入り娘で、高等女学校を卒業し、横浜の百貨店に勤めた洒脱な女性だった。しかし、進駐軍のジープに轢かれて脚を負傷しただけでなく、結婚後に結核を患って一人の子を堕胎し、その後に生まれた三人の子のうち一人を一歳で亡くすという、辛い経験を持っていた。それでも祖母は、孫や曽孫たちには常に笑顔で接し、成長を喜んでくれた。「家族の戦後体制」の下で生きた専業主婦を、ともかくも歴史的な主体として描いてみたいという思いは、祖母を通して醸成されたのかもしれない。会えばいつも歓迎してくれたにもかかわらず、コロナを理由に一年以上も顔を見せられなかったことが悔やまれてならない。そのせめてもの罪滅ぼしに、本書を優しかった亡き祖母、小島洋子に捧げたい。

二〇二一年一月

小島　庸平

引用文献一覧

【重要な参考文献】

※以下の文献は、サラ金業界や被害者運動の通史的記録として優れたものである。本書でも繰り返し利用したものの、煩雑を避けるため特に注記しなかった場合もある。本書がこれらの仕事に特に多くを負っていることを明記するとともに、より詳細にサラ金の歴史を知りたい読者には、左記の文献の参照を強く勧めたい。

朝日新聞社会部（一九七九）『サラ金』朝日新聞社

井手壮平（二〇〇七）『サラ金崩壊――グレーゾーン金利撤廃をめぐる三〇〇日戦争』早川書房

宇都宮健児（二〇〇九）『弁護士、闘う――宇都宮健児の事件帖』岩波書店

沖野岩雄（一九九二）『貸金業現代史（上）・（下）』信用産業新報社

川波洋一・前田真一郎編（二〇一一）『消費者金融論研究』消費者金融論研究会

木村達也（二〇一三～）「消費者運動の歴史（連載）」『消費者法ニュース』九四～

篠原茂一（一九七六）『サラ金商法のからくり―借りる方も・貸す方も・この本を…』自由国民社

プロミス社史編纂プロジェクト（一九九四）『プロミス三〇年史（I～IV）』（本文中では、「プロミス社史」と略記）

マルイト・アコムグループ社史編纂委員会編（一九九一）『マルイト・アコムグループ五〇年史（総集編）・（事業編）』、凸版印刷株式会社社年史センター

マルイト・アコム（二〇一六）『マルイト・アコムグループ八〇年史（創業期編）・（アコム近経営史編）』、出版文化社

溝口敦（一九八三）『武富士　サラ金の帝王』講談社

横田一（二〇〇八）『クレジット・サラ金列島で闘う人びと』岩波書店

レイク広報室（一九八九）『写真と証言で見るレイク25年』

また、新聞からの引用注は、下記の通り略記した。『朝日新聞』→『朝日』、『毎日新聞』→『毎日』、『日本経済新聞』→『日経』。

【引用文献】

引用文献一覧

阿部芳久・阿部高明（二〇一八）『貸金業と過払金の半世紀』青林書院

天野正子・桜井厚（二〇〇三）『「モノと女」の戦後史——身体性・家庭性・社会性を軸に』平凡社（初版は一九九二年、有信堂）

有森隆（二〇〇九）『銀行の墓銘碑』講談社

池田新介（二〇一七）「家計の借入行動——行動経済学アプローチ」『季刊個人金融』一二巻三号

石井寛治（二〇一五）『資本主義日本の歴史構造』東京大学出版会

石井金之助（一九六〇）『消費は美徳デアル』東洋経済新報社

石井研堂（一九一四）『独立自営営業開始案内 第七編』博文館

石田勇治（二〇一五）『ヒトラーとナチ・ドイツ』講談社現代新書

石橋尚平（一九九七）「消費者金融会社の好業績とその背景」『郵政研究所月報』一一一号

市川隆（一九九六）「ジャパナイゼーションの博物誌 第四回 万能衛生紙」『Goods Press』第九巻八号

市原博（二〇〇二）「ホワイトカラーの社会経済史」中村政則編『近現代日本の新視点——経済史からのアプローチ』吉川弘文館

一ノ宮美成・グループ・K21（二〇〇四＝二〇〇六）『武富士サラ金帝国の闇』講談社

伊藤春光（一九五二）『新しい確実有利な金の廻し方ふやし方』大同書院出版

伊藤正直（二〇〇九）『戦後日本の対外金融——360円レートの成立と終焉』名古屋大学出版会

井上貞一（一九二五）『不安と安定——俸給生活』中堅社

井上トシユキ（二〇〇三）『消費者金融 誰もが驚く裏オモテ』文藝春秋

伊牟田敏充（一九九六）「銀行整理と預金支払」『地方金融史研究』二七、のち同（二〇〇二）『昭和金融恐慌の構造』経済産業調査会に再録

岩田昭男（一九九六）『消費者金融大躍進の秘密——「無人契約機」が社会を変える』ダイヤモンド社

上田昭三（一九八三）『個人ローンの実態と展望』東洋経済新報社

上山美香・黒崎卓（二〇〇四）「ジェンダーと貧困」絵所秀紀・穂坂光彦・野上裕生編『シリーズ国際開発第一巻 貧困と開発』日本評論社

内田浩史（二〇一二）「貸借関係における交渉力の決定要因」『国民経済雑誌』二〇六巻一号

梅澤正（一九九七）『サラリーマンの自画像——職業社会学の視点から』ミネルヴァ書房

海野八尋（二〇〇四）「日本経済の転換」後藤道夫編『日本の時代史二八 岐路に立つ日本』吉川弘文館

STPプロジェクトほか（二〇〇八）『理解されないビ

ジネスモデル 消費者金融』
NHK取材班・斎藤茂男編著『NHKおはようジャーナル——夫たちの憂うつ』日本放送出版協会
榎本まみ（二〇一二）『督促OL修行日記』文藝春秋
江波戸哲夫（一九八六）『ドキュメント サラ金』筑摩書房
大門正克（二〇〇六）「農業労働の変化と農村女性」西田美昭・アン・ワズオ編『二〇世紀日本の農民と農村』東京大学出版会
大川一司（一九六七）『長期経済統計8物価』東洋経済新報社
大久保権八（二〇〇一）『実録サラ金ガイド——人間不良債権にならないために』太田出版
大久保権八（二〇〇二）『実録サラ金サバイバル——死闘篇』太田出版
大阪市社会部（一九四二）『庶民金融事情調査』
大蔵省（一九七八）『第二十七回銀行局金融年報』
大蔵省（一九八二）『第三十一回銀行局金融年報』
大澤武男（一九九一）『ユダヤ人とドイツ』講談社現代新書
大山小夜（二〇〇二）「多重債務者の生活史——消費者取引における紛争解決の一事例」『相愛大学研究論集』一八
岡崎昂裕（二〇〇二）『債権回収の現場』角川oneテーマ21
岡崎昂裕（二〇〇三）『自己破産の現場』角川oneテーマ21
岡崎哲二・奥野正寛・植田和男・石井晋・堀宣昭（二〇〇二）『戦後日本の資金配分——産業政策と民間銀行』東京大学出版会
岡崎哲二（二〇〇五）「産業報国会の役割——戦時期日本の労働組織」同編『生産組織の経済史』東京大学出版会
岡本淑人（一九五九）「団地族とテレビの購入過程について」『市場調査』七四
奥山恭子（二〇一八）「明治民法の「妻の無能力」条項と商業登記たる「妻登記」——明治立法期民・商法の相関性と相乗性の一端」『横浜法学』二七（一）
小田若菜（二〇〇六）『サラ金嬢のないしょ話』講談社
落合恵美子（二〇一九）『二一世紀家族へ（第四版）』有斐閣
落合重信（一九八九）『増訂神戸の歴史・通史編——古代から近代まで』後藤書店
小汀利得（一九三二）『漫談経済学』千蔵書房
小汀利得（一九七一＝二〇〇一）『僕は憎まれっ子』日本図書センター（初出は日本経済新聞社）
甲斐道太郎編（一九八二）『サラ金白書』全国サラ金問題対策協議会
賀川豊彦（一九一五）『貧民心理の研究』警醒社書店
笠虎崇（二〇〇六）『アイフル元社員の激白——ニッポ

ン借金病時代』花伝社

梶谷懐・高口康太（二〇一九）『幸福な監視国家・中国』NHK出版新書

片山隆男（二〇〇五）「庶民金融・質屋の役割とその変遷――第二次大戦後を中心として」片山隆男・神木良三・杉江雅彦編『庶民金融論――消費者金融を理解するために』萌書房

上川龍之進（二〇一二）「高金利引き下げ運動にみる大企業と市民団体の影響力」『年報政治学』六三（二）

上川龍之進（二〇一三）「グレーゾーン金利廃止をめぐる政策過程（三・完）――「作為過誤」回避から「不作為過誤」回避への転換」『阪大法学』六二（六）

北健一（二〇〇八）『高利金融――貸金ビジネスの罠』旬報社

木村勝美（二〇〇七）『武富士会長・武井保雄の罪と罰』メディアックス

木村晋介（一九九〇）『キムラ弁護士が駆けてゆく―赤裸々な私生活と「司法試験の傾向と対策」』角川文庫（初版は一九八五年、情報センター出版局）

木村達也（一九九一）「第三次サラ金パニックの原状と問題点」『消費者法ニュース』九

木本喜美子（二〇〇四）「現代日本の女性」後藤道夫編『日本の時代史二八　岐路に立つ日本』吉川弘文館

Garon S., and Maclachlan P. L.（二〇〇六）*The Ambivalent Consumer: Questioning Consumption in East Asia and the West*, Cornell University Press

京都市社会課（一九三七）『調査報告第四十号俸給生活者生活状況調査』

金城一雄（一九九八）「近代日本における家族構造の変容」『沖縄大学紀要』一五

金太（二〇〇三）『金太のサラ金勤務日誌』宝島社

金融庁（二〇一九）『利用者を中心とした新時代の金融サービス――金融行政のこれまでの実践と今後の方針について』

久保健一（一九五九）『職場と家庭』鶴書房

熊沢誠（一九八九）『日本的経営の明暗』筑摩書房

倉敷伸子（二〇一三）「消費社会のなかの家族再編」安田常雄編『社会を消費する人びと――大衆消費社会の編成と変容』岩波書店

倉橋武雄（一九五六）「上手なサラリーマン金融のやり方」『野田経済』七巻二号

倉橋武雄（一九六三）『小口金融の上手な借り方』実業之日本社

倉橋武雄（一九六五）『貸金業の儲け方――こうして儲けよう』有紀書房

黒崎卓（二〇〇一）『開発のミクロ経済学』岩波書店

経済企画庁（一九五九）『昭和三三年版　経済白書』

経済企画庁（一九六一）『昭和三五年版　国民生活白書』

経済時代社編輯局（一九三三）『銀行・信託会社の選び方　昭和八年版』経済時代社

警察庁（二〇一八）『ヤミ金融事犯の検挙状況』
玄田有史（二〇〇一）『仕事のなかの曖昧な不安―揺れる若年の現在』中央公論新社
厚生労働省（二〇〇〇）『平成十二年版　労働経済の分析』
神戸市役所（一九二四）『神戸市史（本編各節）』
国民金融公庫調査部（一九五九）『国民金融公庫十年史』国民金融公庫
国民生活研究所（一九六三）『主婦の生活構造に関する調査』
国民生活センター調査研究部（一九七九）「世帯主こづかい実態調査集計結果表（資料）」『国民生活研究』第一八巻第四号
小島庸平（二〇一五）「都市家計によるリスク対応と資金貸借」加瀬和俊編『戦間期日本の家計消費――世帯の対応とその限界』東京大学社会科学研究所
ゴードン・アンドリュー（二〇一三）大島かおり訳『ミシンと日本の近代――消費者の創出』みすず書房
近藤誠（二〇一一）「石油危機後の経済構造調整とグローバリゼーションへの対応（一九七〇年代～八四年を中心に）」小峰隆夫編『日本経済の記録――第二次石油危機への対応からバブル崩壊まで（一九七〇年代～一九九六年）』佐伯印刷
今野晴貴（二〇二〇）「〝緊急〟なのに「六月に来て」生活保護よりややこしいコロナ特例貸付の問題点」ＹＡＨＯＯ！ニュース（二〇二〇年四月二〇日閲覧）
斎藤修（二〇一三）「男性稼ぎ主型モデルの歴史的起源」『日本労働研究雑誌』638
斎藤恵蔵編（一九二七）『人力か金力か――致富能率』邦明社出版部
坂野友昭（二〇〇二）「上限金利規制が消費者金融市場に及ぼす影響」『ＥＳＰ』通巻四四一号
佐々木武惟（一九七九）『東京相互銀行シークレット』グリーンアロー出版社
佐々木博光（二〇〇五）「論文評ユダヤ人高利貸像再考」『史林』八八（三）
澤田康幸・上田路子・松林哲也（二〇一三）『自殺のない社会へ』有斐閣
三和銀行調査部（一九八三）『サンワのあゆみ――三和銀行創立五十周年誌』
時事新報社経済部（一九三一）『小口金融の利用法』春陽堂
渋谷隆一編（一九七九）『サラリーマン金融の実証的研究――歴史・現状・立法』日本経済評論社
渋谷隆一（二〇〇一）『庶民金融の展開と政策対応』日本図書センター
白鳥圭志（二〇一七）『戦後日本金融システムの形成』八朔社
杉田茂之（二〇〇二）「日本のバブルとマスメディア」村松岐夫・奥野正寛編『平成バブルの研究　上　形成

編』東洋経済新報社
杉本哲之（二〇〇八）『実録「取り立て屋」稼業――元サラ金マン懺悔の告白』小学館文庫
杉山和雄（二〇〇六）「都市所在相銀の拡大政策――東京相互銀行と長田庄一」『成蹊大学経済学部論集』三七（一）
鈴木和雄（二〇一二）『接客サービスの労働過程論』御茶の水書房
鈴木大介（二〇一五）『老人喰い――高齢者を狙う詐欺の正体』ちくま新書
鈴木久清（一九九五）『クレジット社会　虚像と実像』新日本出版社
須田慎一郎（二〇〇六）『下流喰い――消費者金融の実態』ちくま新書
須田慎一郎（二〇一〇）『サラ金殲滅』宝島社
住友銀行行史編纂委員会（一九七九）『住友銀行八十年史』
関口功（一九八四）『サラ金パニック』白帝社
全国サラ金問題対策協議会（一九八〇）『サラ金被害の現状と対策――サラ金白書』
総務省（二〇一八）『平成三〇年度　情報通信白書』
高島望（一九九七）『武富士流金儲けの極意――金貸しの神様、ここにあり』ポケットブック
多賀太編著（二〇一一）『揺らぐサラリーマン生活』ミネルヴァ書房
武井保雄（一九七七）『マネートラブル――貸借関係のイザコザからとっさの金策まで』経済界
竹腰洋一（一九八三）『「サラ金」企業の内幕』ダイヤモンド社
武田晴人（二〇一九）『日本経済史』有斐閣
武富士被害対策全国会議編（二〇〇三）『武富士の闇を暴く――悪質商法の実態と対処法』同時代社
辰巳裕規（年次不明）「『チームちわわ』奮闘記――アイフル被害対策全国会議はかく闘えり」おおいた市民総合法律事務所ホームページ（二〇二〇年二月二日閲覧）
茶野努（二〇一三）『消費者金融サービス業の研究』日本評論社
中鉢正美（一九七一）『家族周期と家計構造』至誠堂
筒井義郎・書間文彦・大竹文雄・池田新介（二〇〇七）「上限金利規制の是非――行動経済学アプローチ」『現代ファイナンス』二二
つばた英子・つばたしゅういち『ききがたりときをためる暮らし』文春文庫、二〇一八年（初出は自然食通信社、二〇一二年）
津曲敬造（一九七二）『お金貸し方・借り方』文芸社
テツクル（二〇一九）『ぼく、街金やってます――悲しくもおかしい多重債務者の現実』ベストセラーズ
東京質屋協同組合（一九七二）『質屋白書』
東京都（一九六七）『東京都における割賦販売の実態 昭

和四一年度』
堂下浩（二〇一〇）『借りられず不幸』になった資金需要者の行方――ヤミ金融利用に関する資金需要者への実態調査」『クレジットエイジ』三一（一二）
堂下浩・内田治（二〇一二）「ヤミ金利用の実態に関する調査報告」『パーソナルファイナンス学会年報』一二
堂下浩（二〇一七）「貸金業の政策決定プロセスに関する調査研究」パーソナルファイナンス学会ら『パーソナルファイナンス研究の新しい地平』文眞堂
中川量博（二〇〇六）『「サラ金」を踏み倒せ』KKベストブックス
中川清（一九八五）『日本の都市下層』勁草書房
中沢陽堂（一九二四）『金の貸方取立方――損害予防有利契約』東盛堂出版部
長野修三（一九九六）『消費者金融業のすべてがわかる本』山下出版
中村隆英（一九八〇）『日本経済――その成長と構造 第二版』東京大学出版会
並木信政（一九二一）『最新金の貸方と諸債権取立法――誰にでも出来て利殖頗る多き』盛林堂
難波功士（二〇一三）『社会学ウシジマくん』人文書院
難波誠四郎（一九一二）『債権者の権利と損害予防策』広文堂
日本クレジット産業協会（一九九二）『わが国クレジットの半世紀――設立二十五年誌』
日本経営史研究所編（一九八八）『三菱信託銀行六十年史』
日本住宅公団（一九六五）『日本住宅公団10年史』日本住宅公団
日本消費者金融協会（一九七七）『消費者金融白書』
日本消費者金融協会・NIC会・日本消費者金融協議会編（一九九九）『平成一〇年度版　消費者金融白書』
日本電信電話公社二十五年史編集委員会（一九七八）『日本電信電話公社二十五年史中巻』電気通信協会
日本弁護士連合会編（二〇〇七）『検証　日本の貧困と格差拡大』日本評論社
布川弘（一九九三）『神戸における都市「下層社会」の形成と構造』兵庫部落問題研究所
野崎保平・小林和雄（一九六七）『米・小麦読本』春秋社
野田正彰（一九八四）『日本カネ意識――欲求と情報を管理するクレジット社会』情報センター出版局
橋本寿朗（一九九五）『戦後の日本経済』岩波新書
橋本寿朗（二〇一〇）「日本企業システムと高度経済成長」石井寛治・原朗・武田晴人編『日本経済史 五』東京大学出版会
長谷川貴彦（二〇一四）『イギリス福祉国家の歴史的源流――近世・近代転換期の中間団体』東京大学出版会
原武史（二〇一二）『団地の空間政治学』NHKブック

ス

原山浩介（二〇一一）『消費者の戦後史——闇市から主婦の時代へ』日本経済評論社

韓載香（二〇一〇）『「在日企業」の産業経済史—その社会的基盤とダイナミズム』名古屋大学出版会

ハンター・J、フランクス・P編（二〇一六）『歴史のなかの消費者—日本における消費と暮らし1850—2000』法政大学出版局

深尾京司（二〇〇二）「日本の貯蓄超過と『バブル』の発生」村松岐夫・奥野正寛編『平成バブルの研究 上 形成編』東洋経済新報社

富士銀行（一九八〇）『富士銀行の百年』

藤野恵（一九二七）「公益質屋法に就て」『斯民』二二（五）

藤野裕子（二〇一五）『都市と暴動の民衆史——東京・一九〇五—一九二三年』有志舎

星岳雄・カシャップ・A（二〇〇六）鯉渕賢訳『日本金融システム進化論』日本経済新聞出版社

ホックシールド・A・R（一九八三＝二〇〇〇）石川准・室伏亜紀訳『管理される心——感情が商品になるとき』世界思想社

Horioka, Charles Yuji（一九九二）"Future Trends in Japan's Saving Rate and the Implications : Thereof for Japan's External Imbalance", *Japan and the World Economy*, 3 (4)

ほのぼの湖太郎（二〇〇三）『サラ金会社の夜はふけない』第三書館

前田一（一九二八）『サラリマン物語』東洋経済出版部

マクノートン・H（二〇一六）「蒸気の力、消費者の力—女性、炊飯器、家庭用品の消費」ハンター、フランクス（二〇一六）所収

桝潟俊子（一九九四）「レジャー産業の展開と労働者の余暇」間宏編著『高度経済成長下の生活世界』文眞堂

松沢裕作（二〇一八）『生きづらい明治社会——不安と競争の時代』岩波ジュニア新書

松田忍（二〇一二）「新生活運動協会——一九四〇年代後半〜一九六〇年代半ば」大門正克編『新生活運動と日本の戦後——敗戦から一九七〇年代』日本経済評論社

松波仁一郎ら『訂正第三版 帝国民法正解（総則編）』日本法律学校

松成義衛・泉谷甫・田沼肇・野田正穂（一九五七）『日本のサラリーマン』青木書店

満薗勇（二〇〇四）「戦前期日本における月賦販売の形成と展開」『風俗史学』二八

満薗勇（二〇一四）『日本型大衆消費社会への胎動——戦前期日本の通信販売と月賦販売』東京大学出版会

満薗勇（二〇一九）「『かしこい消費者』の成立史をめぐって——割賦販売を手がかりに」『歴史と経済』六一（三）

御船美智子（一九九九）「女性と財産の距離と家族共同性――妻と夫の財産をめぐる構造とジェンダー・バイアス」『法社会学』五一
宮坂順子（二〇〇八）『「日常的貧困」と社会的排除』ミネルヴァ書房
村松安子（二〇〇五）『「ジェンダーと開発」論の形成と展開――経済学のジェンダー化への試み』未來社
村山誠二（一九九八）『サラ金悪のマニュアル』データハウス
室井忠道・岸川真（二〇〇三）『借金中毒列島――プロが語る消費者金融のウラオモテ』岩波アクティブ新書
室住眞麻子（二〇〇〇）『世代・ジェンダー関係からみた家計』法律文化社
森田国七（一九八四）『人生何に賭けるか』森田商事
森まさこ（二〇一七）『取り立てに怯えた少女が大臣になった』海竜社
八濱徳三郎（一九一三）「社会研究（一）高利貸」『救済研究』第一巻第一号
「安田保善社とその関係事業史」編集委員会編『安田保善社とその関係事業史』一九七四年
安丸良夫（一九七四）『近代日本の民衆思想』青木書店
矢野経済研究所（一九八三）『日本消費者金融業者名鑑』矢野経済研究所大阪支社
山岡俊介（二〇〇四）『銀バエ実録武富士盗聴事件』創出社
Yunus, M.（二〇〇七）*Banker to the Poor : Micro-lending and the battle against world poverty*, PublicAffairs
横山源之助（一八九九）『日本之下層社会』教文館
吉川洋（一九九七）『高度成長――日本を変えた六〇〇〇日』読売新聞社
吉田ゆり子（二〇二〇）「村と女性」高埜利彦編『近世史講義――女性の力を問いなおす』ちくま新書
我妻栄（一九三〇）『民法総則』岩波書店
渡部昇一・大島健伸（二〇〇四）『異端の成功者が伝える億万長者（ビリオネア）の教科書』ビジネス社

本書の元となる研究は、ＪＳＰＳ科研費一五Ｈ一七〇九九・一八Ｈ〇〇八七五・一八Ｈ〇三六二五の助成を受けたものである。

巻末付表1　戦前期の男女別日給推移

単位：銭

年	男		女	年	男		女
	製造業	日雇人夫	製造業		製造業	日雇人夫	製造業
1894	24	21	12	1917	77	70	36
1895	25	22	13	1918	99	96	45
1896	28	26	14	1919	144	143	65
1897	33	29	17	1920	193	201	96
1898	36	33	20	1921	191	199	97
1899	40	34	21	1922	203	218	104
1900	41	37	20	1923	201	217	98
1901	42	39	20	1924	204	216	100
1902	44	39	20	1925	207	213	103
1903	44	40	20	1926	207	205	105
1904	45	40	20	1927	206	198	101
1905	46	41	20	1928	206	198	100
1906	49	42	22	1929	205	193	104
1907	56	49	26	1930	194	163	92
1908	59	53	25	1931	183	140	79
1909	60	52	27	1932	181	130	71
1910	60	53	30	1933	187	128	69
1911	62	56	29	1934	190	131	64
1912	63	58	30	1935	190	133	67
1913	65	59	32	1936	189	133	66
1914	65	56	33	1937	205	143	70
1915	64	55	32	1938	215	158	73
1916	67	57	31	1939	240	197	82

出典：大川（1967）より作成

巻末付表２　常用者労働者賃金の推移（戦後）

単位：円

年	年収	月給	年	年収	月給
1947	23,400	1,673	1976	2,330,484	144,105
1948	64,104	4,626	1977	2,563,620	159,144
1949	105,720	8,148	1978	2,745,324	171,352
1950	110,688	8,582	1979	2,896,812	179,707
1951	146,400	10,537	1980	3,086,796	190,576
1952	169,236	12,266	1981	3,280,848	201,941
1953	196,032	14,068	1982	3,391,212	210,232
1954	209,964	15,115	1983	3,504,276	218,272
1955	220,116	15,741	1984	3,663,552	228,017
1956	239,844	16,723	1985	3,729,288	233,313
1957	255,888	17,518	1986	3,834,396	240,050
1958	253,932	17,563	1987	3,952,464	247,214
1959	271,296	18,536	1988	4,019,244	250,962
1960	292,500	19,617	1989	4,224,612	261,451
1961	319,512	21,080	1990	4,403,232	270,052
1962	353,496	23,372	1991	4,574,232	280,672
1963	392,724	25,755	1992	4,658,796	286,783
1964	429,288	28,233	1993	4,691,748	292,824
1965	472,320	30,936	1994	4,789,188	300,516
1966	527,100	34,230	1995	4,888,116	307,881
1967	584,568	37,798	1996	4,955,544	312,752
1968	664,860	42,542	1997	5,051,388	317,234
1969	771,996	48,535	1998	4,957,284	315,505
1970	893,232	55,862	1999	4,695,996	304,502
1971	1,021,440	63,969	2000	4,746,444	308,038
1972	1,182,336	73,860	2001	4,736,808	308,811
1973	1,445,160	87,888	2002	4,592,220	303,676
1974	1,820,328	109,473	2003	4,637,496	306,172
1975	2,067,420	127,656	2004	4,513,548	299,120

出典：労働政策研究・研修機構ホームページ（https://www.jil.go.jp/kokunai/statistics/timeseries/html/g0401.html）より作成。原資料は、労働省『労働統計40年史』、厚生労働省「毎月勤労統計調査」長期時系列表、JILPT「労働統計データ検索システム」統計表

注1：月給は「きまって支給する給与」（基本給、家族手当、超過勤務手当を含む）、年収は「きまって支給する給与」と「特別に支払われた給与」の合計額を12倍したもの

注2：規模30人以上事業所の1969年以前はサービス業を除く調査産業計

略年表

年	法律・行政	業界	社会・運動
1877	9月、「利息制限法」制定。		
1898	7月、明治民法施行。		
1910		アコム創業者の木下政雄、兵庫県に生まれる。	
1915			賀川豊彦『貧民心理の研究』刊行。
1922		日本クレジットセンター創業者の田辺信夫、生まれる。	
1926		プロミス創業者の神内良一、香川県に生まれる。	
1927			3月、金融恐慌。
1929		日本昼夜銀行が「サラリーマン金融」を開始。	10月、ニューヨーク株式市場で大暴落。世界恐慌へ。
1930		森田商事創業者の森田国七、熊本県に生まれる。 武富士創業者の武井保雄、埼玉県に生まれる。	

1931			9月、満州事変。
1932			小汀利得『漫談経済学』刊行。
1936		木下政雄、丸糸商店を開業。	
1937			7月、日中戦争。
1938	3月、庶民金庫設立。	浜田武雄、鹿児島県に生まれる。	
1943		日本昼夜銀行が安田銀行に吸収合併され、「サラリーマン金融」廃止。	
1945			8月、敗戦。
1946	11月、「日本国憲法」公布。		
1947	5月、「日本国憲法」施行。 12月、民法改正。	福田吉孝、京都府に生まれる。	
1948			
1949	5月、「貸金業等の取締に関する法律」公布。		11月、光クラブの山崎晃嗣が自殺。
1950		2月、「関西金融業協会」発足。	
1951		6月、「全国金融業連合会（全金連）」社団法人化。 10月、森田国七が経済協力社を設立。	
1953			10月、保全経済会事件。

1954	5月、「改正利息制限法」公布。 6月、「出資法」公布。	森田国七が神戸製鋼を退職し、森田商事を設立。	
1955	7月、日本住宅公団設立。		鳩山一郎が「新生活運動」を提唱。
1959		神内良一が共同で貸金会社「不二商会」設立。	
1960		3月、田辺信夫が「日本クレジットセンター」設立。団地金融開始。 3月、マルイト（後のアコム）が勤め人信用貸しを開始。	
1961	7月、「割賦販売法」制定。		
1962		3月、多田貞敏が「サラリーマン金融」を商標登録。 3月、神内良一が「関西金融（現プロミス）」を設立。	
1963		1月、「割賦制度協議会（現・日本クレジット産業協会）」発足。	
1964		1月、浜田武雄が「パーソナル・リース（後のレイク）」設立。	10月、東京オリンピック

1965		9月、割賦制度協議会が「信用情報交換所」設立。	立原道秋『白い罌粟』直木賞受賞。
1966		1月、消費者金融協議会が「信用情報調査機関」設立。 1月、武井保雄が「富士商事（後の武富士）」を設立。 7月、日本クレジットセンターが業界で初めて自動貸付機を設置。	
1967		4月、松原産業（後のアイフル）設立。 8月、マルイト東京進出。	
1968	5月、「消費者保護基本法」公布。	6月、富士商事が「武富士」に改称。	
1969		4月、消費者金融11社が「日本消費者金融協会（JCFA）」設立。 日本クレジットセンター、団地金融から撤退。 八谷光紀が「ヤタガイ・クレジット」設立。	

1970	9月、第三次資本自由化により金融業が50％業種に指定。	5月、マルイトが現金自動貸付機を設置。	
1971		森田商事、金融業から撤退。	1月、米ドルの金兌換停止（ドル・ショック） 12月、1ドル＝308円に切り上げ。
1972	6月、「貸金業者の自主規制の助長に関する法律」（自主規制法）公布。	8月、個人信用情報センター「レンダースエクスチェンジ」設立。 マルイトが銀行からのローン債権担保借入を開始。	6月、田中角栄が「日本列島改造論」を発表。 10月、ダイヤル式電話番号案内サービス（104）開始。
1973		8月、マルイトがキャッシュディスペンサー（CD）の設置を開始。（業界初） 消費者金融のポケットティッシュ配布が始まる。	10月、第一次石油危機。
1974		9月、プロミスが「奥様ローン」発売。 12月、全日本情報センター（NIC会）設立。	
1975		4月、ジャパンデータバンク	5月、『毎日新聞』が「サラ金

		（JDB）設立。 パーソナル・リースがレイクに改称。	を衝く」連載。
1976	5月、蔵相大平正芳がサラ金規制を約束。 11月、警察庁が「金融事犯取締強化月間」に指定。	1月、マルイトが「ご家族ローン」発売。 9月、全国信用情報交換所連絡協議会（全情連）結成。	
1977	9月、第一回貸金業問題関係省庁連絡会議。	7月、外資系消費者金融のアブコ営業開始。	5月、大阪で15名の若手弁護士が「サラ金問題研究会」を結成。 10月、大阪で「サラ金被害者の会」結成。
1978	3月、大蔵省が消費者金融への融資を自粛するよう金融機関に通達（徳田通達）。	10月、マルイトから営業を引き継いだ「アコム」設立。	
1980	1月、大蔵省が全金連に対して約定金利年73%以内にするよう行政指導。 4月、JCFAが「救済更生事業団」設立。	10月、JCFA全会員が貸付上限金利を年73%以内に引き下げ。	
1981			
1982	8月、貸金業規制法案が参議院		「全国サラ金被害者連絡協議

1983	大蔵委員会で継続審議に。 4月、「貸金業規制法」・「改正出資法」成立。 6月、大蔵省がサラリーマン金融向け融資の適正化を求めて通達。 11月、「貸金業規制法」・「改正出資法」施行。上限金利が年109・5%から73%に引き下げ。	11月、3情報機関連絡協議会（三者協）発足。	会」発足。
1984	12月、大蔵省が「健全・良質な消費者金融業者には金融機関が選別融資する」見解を表明。	6月、準大手ヤタガイが和議を申請。 7月、準大手エサカが和議を申請。 10月、大手4社（武富士・アコム・プロミス・レイク）が、年利40%未満に引き下げ。	
1985	11月、大蔵省が各金融機関に消費者金融業者への融資を積極化するよう要請。	4月、信用情報センター「シー・アイ・シー（CIC）」開設。	1月、サラ金問題対策協議会が全国30ヶ所に「サラ金110番」を設置。 4月、全国サラ金問題対策協議会が、全国クレジット・サラ金

1986	11月、出資法貸付上限金利を年73%から54・75%に引き下げ。	6月、情報交流窓口として全情連が「日本情報センター（JIC）」設立。	問題対策協議会に改称。
1987		3月、三者協が異動情報交流「CRIN」スタート。	
1988			
1989			
1990			青木雄二『ナニワ金融道』、連載開始。
1991	11月、出資法貸付上限金利を年40・004%に引き下げ。		
1992		レイクの浜田武雄、株式投資で巨額の損失を出した責任を取り、会長に退く。	
1993		7月、アコムが新宿・博多に「自動契約機」を初めて設置。 9月、プロミスが業界初の株式店頭登録。	
1994	1月、大蔵省銀行局が「多重債	10月、アコムが株式店頭登録。 12月、アコム・プロミス・三洋	

1995	務問題等懇談会」設置。	信販が東証二部上場。 3月、プロミスとアイフルが自動契約機を設置。 9月、レイクが自動契約機を設置。 10月、武富士が自動契約機を設置。 10月、プロミスが上限金利を年29・2％から25・55％に引き下げ。	1月、阪神淡路大震災
1996		8月、武富士が株式店頭登録。 9月、アコム・プロミス・三洋信販が東証一部上場。	
1997	6月、JCFAが「金銭管理カウンセリング事業団」設立。	7月、アイフルが株式店頭登録。	
1998		7月、レイク、GEキャピタルに営業譲渡。 10月、アイフルが東証二部等上場。	「日栄・商工ファンド対策全国弁護団」結成。
1999	12月、出資法・利息制限法・貸	12月、武富士が東証一部上場。 9月、テラネット設立。	

	金業規制法の改正案成立。		
2000	2月、特定債務等の調整の促進のための特定調停に関する法律、施行。 改正された出資法・利息制限法・貸金業法施行。貸付上限金利を40・004％から29・2％に引き下げ。	3月、アイフルが東証一部上場。 5月、プロミスが三和銀行（現・三菱UFJ銀行）・アプラスと合弁でモビットを設立。	「全国ヤミ金対策協議会」結成。
2001	4月、改正民事再生法施行。経済的破綻状態にある個人ローンの返済繰延の選択肢が破産以外にも広がる。	12月、CICが消費者金融に情報開放。	
2002		7月、アコム・プロミスが経団連に入会。 11月、武富士が経団連に入会。	
2003	4月、司法書士法改正により、司法書士が140万円以下の調停・民事訴訟を担当可能に。 7月、ヤミ金対策法（貸金業規制法と出資法の一部改正）成立	12月、武井保雄がジャーナリスト宅盗聴の容疑で逮捕。	
2004		3月、アコムが三菱東京FGと	5月、真鍋昌平『闇金ウシジマ

		資本・業務提携。 6月、プロミスが三井住友FGと業務提携。 11月、武井保雄に有罪判決。	くん』、連載開始。
2005	1月、破産法改正。個人破産者の権利保護が強化。 4月、個人情報保護法、全面施行。	4月、プロミスと三井住友銀行の提携事業としてアットローンがスタート。	1月、全国クレサラ対協内に、「国際交流部会」設立。
2006	1月、最高裁が貸金業規制法の「みなし弁済」を認めない判決。 12月、改正貸金業法が可決・成立。	4月、アイフルが業務停止処分。 9月、各社が団体信用生命保険を廃止。	
2007	4月、多重債務問題対策本部が「多重債務改善プログラム」決定。 12月、改正貸金業法一部施行。	3月、アコム・プロミス・武富士・アイフル、そろって赤字転落。 12月、テラネットを存続会社として全情連関連3社を合併。	6月、「生活保護問題対策全国会議」結成。
2008		7月、新生銀行がGEキャピタル（旧レイク）の買収を発表。 12月、三菱UFJフィナンシャルグループがアコムを連結子会社化。	

2009		4月、テラネットが日本信用情報機構（JICC）に社名変更。	
2010	6月、改正貸金業法完全施行。上限金利が29・2%から20%に引き下げ。	9月、武富士が東京地方裁判所に会社更生法の適用を申請。東証一部で上場廃止。	3月、宇都宮健児が日弁連会長に当選。
2011		9月、三井住友フィナンシャルグループがプロミスを完全子会社化。	3月、東日本大震災。
2012			
2013			
2014		3月、JCFA解散。	1月、全国クレジット・サラ金問題対策協議会が、全国クレサラ・生活再建問題対策協議会に改称。
2015			
2016			
2017		3月、武富士の会社更生手続きが完了し、法人格が消滅。	
2018			
2019			3月、『闇金ウシジマくん』連載終了。

小島庸平（こじま・ようへい）

1982年東京都生まれ．東京大学大学院経済学研究科准教授．2011年，東京大学大学院農学生命科学研究科博士課程修了．博士（農学）．東京農業大学国際食料情報学部助教などを経て現職．本書で第43回サントリー学芸賞を受賞．

著書『大恐慌期における日本農村社会の再編成』（ナカニシヤ出版，2020年，日経・経済図書文化賞受賞）
共著『昭和史講義２』（ちくま新書，2016年）
『戦後日本の地域金融』（日本経済評論社，2019年）など

サラ金《きん》の歴史《れきし》
中公新書 *2634*

2021年２月25日初版
2021年11月15日３版

著　者　小島庸平
発行者　松田陽三

本文印刷　三晃印刷
カバー印刷　大熊整美堂
製　　本　小泉製本

発行所　中央公論新社
〒100-8152
東京都千代田区大手町 1-7-1
電話　販売 03-5299-1730
　　　編集 03-5299-1830
URL http://www.chuko.co.jp/

Published by CHUOKORON-SHINSHA, INC.
Printed in Japan　ISBN978-4-12-102634-7 C1233

中公新書刊行のことば

一九六二年一一月

いまからちょうど五世紀まえ、グーテンベルクが近代印刷術を発明したとき、書物の大量生産は潜在的可能性を獲得し、いまからちょうど一世紀まえ、世界のおもな文明国で義務教育制度が採用されたとき、書物の大量需要の潜在性が形成された。この二つの潜在性がはげしく現実化したのが現代である。

いまや、書物によって視野を拡大し、変りゆく世界に豊かに対応しようとする強い要求を私たちは抑えることができない。この要求にこたえる義務を、今日の書物は背負っている。だが、その義務は、たんに専門的知識の通俗化をはかることによって果たされるものでもなく、通俗的好奇心にうったえて、いたずらに発行部数の巨大さを誇ることによって果たされるものでもない。現代を真摯に生きようとする読者に、真に知るに価いする知識だけを選びだして提供すること、これが中公新書の最大の目標である。

私たちは、知識として錯覚しているものによってしばしば動かされ、裏切られる。私たちは、作為によってあたえられた知識のうえに生きることがあまりに多く、ゆるぎない事実を通して思索することがあまりにすくない。中公新書が、その一貫した特色として自らに課すものは、この事実のみの持つ無条件の説得力を発揮させることである。現代にあらたな意味を投げかけるべく待機している過去の歴史的事実もまた、中公新書によって数多く発掘されるであろう。

中公新書は、現代を自らの眼で見つめようとする、逞しい知的な読者の活力となることを欲している。

経済・経営

g1

2000 戦後世界経済史 猪木武徳
2185 経済学に何ができるか 猪木武徳
2659 経済社会の学び方 猪木武徳
1936 アダム・スミス 堂目卓生
2502 日本型資本主義 寺西重郎
2307 ベーシック・インカム 原田泰
2388 人口と日本経済 吉川洋
2338 財務省と政治 清水真人
2541 平成金融史 西野智彦
2041 行動経済学 依田高典
2501 現代経済学 瀧澤弘和
1658 戦略的思考の技術 梶井厚志
1824 経済学的思考のセンス 大竹文雄
2045 競争と公平感 大竹文雄
2447 競争社会の歩き方 大竹文雄

2575 移民の経済学 友原章典
2473 人口減少時代の都市 諸富徹
1648 入門 環境経済学 日引聡・有村俊秀
2571 アジア経済とは何か 後藤健太
2506 中国経済講義 梶谷懐
2420 フィリピン―急成長する若き「大国」 井出穣治
2199 経済大陸アフリカ 平野克己
290 ルワンダ中央銀行総裁日記（増補版） 服部正也
2612 デジタル化する新興国 伊藤亜聖

経済・経営

g2